바다에서
길을 잃어버린
사람들

바다에서
길을 잃어버린
동원호 나포
117일간의 기록
사람들

북하우스

들어가며

　조선족 선원 김홍길 씨를 다시 만난 것은 2006년 늦가을이었다. 그때 그는 옌지 공항에서 촌스런 양복에 꽃다발까지 들고 서서는, 나에게 왔냐는 얘기도 하지 못할 만큼 정신없이 울고 있었다. "선생님, 우리 살아서 이렇게 만났습니다. 이거 꿈 아닙니까?"
　그렇게 우리들은 생과 사를 건너서 만났다. 취재를 하면서 수많은 사람을 만났지만, 그중에서도 동원호에서 만난 선원들은 나에게 정말로 많이 특별했다. 동원호를 찾아 황량한 소말리아의 수풀을 헤매고 달릴 때, 갑자기 "내가 정말 미쳤구나! 대체 여기가 어디라고 왔을까?" 하는 생각이 든 적이 있다. 그전까지 나는 운명에 이끌린 것처럼 정신없이 어디론가 달려가고 있었던 것이었다. 그 당시 나는 그저 동원호 선원들을 꼭 만나야겠다는 생각뿐이었다.
　그렇게 멀고 험한 여정 끝에 나는 바다 위에서 길을 잃고 헤매던 그들을 만났다. 그것도 내가 전혀 예상치 못한, 대한민국 국민으로는 상상할 수 없는 모습으로 말이다. 나는 적어도 그들이 억류되어 있던 동안은 '국적'과 '길'을 잃은 사람들이었다고 생각한다. 그렇게 우리들은 만나게 되었고, 지금 그들은 대한민국 국민으로 다시 돌아왔다. 그러나 한국으로 돌아온 후 나도 그들도 참 많은 상처를 입고 있다. 귀국 후 극심한 PTSD(외상 후 스트레스성 장애) 때문에 힘들어하다가 생계를 위해 다시 배를 타고 떠난 그들을 지켜보며 나는 정말 가슴이 아팠다.
　이 책이 만들어진 계기가 된 것은 조선족 선원 김홍길 씨가 억류 117일간 쓴 일기였다. 이 일기장은 그의 말대로 김홍길 씨의 목숨보다 더 소중한 것이었다. 김홍길 씨는 너덜너덜해진 표지가 말해주듯 억류되어 있는 동안 그가 겪은 고통이 절절이 담긴 그 일기를 책으로 남기기를 바랐다. 항해사 김진국 씨까지 돕겠다고 나섰다. 그래서 애초에 생각했던 것보다 책의 규모도 커졌고, 그 와중에 나까지 엮여서 이 책이 나오게 된 것이다.

첫 책을 내면서 참 쑥스럽기 그지없었지만, 책을 통해서나마 그들이 겪은 고통과 억울함을 대한민국의 국민 한 사람이라도 더 알아주었으면 하는 바람으로 당시의 기억과 메모를 더듬어가면서 정확하게 기록하고자 노력했다. 이 책의 인세는 중국에서 열심히 공부하는 김홍길 씨의 장녀와 차녀의 학자금으로 쓰이게 될 것이다.

동원호 나포사건이 발생한 지도 벌써 1년이 다 되어간다. 동원호 선원들의 얘기는 이제 사람들 기억에서 스러진 사건이 되었을지도 모른다. 그러나 적어도 나와 동원호에 승선했던 선원들, 그리고 그들의 가족들에게는 여전히 절대 잊을 수 없는 사건이다. 이 책이 지금도 힘든 시간을 보내고 있는 그분들에게 조그마한 위로가 되었으면 한다. 마지막으로 친심을 다해 나의 취재를 도와준 셰이크 하산 다위르, 친구 D, 외신 기자들, 파자르와 보디가드 등 모든 분께 이 자리를 빌려서 정말 감사하다는 말을 전하고 싶다.

2007년 3월 21일
김영미

차례

1장 | 인질 비극 117일의 시작
영문도 모른 채 브리지로 향하다 _ 13
해적들의 총알받이로 세워지다 _ 17
작전 명령, 동원 628호를 탈출하라 _ 22
해적들의 본거지에 도착하다 _ 28
이중인질과 몸값협상 _ 32
왜 한국 기자들은 오지 않는가? _ 37
나포 44일째, 대답 없는 조국 _ 43
2006년 6월 5일 밤의 유서 _ 48

2장 | 동원 628호 취재를 결심하다
"나는 못 가도 당신은 꼭 갔으면 좋겠습니다" _ 57
"영미, 마크가 저격당했어!" _ 59
냉동 창고 속의 필리핀 선원 시체 _ 63
'앵커 자르고 배를 침몰시킬 것' _ 68
"김 피디님, 진짜 소말리아에 가실 거예요?" _ 71
"마크, 내 수호천사가 되어주지 않을래?" _ 74
베일에 싸인 소말리아의 지도자 _ 78
"웰컴 투 소말리아!" _ 82

3장 | 지옥길의 동행을 만나다

오발사고는 언제든 일어날 수 있다 _ 89
"셰이크 하산이 내일 당장 만나고 싶대!" _ 93
셰이크 하산에게 안전을 보장받다 _ 96
"거기 한국 사람 있나요?" _ 102
이 길이 지옥행인지, 천국행인지…… _ 105

4장 | 해적 본거지로 뛰어들다

'우리도 필리핀 선원처럼 죽을 수 있겠구나' _ 113
해적의 심장부로 들어가다 _ 117
'제발 하라데레의 바다를 잠잠하게 해주십시오' _ 122
드디어 동원 628호에 도착하다 _ 126

5장 | 한국은 진정 동원호를 잊었나?

"기자님 덕에 우리 목숨이 연장됐네요" _ 131
나포된 지 100일, 한국은 동원호를 잊었다 _ 136
무기 창고로 변한 식료품 저장고 _ 141
"마지막 목소리가 될까봐 차마 전화 못 했어요" _ 145
"해 뜨는 저쪽에 한국과 중국이 있지 않겠어요?" _ 148
이곳이 바로 정글이다 _ 152

6장 | 탈출 기도, 목숨을 건 선택의 주사위는 던져졌다

"오늘 쟤네들 칩시다!" _ 161
목숨을 건 약속, "돈 구해서 꼭 돌아올게요" _ 166
"김 피디님, 모금을 해서라도 꼭 다시 와주세요" _ 170
살아서 나가는 사람과 언제 죽을지 모르는 사람 _ 173

7장 | 무장 강도의 습격, 내가 죽으면 누가 그들을……

몸값협상이 난항을 겪다 _ 179
무장강도의 기습, '아, 납치되는구나' _ 183
"저 여자를 죽이려면 나를 먼저 묻어라" _ 187
"화이트 피플에게 소말리아는 정말 위험해" _ 190
"소말리아에서 총알은 눈이 없다" _ 195
〈피디수첩〉 최승호 부장입니다" _ 198
"소말리아에 있는 동안 행복했습니까?" _ 200

8장 | '일개 프리랜스' 피디 대 대한민국 외교부

'일개 프리랜스' 피디의 취재를 MBC가 믿느냐 _ 205
"진실을 믿고 한번 덤벼봐" _ 208
"여기는 미 군함입니다. 동원 628호는 응답하십시오" _ 214
협상 완료, '모두 살아서 풀려나는구나!' _ 220
한국 땅을 밟아야만 진짜로 산 것 _ 223
귀국, 그러나 봉합되지 않은 상처들 _ 227

9장 | 살아남은 자의 슬픔과 대답 없는 목소리

"난 정신병자가 아닙니다!" _ 233
PTSD(외상 후 스트레스성 장애)와 악몽의 나날 _ 236
"기자 선생님, 한번 꼭 뵙고 싶습니다" _ 239
누가 그들의 고통을 책임져야 하는가 _ 241
죽어서 무덤 가는 날까지 지켜야 할 비밀 _ 246
"우리 아버지가 왜 이래 변했음까?" _ 252
"우리가 어떻게 살아났는데!" _ 255
남은 질문, 납치된 것이 배가 아니었다면…… _ 260

지금 소말리아는 _ 267
그 뒤 선원들은 _ 271

조선족 선원 김홍길의 일기 _ 273

2006년 4월 4일 오후 3시 40분경(한국시간) 원양어업 업체인 동원수산 소속 선박 한 척이 인도양 소말리아 인근 해역에서 무장 해적단에 나포됐다. 당시 소말리아 해적단 8명은 두 척의 보트에 나눠 타고 총기를 난사하면서 동원호에 접근했다.

정부는 나포 보고를 받은 즉시 소말리아를 관할하는 주 케냐 한국대사관에 현장 대책본부를 설치하여 소말리아 당국과 접촉에 나섰다. 또 동원수산 측은 한국인을 포함하여 나포된 동원호에 승선한 선원 모두가 안전한 것으로 파악됐다고 밝혔다.

당시 동원호에 타고 있던 한국인 선원은 선장 최성식(67년생), 항해사 김진국(67년생), 갑판장 위신환(67년생), 기관장 황상기(64년생), 기관사 김두익(70년생), 통신장 전종원(67년생), 조리사 이기만(65년생), 실기사 강동현(79년생) 등 총 8명이었다. 또한 외국인으로는 인도네시아 선원 9명, 베트남 선원 5명, 중국 선원 3명 등 총 25명이 탑승한 것으로 파악됐다.

● 일러두기
1. 이 책에는 두 명의 화자가 있다. 나포된 동원호 취재를 위해 소말리아로 떠났던 김영미 피디와 동원호 항해사 김진국 씨다. 해적에게 나포된 동원호 선원들의 117일간의 기록은 항해사 김진국 씨의 인터뷰와 조선족 선원 김홍길 씨의 일기를 바탕으로 재구성된 것이다.
2. 동원수산은 1970년 문을 연 원양어업 회사로, 동원그룹 계열사인 동원산업과 전혀 무관하다.

1장 인질 비극 117일의 시작

영문도 모른 채 브리지로 향하다

2006년 4월 4일. 인질 생활 117일의 시작

우리 양승조 선원들은 작업을 마치고 취침 중이었다. 9시 20분경 당직을 서던 항해보조원이 탑 브리지*에서 쌍안경으로 멀리 스피드보트 두 척을 발견했다. 보트는 배 오른쪽 뒤편에서 쏜살같이 달려오고 있었다. (중략) 얼마 후 항해보조원은 재차 탑 브리지에서 쌍안경으로 확인했다. 역시나 스피드보트였다. 다시 해적이다, 라고 보고하자 선장이 의자에서 일어났다. 10시경 갑판장이 침실로 뛰어들어 급히 선원들을 기상시켰다. 이미 해적들은 50미터 거리까지 붙어서 마구 총질을 하며 고함을 지르고 있었다. 보트 두 대에 해적 8명이 타고 있었다. 총탄은 쉴 새 없이 쏟아졌고, 동원호는 회피 기동을 하다 약 20분 후 멈췄다. 해적들은 선박에 올라 순식간에 배를 장악했다.

조선족 선원 김홍길의 일기에서

항해사 김진국 아침 7시 30분, 나는 밤새 당직을 서고 아침을 먹은 후 잠을 자고 있었다. 당시 내 침실은 배 앞쪽 우측에 있었다. 밖에서 무슨 일이 났는지 잠결에 쇠구슬 부딪치는 것 같은 소리가 다다닥 하고 세 번 났다. 나는 선원들이 장난을 치는 거라고 생각하고 다시 잠

---

* 선박에서 각종 선박 계기가 있는 곳을 브리지라고 부른다. 탑 브리지는 브리지의 지붕 같은 곳으로 안테나와 스피커 같은 통신 보조장치들이 있고, 쌍안경으로 주변을 살피는 곳으로도 쓰인다. 소말리아 해적들을 최초로 발견한 곳도 탑 브리지이다.

이 들었다.

그런데 몇 분 후 우당탕 소리가 나더니 침실 문이 벌컥 열었다. 인도네시아 선원 하나가 나를 마구 흔들어 깨우며 소리쳤다.

"항해사님, 해적이 나타났어요! 빨리 올라와보세요!"

"뭐? 해적?"

부리나케 선실 통로로 가보니 외국 선원들이 일렬로 손을 든 채 브리지로 들어가고 있었다. 나는 영문도 모른 채 브리지로 향했다. 올라가보니 해적들이 이미 배를 나포한 상황이었다.

이미 모든 상황이 끝나 있었다.

나중에 선원들에게 전해들은 바에 의하면, 해적들이 스피드보트 두 척을 몰고 우리 배에 접근했다고 한다. 해적들이 나타나자 선장은 선원들에게 칼과 긴 대나무를 준비하라고 지시했다. 갑판장과 조선족 선원 2명이 칼을 준비하는 동안 스피드보트가 우리 배 양쪽으로 바싹 붙었다. 그러고는 배 오른쪽에 붙은 보트가 총을 난사하면서 배로 달려들었다.

해적들은 곧바로 배에 사다리를 걸고 배를 접수했다. 총을 마구 쏴대는 해적들 앞에 선원들은 어떻게 손을 써보지도 못하고 우왕좌왕했다. 놀란 갑판장과 조선족 선원 1명은 냉동 어창으로 숨어 들어가고, 다른 조선족 선원 1명은 배 앞쪽 창고로 숨었다. 처음으로 인명피해가 날 뻔했던 시점이었다.

나는 잠이 깬 지 얼마 되지 않아 정신이 하나도 없었다. 무섭다는 생각이 들 겨를도 없었다.

처음에는 해적들이 침실을 뒤지기에 약탈만 해서 가려나 보다 하고 생각했다. 그런데 나중에 해적들 중에 행동대장격인 놈이 해도를 가리켰다. 그러고는 선장을 위협하며 자신들이 지정한 1차 목적지인 오비아 항으로 배를 돌리라고 명령했다.

그때(해적들이 선박에 올라올 때) 창고에 칼 가지러 들어갔다가, (해적들이) 총 쏘고 그래가지고 그냥 칼 놔두고 나갔습니다, 도끼하고. (중략) 중국 선원한테 만약에 이런 일(해적들이 배를 나포하는 일)이 있을 경우 너는 창고에 가서 칼을 가져와라, 있는 거 없는 거 다 갖고 와라 (지시해두었는데) 이건 도끼고 뭐고 (소용없는 상황이었습니다). 그리고 나는 이제 칼을 꺼낸다고 창고에 가서 칼 꺼내고 나오는 순간에 (해적들이) 배에다 대고 총을 쏘더라고요. 그때부터 '아 이건 칼이 안 되겠다' 그런 생각이 들고, (해적들이) 쉽게 갑판에 현문(잡힌 물고기를 끌어올리는 문)쪽에다가 사다리를 걸고 올라오니까는 뭐 어떻게 손도 못 쓰죠. 어떻게 칼로 저지합니까, 그걸. 그래서 '아 이건 아니다' 그래서 칼이고 뭐고 내버려두고 나왔죠. 그러니까 (해적들이 배에) 사다리 거는 거 보고 (어창) 문을 닫아버렸어요. 안 보이게 숨어 있다는 거 티를 안 내려고 어떻게 해볼까 했는데 그게 아니더라고요. 나중에 나와보니까 그때 아주 다 걔네들이 브리지고 뭐고 다 (장악)했을 때니까. 어떻게 손도 못 쓰니까 '아이고 죽었구나' 그 생각밖에 안 들었죠.

갑판장(위신환)과의 인터뷰에서

통신장이 해적의 눈을 피해 급히 배가 납치된 사실을 무전으로 근처에 있는 선단 배에 알렸다. 잠시 후 어디선가 한국 사람의 목소리가 들렸다. 원양어선은 보통 무리를 지어 조업을 하는데, 선단의 다른 배에서 우리 배를 호출하는 것이었다. 꽤 떨어져 있어서 그런지 통신상태가 좋지 못했다. 계속 칙칙 하는 잡음이 났다.

통신장이 무전으로 납치 사실을 알린 후, 나는 황급히 우리 배 근방을 확인했다. 분명 우리 배를 도와줄 외국 군함이 반드시 가까운 어딘가에 있을 거라고 생각했다.

이틀 전 네덜란드 군함이 우리가 조업하고 있는 곳 근처로 와서 순찰을 돌며 선박들을 검색했다. 우리 배도 무전을 통해 라이센스 넘버를 확인받고, 이상이 없다는 통보를 받은 터였다. 다음날까지 네덜란드 군함은 인근 해역을 지키고 있었다. 헬기도 밤새도록 바다 위를 선회하면서 새벽까지 조업 중인 배들을 지켰다. 군함에다 헬기까지 뜬 상황이었기 때문에 선원들 모두 안심하고 있었다.

설마 무슨 일이 일어나리라고는, 그것도 해적이 나타나리라고는 전혀 생각지도 못했다. 그래서 해적이 나타났을 때 더 당황할 수밖에 없었다.

멀리 큰 배 두 척이 보였다. 점점 윤곽이 드러나면서 군함이라는 확신이 들었다.

나는 해적들의 눈치를 살폈다. 다행히 딴 데 정신이 팔려 있었다. 나는 송신만 되고 수신은 안 되게끔 기계를 조작했다. 그러고는 다급하게 군함에 구조요청을 보냈다.

"아메리칸 네이비 커밍 플리즈. 마이 쉽 잭킹."*

---

* 당시 동원호가 SOS를 한 곳은 네덜란드 군함 F802호였다.

해적들의 총알받이로 세워지다

항해 도중 12시 30분경 미국 군함 두 척*이 나타났다. 헬기와 전투기도 등장했다. 해적들은 선원들을 전부 갑판에 모이게 하고 인질로 삼았다. 선장님과 기관장님이 앞에 서고 한 놈이 뒤통수에 총을 겨냥했다. 선원들은 뒤에 일렬로 섰다. 해적들은 밖에서 보이지 않는 곳에 숨어 기관총으로 선원들을 겨냥했다. 오후 2시경, (우리 배는) 미국 군함과 일정한 거리를 두고 계속 소말리아로 향했다. 군함 한 척은 선박과 나란히 따라왔고, 또다른 한 척은 배 뒤쪽에서 따라왔다. 한참 후 군함이 경고 포탄을 쐈다. 위기일발이었다.
조선족 선원 김홍길의 일기에서

군함이 우리 배를 따라오면서 미국 군함은 우리 배의 오른쪽, 네덜란드 군함은 왼쪽으로 접근했다. 위기의식을 느낀 해적들은 선원들을 갑판으로 다 몰아놓고 총알받이로 세웠다.

당시 선장은 해적에게 잡혀 해적 행동대장 두 명과 브리지에 있었다. 마이크에서 올라오라는 소리가 들려서 나는 위로 올라갔다. 해적들이 나에게 총을 들이대며 선원명부를 찾아오라고 명령했다.

서류를 찾아가지고 왔는데, 브리지 위에 아무도 없었다. 내가 인원명부를 찾으러 간 사이 해적들이 선원들을 배 뒤쪽과 배 앞쪽으로

---

*당시 나타났던 군함은 미국 군함과 네덜란드 군함이었다.

나눴던 것이었다.

　나는 황급히 주위를 살폈다. 미국 군함이 사람이 보일 정도로 가까운 위치에 있었다. 나는 다급하게 손가락 8개를 흔들며, 배안에 무장한 해적이 8명이 있다고 미국 군함에 알리려고 애썼다.

　멀리서 보이는 미군은 전투태세를 완전히 갖춘 모습이었다. 포수들은 포탑에 가 있고, 소총부대도 우리 배 쪽으로 총을 겨누고 있었다. 미군들은 망원경으로 우리 배를 계속 주시하면서 사진을 찍었다. 해적들은 우리를 인질로 삼아 일부는 총을 들이대고, 일부는 미국 군함과 대치하고 있었다. 그 당시 우리로서는 미국 군함밖에 믿을 것이 없는 상황이었다.

　그러다 미군들이 해적들을 겁주기 위해 우리 배를 향해 위협사격을 가했다. 함포 두세 발을 쏘고 기관포는 수도 없이 쏴댔다.

　한국 선원들은 인질로 잡혀 세워질 때마다 항상 제일 먼저 죽을 수 있는 자리에 나와 있었다. 당시에 한국 선원들은 다쳐도 외국 선원들보다 우리가 다쳐야 한다고 생각했다. 그래서 만약 최악의 상황이 벌어질 경우 가장 총을 잘 맞을 수 있는 자리에 서곤 했다.

　인질이 둘로 나뉘고, 나와 중국 선원인 태민이 브리지로 끌려 올라갔다. 해적들에게 나포당하고 인질로 잡힌 것까지 그야말로 순식간에 벌어진 일이었다.

　해적들은 복면으로 얼굴을 가린 채 결전을 준비하고 있었다. 정말로 아슬아슬한 순간이었다. 선원 모두가 긴장상태였다. 시간이 지나자 군함은 선박과 일정한 거리를 두고, 해적들 역시 어느 정도 안착되었다.

조금 지나자 뒤따라오던 군함에서 발포되었다. 또 다시 해적들은 어찌할 바를 몰랐다.

조선족 선원 김홍길의 일기에서

갑자기 우리 배의 오른쪽에 있던 미국 군함에서 오렌지색 연막 신호탄을 쐈다. 신호탄은 요란한 소리를 내며 공중을 가르더니 잠시 후 해면으로 가라앉았다.

해적들은 미군의 신호탄을 최루탄으로 착각했는지, 모두 웃통을 벗어 물에 적신 후 젖은 옷으로 얼굴을 가렸다. 해적들은 마치 마지막 결전을 준비하는 것처럼 비장했다. 나는 그때 해적 행동대장의 어깨에 깊이 팬 총탄 자국을 보았다. 한눈에도 범상치 않아 보였다. 정신이 없는 가운데서도 앞으로 무슨 일이 벌어질지 두려웠다.

잠시 후 우리 배의 왼쪽에 있던 네덜란드 군함이 뒤쪽으로 빠졌다. 그러고는 처음으로 해적들을 향해 위협사격을 가했다. 네덜란드 군함이 우리 배 뒤쪽을 따라오며 함포 두세 발을 쐈다. 미국 군함도 우리 배 앞에서 함포 사격을 가했다.

순간 천지가 진동하는 소리와 함께 우리 배의 앞부분에 큰 물보라가 일었다. 영화 속에서나 봤던 장면이 놀랍게도 그대로 우리 앞에 펼쳐졌다. 사방에서 울리는 함포 소리와 치솟는 물보라에 정신이 하나도 없었다.

그러나 해적들은 군함의 위협사격에 꿈쩍도 하지 않았다. 미국 군함은 이대로는 안 되겠다 싶었는지, 급기야 방향을 돌려 우리 배 앞을 막아섰다.

당시 미국 군함과 우리 배 사이의 거리는 20~30미터 정도였다. 우리 배가 2~3분 정도만 더 전진한다면 그대로 부딪칠 상황이었다.

우리 배 앞을 막아선 미국 군함은 배수량 6,7천 톤의 루즈벨트 급 구축함이었다. 우리 배가 400톤이 채 안 되었으니 규모로만 따져도 거의 15배가 넘었다. 게다가 군사용 선박의 경우에는 선체가 일반 배보다 훨씬 더 단단하게 건조되기 마련이다. 우리 배 앞을 막아선 미국 군함을 보니, 마치 내 앞에 거대한 건물 한 채가 떡 하니 버티고 서 있는 듯한 느낌이었다. 두려움이 엄습해왔다.

'이대로 충돌하면 우리 배 앞쪽은 형체도 없이 날아갈 거야.'

나는 충돌만은 피해야겠다는 생각에 황급히 선체를 돌리려고 했다. 그런데 그 순간 해적 행동대장인 그렉이 나에게 총구를 들이대며 소리쳤다.

"손대지 마! 그냥 충돌하게 놔둬!"

나는 두려움에 떨며, 어쩔 수 없이 조종간에서 손을 놨다.

매서운 그렉의 눈빛과 비정한 총구 아래 피가 마를 것 같은 몇 분이 흘렀다.

3분…… 2분…… 1분…….

그러나 미국 군함은 마치 섬처럼 움직일 줄을 몰랐다. 손바닥 가득 땀이 배어나오기 시작했다.

'이제 죽었구나.'

나는 차라리 눈을 감았다. 칠흑 같은 어둠 속에서 한국에 두고 온 가족들 얼굴이 떠올랐다. 그 속에는 나와 평생을 약속한 사람의 얼굴도 있었다. 그리워하는 사람들의 얼굴도 못 보고 이국땅에서 이대로 죽기엔 너무 억울했다. 게다가 이번은 내가 항해사 면허증을 따고 처음 나온 조업이었다. 얼마 전까지만 해도 조업이 잘 된다며 모두 큰돈을 벌어서 고향에 돌아갈 수 있을 거라고 잔뜩 기대에 부풀지 않았던가! 그런 생각들이 들자 이대로 포기할 수 없다는 결심이 섰다.

'그래, 하는 데까지 해보자. 이러나 저러나 죽기는 매한가지인데.'
나는 단단히 결심을 하고 눈을 번쩍 떴다.

순간 미국 군함이 아슬아슬하게 우리 배를 스쳤다. 겨우 사람 다리 하나 정도의 간격이었다. 간이 오그라들 정도로 아찔했던 순간이었다.

누가 1순위로 죽어나갈지, 제일 피해자는 한국선원부터 피해를 입을 것 같은데 그 중에 누가 먼저 되느냐, (중략) 그런 와중에서도 만약에 내 동료들 누구 하나 끌고 가서 죽인다고 하면 "나부터 죽여라" 이렇게 할 진짜 자신도 없었고. 갑판에 집합해 있을 때는 미군 헬기가 떴을 때 총알 제일 잘 맞을 수 있는 곳에 한국 선원들이 있었으니까. 그래도 죽을 때 죽더라도 그 외국 사람들 갖다가 흐트러진 모습 보이기 싫고. 그리고 일단 이놈들한테 총 맞아 죽더라도 미군이라도 이렇게 와서 있으니까 한편으로는 안심도 되고. 어차피 니네들(해적들)이 우리를 죽이면 니네도 죽는다 생각하니까. 헬기 두 대가 뜨고 정찰 비행 한 대가 떴는데, 그때는 소말리아 애들이 총비상이 걸려가지고 선원들 다 집합시켜놓고, 그래서 잠도 그날 (갑판) 앞에서 잤어요. 그때 뛰어내릴라 했거든요. 바로 뒤에 군함 따라 오니까 뛰어내리면 살 것 같더라고요. 가능성도 있고. 갑판에 있는 사람들은 그런 생각이 들었는데 못 뛰어내렸어요, 우리가. 뛰어내릴까 말까 하다가 갑판장하고 셋이 뒤에 있다가 보트 자르고선 뛰어내리자, 그때 뛰어내렸으면 우리 셋(갑판장, 항해사, 기관사)은 살았을 거예요. 그런데 나머지 사람들한테…… 뛰어내리면 그냥 내 혼자…… 살거든요. 나머지 사람들한테 비겁한 놈이란 그런 욕을 들어먹을까봐, 죽어도 같이 죽자 그런 마음으로 그때 안 뛰어내렸던 거예요.

기관사(김두익)와의 인터뷰에서

작전 명령, 동원 628호를 탈출하라

저지 작전 실패 후 미국 군함은 더이상 우리 배에 가까이 접근할 수 없었다. 해적들이 선원들을 인질로 잡고 있었기 때문에 미군도 어떻게 손을 쓸 수 없는 상황이었다.

몇 분 후, 주변이 조용해지자 해적들이 그제야 선원들을 놔주었다. 미국 군함은 12마일 정도 거리를 두고 계속 우리 배를 쫓아왔다. 보통 수평선에 배가 작게 보이는 정도를 12마일로 보는데, 미국 군함도 그 정도로 작게 보였다.

나는 풀려나서 식당에 앉아 있었다. 어떻게든 탈출할 궁리를 하고 있는데, 외국 선원 하나가 식당에 들어오더니 헬기가 쫓아온다고 했다.

나는 갑판장, 기관장과 함께 배 뒤쪽으로 가보았다. 해적들이 배를 나포할 때 사용한 스피드보트 두 척이 배 뒤쪽에 묶여 있었다. 헬기도 왔다갔다하고 보트를 타고 탈출할 수 있을 것 같았다.

"지금 탈출하자! 보트 타고 미국 군함까지 가는 거야."

나는 당장 탈출하자고 갑판장과 기관장에게 말했다. 갑판장도 내 의견에 동의했다. 기관장만 결심을 하면 됐다. 나와 갑판장은 기관장을 바라보았다. 그런데 기관장은 잠시 뜸을 들이더니 어렵게 말을 꺼냈다.

"죽어도 다 같이 죽어야 하지 않겠나? 어떻게 우리끼리만 사나?"

일순간 침묵이 흘렀다. 기관장 말이 맞았다. 우리만 살자고 다른 선원들을 버릴 수는 없는 일이었다.

결국 우리는 그렇게 탈출작전을 포기할 수밖에 없었다. 우리는 멍하니 배를 쫓아오는 미군 헬기를 바라보다 식당으로 되돌아왔다.

잠시 후 해적들에게 붙잡혀 있던 선장이 식당으로 내려왔다. 나는 황급히 선장에게 현재 상황을 전했다.

"아까 총으로 위협할 때 보니까 그렉(해적 행동대장)이란 놈 보통 놈이 아닌 것 같습니다. 왼쪽 어깨에 총탄 자국 난 것도 봤어요. 탈출하려면 지금밖에 기회가 없습니다. 미국 헬기도 왔다갔다하니까 조명탄 준비하고 전부 탈출하죠."

선장은 잠시 고민하더니 곧 나의 의견에 동의했다.

"그래, 네 말대로 하자. 선원들 수영할 수 있나 파악하고 배 뒤쪽에 모두 준비시켜."

우리는 배를 버리고 바다에 뛰어든 다음 미국 군함을 향해 헤엄칠 생각이었다. 위험한 시도였지만, 그렇게라도 하지 않으면 이대로 해적 본거지까지 끌려갈 것만 같았다. 그리고 그렇게 끌려간 후에 무슨 일이 벌어질지 생각만 해도 두려웠다.

나는 우선 선원들이 수영을 할 수 있는지를 파악했다. 인도네시아 선원 한 명이 수영을 못 한다고 했다. 인도네시아 선원에게 물에 뜨는 기구를 준비해주고, 마지막으로 라이트와 신호탄을 준비했다. 모두 다 뛰어내린 다음에 신호탄을 쏠 생각이었다.

완벽하게 준비를 마치고 전 선원이 긴장한 채 선장의 지시를 기다렸다. 다행히도 해적들은 배 안의 물건들을 약탈하는 데 정신이 팔려 있었다. 우리는 배 뒤쪽의 불을 끄고 숨죽인 채 탈출의 순간을 기다렸다. 혹시라도 일이 잘못되면 이대로 죽을 수도 있었다.

숨소리조차 떨리는 긴장된 순간이었다.

그런데 그때 회사에서 전화가 왔다. 선장은 우리에게 잠시 대기하라며, 어떻게 할지 회사에 물어본다고 했다. 선장이 통신장과 함께 통신실로 들어갔다. 우리는 해적의 동태를 살피며 초조하게 선장을 기다렸다.

잠시 후 선장이 밖으로 나왔다. 선장은 회사에서 절대 위험한 짓은 하지 말라고 했다며, 해적들을 자극하지 말고 회사의 조처를 기다리라고 했다고 전했다. 동요하지 말고 침착하게 기다리면 회사에서 알아서 할 테니 걱정 말라는 얘기였다.

그러나 얼마 지나지 않아 우리는 그때 탈출하지 못한 것을 정말로 땅을 치고 후회하게 되었다.

우리는 협상이 잘 될 거라는 회사의 말을 믿었다. 회사에서는 참고 기다리면 곧 풀려난다고 했고, 우리는 그 말을 믿을 수밖에 없었다. 그래서 회사의 지시에 따라 탈출작전을 포기한 것이었다. 설마 우리가 4개월 가까이 해적들의 인질로 잡혀 있으리라고는 생각조차 하지 못했다.

그런데 억류기간이 길어지고, '금세'가 '한 달'이 되고 한 달이 '두 달'이 되면서, 풀려날 수 있다는 희망은 점차 사라져갔다. 그토록 바라는 구원의 손길은 보이지 않았고, 대한민국은 마치 우리를 잊을 것 같았다.

이대로 죽을지도 모른다는 공포만이 점점 커졌다.

우리 동원호 선원들의 인질 비극은 이렇게 시작되었다. 도대체 누구를 원망하고, 누구를 처벌하여야 하는지, 나의 인생에서 영원히 잊을 수 없는 인질 비극 4개월, 그 누구에게 보상받아야 하는지…… 상처받은 나의 마음과 정신적, 심리적 충격. 누우나 앉으나 지나온 비극의 4개월이 영원히 마음속 깊이 못박혀혀 있을 것이다.

조선족 선원 김홍길의 일기에서

나포된 다음날 아침 9시경, 우리 배는 오비아 항에 도착해 닻을 내렸다.

나는 해적들의 최종 목적지인 하라데레로 떠나기 전에 기관실에서 기관사, 실기사와 함께 화염병을 만들었다. 당시 배 안에는 무기로 쓸 만한 것이 하나도 없었다. 우리는 커피 병에다 심지를 박아서 화염병을 만들었다. 조악하나마 그것이 우리가 할 수 있는 최선이었다.

당시 브리지에 있는 두 놈을 빼고는 해적들이 모두 배 앞쪽에 있었다. 절호의 기회였다. 우리는 일단 브리지에 있는 두 놈을 먼저 처치하고 나서 나머지 해적들을 해치울 생각이었다.

전날 우리 배를 뒤쫓던 헬기는 그 뒤로도 한참동안 바다 위를 선회하더니 해질 무렵이 돼서야 돌아갔다. 해가 지고 완전히 어둠이 내리자 멀리 작은 점 같은 불빛이 보였다. 우리는 미국 군함일 거라고 생각하고 다소나마 안도했다.

그러나 오비아 항에 도착한 후에는 미국 군함이 육안으로 보이지 않았다. 오비아 항은 수심이 꽤나 불규칙했다. 군함처럼 큰 배는 육지 가까이 접근하기가 쉽지 않을 정도였다. 우리는 미국 군함이 어딘가 멀리 떨어져서 사태를 주시하고 있을 거라고만 짐작했다. 당시에는 해적들에게 통신실까지 빼앗기고 레이더를 확인할 수 없는 상황이었기 때문에, 그저 그렇게만 생각했다.

우리는 회사와 연락이 안 돼서 초조했지만 언젠가는 미군들이 다시 나타날 거라는 희망을 버리지 않고 있었다. 그래서 선상에서 무슨 사태가 발생하면 곧 그들이 구하러 와줄 거라고 믿었다.

화염병을 가지고 기관사, 실기사와 함께 작전 준비를 모두 마쳤다. 그런데 그때 갑판에 집합하라는 해적들의 명령이 떨어졌.

올라가보니 미국 헬기가 떠 있었다. 미국 군함이 우리 배가 이동을 하니까 정찰을 나왔던 것이다.

우리는 땡볕 아래 또다시 총알받이가 돼야 했다. 해적들은 같은 이슬람 국가인 인도네시아 선원들에게는 너그러운 편이었다. 그래서 인도네시아 선원들은 그나마 그늘에 설 수 있었다. 그러나 인도네시아 선원을 제외한 나머지 선원들은 따가운 땡볕 아래 해적들의 총알받이로 세워졌다. 해적들은 미군의 눈에 안 띄는 곳에 숨어서 우리에게 총을 들이대고 있었다.

우리는 4시간도 넘게 꼼짝도 하지 못한 채 갑판에 서 있어야 했다. 따가운 햇볕에 몸은 익을 대로 익고, 물조차 마시지 못해 탈수 증상이 일어날 정도였다. 게다가 숨어 있는 해적들이 언제 우리 뒤통수에 대고 총을 쏠지 몰랐다. 우리는 보이지 않는 해적들의 총구를 떠올리며, 4시간 동안 죽음의 공포와 맞서 싸워야 했다.

미군이 자꾸 나타나자 겁을 집어먹은 해적들은 육지에 있는 자기들 본부에 연락해서 인원을 충원했다. 해적 한 놈은 우리에게 총을 들이대고 위협을 가했다. 하늘을 향해 총을 쏘고, 소리치고, 마구 화를 냈다. 우리가 미군에게 구조를 요청했다고 오해한 것 같았다.

해질 무렵, 미군 헬기가 돌아갔다.

해적들이 다시 해도를 꺼내더니 "하라데레로 가라"라고 명령했다. 그곳이 해적들의 본거지인 것 같았다.

순간 그곳에 가게 되면 해적들에게서 풀려나는 게 쉽지 않겠다는 느낌이 강하게 들었다. 내 예상대로 정말 그곳이 해적의 본거지라면, 지금의 몇 배나 되는 엄청난 인원과 무기가 있을 터였다. 지금까지와는 비교할 수 없는 엄청난 두려움이 몰려왔다. 그러나 우리에게는 무기도 아무것도 없었다. 우리 배는 해적들의 지시대로 하라데레 인근 해변으로 향했다.

당시 우리의 심경은 도살장에 끌려가는 소의 그것과 다를 바 없었다.

해적들의 본거지에 도착하다

2006년 4월 4일

한참 지나 군함은 돌아가고 우리 선박은 계속 소말리아로 향했다. 오후 6시경, 선박은 소말리아 놈들의 목적지에 도착했다. 그리고 결국 군함은 추격을 포기하고 되돌아갔다. 해적들은 뱃머리를 돌리는 군함을 보며 승리자인 양 기뻐 날뛰었다. 선박은 목적지(하라데레 인근 해변)에 도달한 후 닻을 내렸다.

조선족 선원 김홍길의 일기에서

해적들의 본거지인 하라데레에 도착하니 제일 먼저 난파선 하나가 눈에 띄었다. 얼마 뒤에 우리 배에 닥칠 일처럼 느껴져 등줄기에 소름이 끼쳤다. 저 배는 뭐냐는 선원들의 질문에 해적들은 지나가다 좌초한 배라고 둘러댔다. 그러나 나중에 알고 보니 오래전에 나포당했던 배였다. 해적들은 난파선을 해변에 세워놓고 부표처럼 사용하고 있었다.

우리 배 안에는 해적이 15명 정도 상주했다. 해적들은 1차로 배 안의 통신시설을 모두 장악해버렸다. 브리지는 물론 통신실, 위성전화까지 사용하지 못하게 총을 들고 지켰다. 아마 우리가 미군에게 구조 요청을 할까봐 두려웠던 것 같다.

유일하게 선장만이 브리지를 지키면서 회사와 연락을 취하고 있었다. 당시 우리는 회사의 대처에 대해서 전혀 모르는 상태였다. 그저 해적들이 우리의 몸값으로 40~50만 달러 정도를 요구한다고 들었을 뿐이다. 협상이 어떻게 진행되는지 누구도 정확한 상황을 몰랐다. 선원들은 모두 말할 수 없이 답답해했다. 회사에서 과연 몸값을 줄지, 준다고 해도 해적들이 우리를 풀어줄지 모든 게 의문이었다.

그렇게 외부와의 연락이 차단된 채 하염없이 석방 소식만을 기다려야 하는 답답한 날들이 이어졌다.

닻을 내리고 나서 이틀 뒤에 우리 근처로 두바이 유조선이 왔다.* 우리 배에서 멀찌감치 떨어져 있어서 배 안에 사람이 있는지 없는지 알 수가 없었다. 해적들에게 물어보니, 자기들이 나포한 배라고 했다. 두바이 유조선은 그리스 국적으로, 필리핀 선원들이 타고 있었다.

하라데레에 도착하고 며칠 뒤, 나는 선장의 명령으로 당직을 서기 위해 브리지로 올라갔다. 그런데 해적 한 놈이 나를 붙잡더니 뭣 하러 올라왔냐며 나에게 누구냐고 따져 물었다. 나는 항해사라고 말했지만, 해적들은 항해사가 뭐하는 사람인지도 몰랐다. 해적은 나에게 당장 내려가라며 소리쳤다.

나는 해적들에게 항해사로 인정을 받지 못하고 통제당한 채, 식당 바닥에 딸린 방에서 지냈다. 방 안에는 직경이 20센티미터쯤 되는 작은 창문이 있었다. 나는 혹시 누군가가 우리를 구출하러 와주지 않을까 하는 기대를 품고 하염없이 밖을 내다보았다.

'혹시 미국 군함이 다시 오지는 않을까.' '한국 해군이 우리를 구출하러 오지는 않을까.'

* 두바이 유조선은 원래 하라데레 근해에 억류당해 있다가 동원호가 도착하기 전에 다른 곳으로 옮겨졌다.

그러나 아무리 바라보아도 긴 수평선뿐 누구도 우리를 구하러 와주지 않았다. 절망이 온몸을 휘감았다.

해적들은 배 안에 있는 모든 것을 쓸어갔다. 해적들의 눈에 띄는 것은 모두 약탈의 대상이 되었다. 식량, 옷, 생필품, 노트북, 심지어 이불까지 무조건 다 가져갔다. 총을 들고 날뛰는 무법자들 앞에서 우리는 무력할 수밖에 없었다. 우리는 어쩔 수 없이 해적들 몰래 부식 창고에 옷을 숨겨놓고 하나씩 꺼내 입었다. 그러나 나중에는 그것마저도 빼앗겨 배의 엔진을 닦으려고 가져갔던 헌 옷을 꺼내 입어야 했다.

해적들은 1주일이나 2주일 간격으로 교대를 했다. 그리고 올 때마다 염소 한 마리와 마약 풀*을 잔뜩 싣고 왔다. 배 안에서 선원들을 위협하거나 약탈을 하지 않을 때면, 해적들은 늘 마약풀을 씹었다. 마약성분에 취해 비틀거리는 해적들의 모습을 보는 것은 우리에게 또다른 고통이었다.

사실 당시 우리는 도대체 왜 우리가 해적들에게 돈을 줘야 하는지 이해할 수가 없었다. 우리에게는 소말리아의 과도정부가 발급해준 합법적인 조업허가증이 있었다. 소말리아 과도정부 수산부장관이 직접 만들어준 '소말리아 연해 조업허가증'이었다.

당시 우리는 소말리아 과도정부를 믿었고, 그들이 소말리아 내부

＊Qat(콰트). 에리트리아에서 지부티, 에티오피아, 소말리아, 케냐 북부에 이르기까지 널리 퍼져 있는 식물. 잎담배처럼 줄기째 들고 다니면서 잎을 하나씩 떼어 질겅질겅 씹는 일종의 마약성 작물로 환각 성분이 포함되어 있다.

에서 그 정도로 유명무실할 줄 몰랐다.* 그래서 우리가 가지고 있는 조업허가증이 문제가 될 것이라고 생각조차 하지 못했다. 게다가 당시에 조업도 꽤 잘 돼서, 나포되기 직전까지 선원들 모두 이번에는 돈 좀 만질 수 있을 거라고 잔뜩 기대에 부풀어 있던 참이었다.

그래서 해적들이 처음에 조업허가증과 선원명부를 요구했을 때도, 우리는 발급받은 조업허가증이 정당했기 때문에 큰 해가 없을 거라고만 생각했다. 그런데 해적들이 우리가 가진 조업허가증을 걸고 넘어졌다. 그리고 자기들의 허락 없이 물고기를 잡는 것은 불법 행위라고 우기면서 우리에게 돈을 요구해왔다.

그제야 우리는 조업허가증이 아무런 효력도 없는 종이 쪼가리에 불과하다는 것을 알았다.

2006년 4월 19일. 여기에서 끝나는 것은 아닌지……

하루하루를 긴장 속에서 보내고 있다. 이러다 여기서 인생을 끝내게 되는 것은 아닌지, 언제쯤이면 소식이 있을지 날이 갈수록 불안해진다. 해적들은 선박의 모든 것을 다 망쳐놓았다. 툭하면 총을 들이대니 너무나도 위험하다. 언제 어느 순간에 어떻게 될지, 정말로 가족 생각이 간절하다. 나에게는 귀여운 딸이 둘 있다. 어떻게 해서라도 성한 몸으로 돌아가 그들의 뒷바라지를 해주어야 한다. 나에게는 막대한 임무

---

* 소말리아 과도정부는, 2004년 유엔의 결의안에 의해 케냐에서 수립된 것이기는 하지만 당시 소말리아 전체를 장악하지 못했다. 심지어는 수도 모가디슈에도 입성하지 못하고 에티오피아 국경 부근 발다와에서 가까스로 정부를 유지하고 있었다. 당시 소말리아 과도정부는 이를 인정하지 않는 이슬람 법정연대와 치열한 전투를 벌이고 있는 상황이었다.

가 지워져 있다. 자식들을 끝까지 책임져주어야 한다. 보고 싶은 딸들의 얼굴, 지금쯤 무엇을 하고 있을지. 보고 싶다. 미치도록 보고 싶고, 안아주고 싶은 나의 딸들. 귀국하면 언제든 곁에서 같이 하련다. 나머지 인생 너희들과 같이, 가족과 함께. 너무나 아름다운 순간들. 그날은 기어이 오고야 말 것이다. 나의 사랑하는 딸들아. 우리 상봉의 날까지 손꼽아 기다려다오. 못난 아버지로부터. 소말리아 영해에서.

조선족 선원 김홍길의 일기에서

이중인질과 몸값협상

하라데레에 도착하고 일주일쯤 지나서, 해적들이 선장을 인질로 삼아 해적마을로 끌고 갔다. 나포당할 당시 기관장이 해적들에게 심하게 반항을 하기도 했고, 선원들이 계속 탈출계획을 세우고 있다는 낌새를 눈치챈 것 같았다.

처음에는 선장 혼자 해적마을로 끌려갔다. 선장은 해적마을로 떠나면서 선원들에게 회사와 연락해서 곧 풀려나게 해주겠다고 말했다. 그래서 초기에는 선원들도 그저 회사와 연락을 하러 간다고만 생각했다. 그러다가 협상 기간이 길어지면서, 그제야 '아, 이중인질이구나' 하고 느꼈다. 해적들은 선장을 인질로 잡고 있으면 우리가 쉽게 탈출하지 못할 거라고 생각한 것 같았다.

선장이 계속 해적마을로 끌려 나가고, 배에 통솔자가 없는 상태가

지속되자 선원들도 점차 불안해했다. 배에서는 선장 부재 시에 항해사가 선원들과 배 안의 모든 상황을 통솔하게 된다. 그런데 당시 나는 해적들에게 항해사 직책을 인정받지 못하고 있는 상황이었다. 나는 이런 상황이 계속되면 선원들의 안전에 문제가 생기지는 않을지 몹시 걱정이 되었다.

해적들은 주로 선장뿐만 아니라 통신장, 기관사까지도 인질로 데려갔다. 세 사람은 한번 가면 보통 2주 이상 그곳에 머물렀다. 특히 3개월이 넘어가면서부터는 선장은 아예 해적마을에 상주할 정도였다. 갑판장과 나는 풀려나기 전까지 두 번 해적마을에 끌려갔었다.

나포되기 전, 아프리카는 나에게 그저 신비로운 미지의 땅이었다. 나는 갑판장과 함께 해적마을로 끌려가면서 처음 그 땅을 밟았다. 1시간 넘게 차를 타고 가면서 주변의 풍경을 살펴보았다. 무성하지는 않았지만 여기저기 풀이 나 있었다. 나는 그걸 보면서 생각했다.

'이 땅에서도 풀이 자라는데 왜 저들은 노력하지 않고 약탈을 할까.'

마을에 도착하자 갑자기 사람들이 우리를 에워쌌다. 신기하게 바라보는 사람도 있었고, 손가락질하는 사람도 있었다. 우리는 그들을 지나쳐 마을 안 깊숙히 끌려갔다.

마을 입구에서 한참 들어가니 높은 담으로 둘러쳐진 감옥 같은 철조 건물이 있었다. 울타리 안에 총을 든 해적들이 늘어서 있었다. 해적들이 그곳을 지나 그 안에 있는 건물로 다시 우리를 끌고 갔다. 해적두목의 집이었다. 7~8명쯤 되는 친위대가 집 주위를 지키고 있었다.

우리는 끌려가면서 무슨 일이 벌어질지 몰라 조마조마했다. 그런데 의외로 해적두목이 직접 나오더니 우리에게 악수까지 청했다. 해적두목은 일일이 우리와 악수를 하면서 안심하라고 했다. 호의를 표하고 싶었는지 저녁으로 배에 약탈한 라면까지 끓여주었다. 우리가 소말리아 음식을 못 먹으니까 라면이 주식이라고 생각하는 것 같았다.

나와 갑판장은 울타리 안에 있는 건물 안에서 하룻밤을 지냈다. 모기떼가 어찌나 극성인지 도저히 잠을 이룰 수가 없었다. 게다가 밤이 되자 어디선가 시끄러운 총성이 들려왔다. 소총과 기관총 소리가 번갈아서 났다. 총성은 새벽까지 계속됐다. 울타리 안에 갇혀 밖의 일들을 알 수 없었던 우리는 날이 새도록 불안에 떨어야 했다.

하룻밤을 보내고 아침에 일어나니 해적들이 빵과 염소고기 삶은 것을 주었다. 염소고기에서 어찌나 역한 냄새가 나던지 차마 먹을 수가 없었다. 그 뒤로도 우리는 음식과 물이 맞지 않아서 계속 고생을 해야 했다.

그렇게 해적마을에서 이틀간 인질로 잡혀 있다가 다시 배로 돌아오게 되었다. 그런데 무슨 일인지 우리를 데리러 온 해적 하나가 해적두목에게 마구 화를 내는 것이었다. 그렉과 함께 배 안을 책임지고 있는 또 다른 행동대장 놈이었다. 상황을 살펴보니 회사와 몸값 협상이 지지부진하자 그것에 대해 불만을 터뜨리는 것 같았다.

'내 목숨을 가지고 저렇게 물건 값 흥정하듯 몸값협상을 하다니.'

순간 울컥 설움이 밀려왔다. 그리고 마음 깊은 곳에서부터 우리를 여기에 버려두고 연락조차 없는 회사와 정부에 대한 원망이 차올랐다.

2006년 4월 21일

갑판장, 항해사, 2기사 선박에 왔음. 선장님, 통신장님, 기관사 소말리아로.

2006년 4월 24일

실항사가 당직을 서라기에 브리지로 갔다. 한참 후 (해적) 한 놈이 총을 들이대면서 내려가라고 고함을 질렀다. 침실로 가니 두 놈이 옷장 뒤져서 옷가지며 챙겨 갔다. 11~12시 사이. (해적) 한 놈 침실에서 잠자고 있었다. 언제쯤이면 이 꼴을 면하겠는지. 저녁식사 후 6시 30분. 침실에 가니 문이 안으로 걸려 있었다. 안에서 요란한 소리가 들렸다. 한참 후 소말리아 세 놈이 자루에다 많은 물건 들고 나왔다. 침실에 들어가보니 개판이었다. 가방, 옷가지, 사진 지저분하게 널려져 있었다. (해적들이) 중국 돈 인민폐 600원, 남아공 돈 120랜드 모두 뒤져갔다. 정남의 사진기도 가져갔다. 나는 소말리아 놈들 찾아가서 사진기는 너희들이 가져도 좋다, 필름만 달라고 했다. 결국엔 필름을 주어 찾았다. 천만다행. 필름은 중요하다. 테러 당시 찍은 것이기에. 무엇보다도 중요하다.

2006년 4월 25일

10시 30분. 선장님, 기관사, 통신장님 선박에 도착. 선원 세 명 방한복. 상어 꼬리를 조리실로 가져갔다. 해적들이 침실, 옷가지 등 모두 뒤져갔음. 선장님, 기관장님, 항해사님 세 분 모두 소말리아로. 아직까지 아무런 소식 없음.

조선족 선원 김홍길의 일기에서

해적에게 나포된 지 20일쯤 지났을 때, 함께 해적마을에 끌려갔던 갑판장이 갑자기 열이 심하게 나더니 밤새 기침을 했다. 우리는 감기라고 생각하고 배로 약을 가지러 갔다. 해변에서 해적들의 보트가 오기를 기다리고 있는데, 웬일인지 선장, 통신장, 기관사가 보트를 타고 나왔다. 기관사가 배로 돌아간 뒤 4일 정도 앓았다며, 급히 병원에 가는 길이라고 했다.

우리는 그길로 차를 돌려 다 같이 병원에 갔다. 한참 차를 달려 병원으로 보이는 허름한 건물에 도착했다. 나름대로 하라데레 안에서 종합병원이라고 하는데, 사실상 병원 축에도 끼지 못할 수준이었다. 무장한 해적들이 병원 안에서도 우리 뒤를 따라다녔다. 다행히도 모가디슈에서 가끔 오던 의사가 때마침 병원에 와 있었다. 갑판장과 기관사가 제일 증상이 심했다. 피를 뽑고, 의사의 진찰을 받았다. 둘 다 말라리아로 판정이 났다. 다행히도 약을 먹고 이틀 정도 지나자 둘 다 증세가 많이 호전됐다. 워낙 아프리카에 흔한 질병이다 보니 말라리아 치료 수준은 꽤 높은 듯했다.

그 뒤 다시 말라리아에 걸린 선원들은 없었지만, 배 안에 감기환자는 끊이질 않았다. 배에 싣고 나갔던 300회 분량의 감기약이 동날 정도였다. 일교차가 큰 날씨와 억류생활의 스트레스 때문에 조금만 무리를 해도 감기에 걸리곤 했다.

오발사고의 공포와 함께 질병에 대한 공포 또한 우리를 힘들게 하는 주요 원인이었다. 해적들의 위생 상태는 심각할 정도였다. 씻고 닦는 위생 관념이 전무한 것은 물론이고, 해적들 대부분 질병의 징후를 하나 이상 가지고 있었다. 총기사고로 다리가 한쪽밖에 없는 해적도 있었다.

해적들은 우리가 식사를 하고 있으면, 식당에 내려와 음식에 침을 뱉었다. 아무 이유도 없이 늘 그런 일이 벌어졌다. 그럴 때마다 우리는 모욕감과 함께 해적들에게서 혹 이상한 질병이 옮지는 않을까 불안에 떨어야 했다.

왜 한국 기자들은 오지 않는가?

한동안 하라데레 해변에는 우리 배 외에도 두바이 유조선과 인도 배가 있었다. 두바이 유조선은 꽤 오랫동안 우리 배 옆에 있었지만, 인도 배는 곧 사라졌다. 그 배의 정확한 선적은 알 수 없었다. 해적들이 인도 배라고 했지만 믿을 수가 없었다. 언젠가 해적 한 놈이 와서 침실을 뒤지다가 내가 반항을 하니, 말 안 들으면 저 배에 있는 사람들처럼 죽여버리겠다고 협박했다. 그러고 나서 며칠 후 인도 배는 어디론가 사라졌다.

2006년 4월 28일
여느 때와 마찬가지로 4시에 기상하여 조금 운동하고 샤워를 했다. 날이 밝아오니 저쪽 편에 배 한 척이 보였다. 해적에게 무슨 배냐고 물으니 자기들이 잡아온 배라고 한다. 인도 선박인데 선원 20명이 있단다. 해적은 아주 신바람이 나서 난리였다. 우리 선박은 언제쯤 가게 되냐고 물어보니, 놈은 앞으로 4일이면 갈 수 있다고 한다. 한국 정부에서 돈을 보내온다는 것이다. 하지만 믿을 수가 없다. 너무나 많이 속아왔기에 믿음이 가지 않는다. 심지어 선장님까지 믿을 수 없다. 매일 내일, 모레, 앞으로 2일 하는 헛된 약속들…… 이제는 지쳤다. 다시는 속고 싶지도 않다. 묻고 싶지도 않다. 배를 돌리는 날이 가는 날이다. 모든 선원들 (해적에게서 풀려나면) 귀국하겠다고 한다. 어떻게 되는가. 나중에 두고 볼 일이다. 나 역시 결론을 내리기에는 아직 이르다고 생각된다. 우선 애들과 통화한 후 결정하려고 한다. 언젠가는 가족의 품으로 돌아가게 되겠지. 기대하고, 기다려보자.

    기관장님, 항해사, 갑판장 선박 돌아왔다. 통신장, 기관사 소말리아로 갔음. 회사 측은 아무런 소식도 없음.

조선족 선원 김홍길의 일기에서

4월 25일, 아침을 먹고 있는데 해적들이 배 앞쪽에 모이라는 명령을 내렸다. '또 총알받이를 세우려나 보다' 하고 나가보니, 외신 기자 3명이 와 있었다.

해적들은 우리를 배 앞쪽에 일렬로 세워놓고, 외신 기자들 앞에서 어창을 열었다. 그러고는 우리가 소말리아에서 불법으로 잡은 물고기라며 기자들에게 사진을 찍으라고 강요했다. 외신 기자들은 선장과 인터뷰를 원했다. 선장은 기자의 질문에 더듬더듬 영어로 답했다.

"우리는 정당하게 라이센스를 받아서 조업을 했는데, 왜 잡아두고 있는지 모르겠습니다."

그러나 짧은 영어로는 지금 우리의 처지와 통한의 심정을 설명할 수가 없었다. 선장은 답답한지 연신 한숨을 내쉬며 가슴을 쳐댔다.

외신 기자들은 하루 정도 배 안에 머물렀다. 기자 한 명이 나에게 한국인이냐고 물었다. 하고 싶은 얘기는 정말 많았지만 영어를 할 줄 몰라서 아무 말도 할 수 없었다. 너무 답답한 마음에 그냥 울고만 싶었다. 누구라도 말이 통하는 사람을 붙잡고 억울함을 호소하고 싶었다.

기자들이 떠나기 전에 해적두목이 기자들이 카메라로 찍은 것을 일일이 검열했다. 돈을 요구했는지 기자가 해적두목에게 돈을 한 다발 건넸다. 해적두목이 선전용으로 기자들을 불렀다는 느낌이 들었다. 당시에 우리는 아무 정보가 없었기 때문에 기자들도 다 해적의 편이라고만 생각했다.*

외신 기자들이 다녀간 뒤 일주일쯤 후에 다시 미군 헬기가 나타났다. 당시 나는 브리지에 있었는데, 인도네시아 선원이 귓속말로 미국 헬기가 나타난 것 같다고 귀띔을 해주었다. 전방을 살펴보니, 어두운 밤하늘에 작은 불빛이 보였다. 잠시후 불빛을 발견한 해적들은 난리를 치며 나에게 정체가 뭔지 레이더 장치로 찍어보라고 했다. 레이더에는 아무것도 잡히지 않았다. 나는 배가 아니라 별이라고 해적들에게 말했다. 그런데 계속 불빛이 움직였다.

* 외신 기자들은 선원들을 인터뷰하면서 AP와 로이터 통신에서 왔다는 것을 밝혔다고 한다. 그러나 언어소통의 문제로 선원들은 그들이 어디에서 왔는지 몰랐다. 또 외신 기자들은 기자들대로 선원들이 말을 하지 않아서 답답했다고 한다. 영국기자도 취재를 갔지만 해적들이 입선을 허가하지 않았다. 이때 찍은 화면이 한국에서 최초 공개된 동원호의 모습으로 뉴스에 보도되었다.

밤 10시쯤 해적들이 다시 선원들을 집합시켰다. 정말로 추운 날이었다. 10분이 지나자 온몸이 덜덜 떨려왔다. 우리는 반팔에 반바지를 입고 브리지 위에서 이불도 없이 밤을 지새워야 했다. 동이 트고 주변에 아무것도 보이지 않는 것이 확인되자, 해적들이 우리를 침실로 돌려보냈다.

해적들은 브리지 위층에 있는 침실을 통제했다. 좁은 침실에서 여럿이 자는 것도 고통이었다. 게다가 낮이면 땡볕에 시달리고 밤이면 추위에 떨며 총알받이로 서 있어야 한다는 것도 참을 수 없었다. 우리는 언제 또 갑판에 끌려나가야 할지 모른다는 공포에 항상 시달렸다.

2006년 5월 1일

밤 10시, 해적들이 전체 선원들을 갑판에 집합시켰다. 미군 헬기가 나타난 것이다. 자지도 못하고 모두 갑판에서 밤을 지새웠다. 아침 6시가 되서야 겨우 침실로 돌아갈 수 있었다.

조선족 선원 김홍길의 일기에서

억류기간이 길어지자 나는 조리사에게 식량 재고를 점검하라고 지시했다. 어느 정도 먹을 식량은 있었지만 언제 풀려날지 모르니 안심할 수가 없었다.

조리사가 석방 날짜를 짐작해서 대강 계산을 한 후 내게 가져왔다. 야채 같은 것들은 해적들이 다 가져가고 깡통에 든 것만 남아 있는 상황이었다. 쌀도 점점 떨어져가고 있었다. 25명의 선원이 계속 세 끼를 다 먹는다면 부식은 1개월, 주식(쌀)은 3개월 후면 동이 날 상황이었다. 나는 어쩔 수 없이 하루 두 끼로 식사를 통제했다. 기관장은 기름은 3개월까지는 버틸 수 있을 것 같다고 했다.

줄어드는 식량과 반비례해서 억류생활의 고통은 심해져만 갔다.

한번은 소말리아 해적 조리사인 알리가 와서 한국 선원 한 명에게 감자를 내놓으라고 했다. 배 안에 있는 감자는 떨어진 지 오래라고 말해도 막무가내였다. 알리는 문에 기댄 채로 말하고 있었는데, 마침 지나가던 기관사가 문을 확 여는 바람에 그대로 바닥에 넘어졌다. 그 길로 알리는 다른 소말리아 해적놈에게 달려가서 한국 선원이 자길 때렸다고 거짓말로 고자질을 했다. 잠시 후 해적 중에서 가장 나이가 어린 놈이 오더니 신고 있던 신발로 한국 선원을 마구 때렸다.

해적들은 음식 만들 때마다 그 안에 돼지고기가 들어 있나 확인했다. 자기들이 믿는 이슬람교 때문에 그런 듯했다. 게다가 해적 조리사는 우리 배의 조리사를 하인처럼 부렸다. 열네다섯 살 먹은 놈에게 그런 일을 계속 당하다 보니 조리사도 억울했던 모양이다. 조리사는 조리실에 잘 들어가려고 하지 않았다.

2006년 5월 13일

우리는 여느 때와 마찬가지로 아침 없는 점심식사를 하려고 준비하고 있었다. 조리사가 꽁치를 굽고 나는 상을 차리고 하는데 (해적) 한 놈이 못 하게 상에 발을 얹어놓는가 하면 상에 침까지 뱉는 것이었다. 너무나 억울해 보고만 있었다. 한참 후 놈은 나가고 나는 상을 차려놓았다. 좀 지나서 놈이 소말리아 조리사 데리고 들어서더니, 선원을 손가락으로 가리키니 소말리아 조리사 놈이 우리 선원의 머리를 한 대 때리는 것이었다. 선원이 무어라 말하니, 이놈은 쓰레바 빼서 들고 선원을 때리려고 하였다. 참으로 눈뜨고는 볼 수 없었다. 이런 생활 언제까지 하여야 하는지. 오늘따라 놈들이 많이 우리 선박에 몰려들었다. 무슨 일이라도 있는지. 언제쯤이면 소식 있겠는지. 정말 미쳐버릴 것만 같다. 소말리아에서

조선족 선원 김홍길의 일기에서

식량뿐만 아니라 식수도 문제였다. 원양어선에는 식수를 만들기 위한 조수기가 있다. 발전기를 돌려 바닷물을 정화시켜서 마시거나 목욕하는데 쓰는 물을 만드는데 사용하는 기계다. 그런데 해적들이 물을 막 퍼 쓰는 바람에 금세 배 안의 물이 줄고 말았다. 억류 상황이 얼마나 오래 갈 지 가늠이 되질 않았다. 목욕이나 양치는 바닷물로 하는 게 좋겠다고 생각해서 선원들에게 지시했다. 조수기를 더 돌리면 기름 사용량만 증가할 뿐, 기름이 들어가는 만큼 물을 빨리 만들어내지도 못한다. 그래서 충분히 식수가 확보될 때까지 선원들의 물 사용을 통제할 수밖에 없었다.

2006년 5월 10일
물이 모자라니 목욕과 양치질은 바닷물로 하자는 이야기가 나왔다. 한국에서는 무엇을 하고 있는지.

조선족 선원 김홍길의 일기에서

나포 44일째, 대답 없는 조국

해적들은 매일 교대할 때마다 오늘, 내일 나간다고 했다. 그렇게 헛된 말들이 난무하다 보니 우리는 거의 희망을 버린 상태였다. 언제 풀려날지 너무나 막막했다. 그래서 기회만 나면 목숨을 걸고서라도 싸우려고 했다.

그러던 중 기관사 집이 한국 언론을 통해 보도됐다는 소식이 들려왔다. 나는 내 순서를 포기하면서까지 기관사에게 한국 집에 전화를 걸 수 있게 해주었다. 기관사 집은 부산이었다. 마침 선장 집도 부산이니, 어쨌든 여기보다는 돌아가는 상황을 잘 알 수 있을 것 같았다. 나는 회사나 정부에서 선원 가족들에게 석방교섭이 어떻게 진행돼가고 있는지 소식을 전해주었을 거라고 기대했다. 그래서 기관사에게 우리가 언제쯤 풀려날지 한국 집에 물어보라고 했다.

그런데 한국에서도 상황이 어떻게 돌아가는지 전혀 몰랐다. 마지막 기대마저 허망하게 허물어지면서 나는 정말 자포자기의 심정에 빠지게 됐다.

그러면서 선원들이 한국에 전화를 했다가 정작 정부나 회사가 석방을 위해 아무 조처도 하지 않고 있다는 것을 알게 되면 동요하지는 않을까 걱정이 됐다. 그래서 어쩔 수 없이 선원들이 한국에 전화하는 것을 통제했다. 나 또한 가족에게 전화하지 않았다.

2006년 5월 10일

오늘은 무슨 희소식이라도 있을까 싶어서 식당으로 내려갔다. 여러 명이 앉아서 이야기를 나누고 있었다. 옆에 앉아 듣노라니 어쩐지 무언가 잘못 돌아가고 있는 듯한 느낌이 들었다. 아직도 회사 측에서 올바른 조처가 없다는 것이다. 언론에서도 아무런 반응이 없다. 이곳에 잡혀온 지도 37일째다. 어쩌면 이 기나긴 시간 아무런 조처도 없다는 말인가. 우리 모두가 이렇게 죽어간다 해도 한국 정부는 눈 하나 깜빡하지 않는다는 말인가. 매일 총부리 앞에서 하루하루를 보내는 우리의 절망에 그대들은 책임을 지지 않는다는 말인가. 우리 선원들 모두 먼 이국에서 외화를 벌어 돌려주었지 않은가. 다소나마 한국에 공헌한 사람들. 당신들은 가슴 아프지 않다는 말인가.

2006년 5월 16일

해적 한 놈이 들어오더니 다짜고짜 내 신발을 벗기려고 했다. 한참 밀치고 몸싸움을 한 끝에 겨우 지킬 수 있었다. 매일 잠자리에 들 때마다 신발을 감추고 자야 한다. 저번에는 자고 일어나보니 해적들이 옷을 다 들고 갔다. 이러다 알몸이 되지는 않을지. 저녁식사 때 기관장이 한 말에 의하면, 해적들이 50만 달러를 요구했다고 한다. 그에 대해 회사 측은 40만 달러를 주겠다고 했고, 갑판장은 앞으로 1개월은 더 있어야 한다고 했다. 도대체 누구 말을 믿어야 할지.

2006년 5월 17일

날이 갈수록 말이 아니었다. 기관장, 항해사, 갑판장, 조리사, 나. 식당에 앉아서 부식에 대한 이야기를 나누었다. 식량이 얼마 남지 않았으니 밥은 한 공기(만) 먹어야 된다고. 오늘까지 우리는 이미 하루 두 끼씩 먹어왔다. 해는 길어가고 밥상에서도 눈치 보아야 하니, 하루 보내기란 말이 아니었다. (중략) 날이 갈수록 이상한 생각만 든다. 살아서 이곳을 떠나겠는지 아니면. 놈은 오늘도 한국에서 돈을 보내지 않았다면서 돈 안 보내주면 모두 다 죽여버린다는 것이었다. 죽이려면 하루빨리 죽이든지. 사람을 이런 식으로 말려 죽이자는 것인지 너무너무 힘들다. 배는 고프고 현기증이 난다. 사람이 살다 보니, 이런 꼴도 당하는구나. 대한민국은 무엇을 하고 있는지. 당신들은 책임이 없단 말인가. 대한민국은 응당히 책임져야 한다. 우리 전체 선원들. 628호 전체를 책임져야 한다. 노무현 정책이 말이 아니다.

조선족 선원 김홍길의 일기에서

해적들에게 나포된 지 한 달 반쯤 되었을 때, 전화 한 통이 걸려왔다. 선장이 없어서 내가 대신 위성전화를 받았다. 전화기를 들자마자 "여보세요"라는 한국어가 들렸다. 전화를 건 남자가 다짜고짜 나에게 물었다.

"해적 몇 놈이서 선장을 끌고 갔어요?"

선장이 해적마을로 끌려간 게 이번에 처음이 아니었다. 늘 반복되는 일이다 보니 잘 기억이 나질 않았다. 내가 대답이 없자 남자는 다시 물었다.

"해적이 몇 놈이었어요? 무장했어요?"

"……그랬던 것 같아요."

내가 애매하게 대답하자 남자가 나에게 짜증을 냈다.
"아니, 무슨 항해사가 그것도 모릅니까!"
"……."
나는 뭐라 할 말이 없었다. 전화 건 남자가 대체 누군지도 모르는 상황이었다. 남자는 나와는 더 통화를 해봤자 소용이 없다고 생각했는지, 제 할 말만 하더니 전화를 끊었다.
"지금, 케냐 민병대가 진군하고 있거든요. 곧 풀려날 겁니다."
뜻밖의 소식에 나는 멍하니 있다가 한참 후에야 전화기를 내려놓았다.
'민병대라니, 그게 무슨 소리지? 내전이 벌어진가는 건가?'
나중에 알고 보니 전화를 건 사람은 회사 측에서 해적과의 협상 일선에 내세운 에이전트였다. 나는 기관장과 기관사에게 에이전트에게서 전화가 왔다고 전해주었고, 곧 선원들에게도 그 소식이 퍼졌다.
나는 만약 소말리아에서 내전이 벌어지면 우리들에게 불리할 거라고 생각했다. 해적들이 과연 우리의 안전을 신경 써주겠냐는 의구심이 들었고, 결국 선원들의 피해가 클 거라고 생각했다.

2006년 5월 22일

11시 20분. 소말리아에서 전화. 부식 및 약품, 책 (요청), 아직도 (협상은) 미결. 소말리아에서 내전이 일어났다고 한다. 서로가 대치하고 있음. 어찌 보면 (우리에게) 아주 불리하다. 싸움이 시작되면 우리에게 피해가 크다.

조선족 선원 김홍길의 일기에서

그 즈음, 에티오피아 주재 중국 대사관에서 해적두목에게 전화를 했다는 소식이 들렸다. 우리 선원들은 중국 선원들만이라도 풀려났으면 하는 바람으로 기쁜 소식이 오기를 기다렸다. 그러나 결국 협상은 성사되지 못했다. 중국 대사관에서 돈을 지불할 테니 중국 선원들만이라도 빼달라고 요청했는데, 해적두목이 수락하지 않았다.

그 후 에티오피아 주재 중국 대사관 현지 직원이 배에 있는 중국 선원들에게 위성 전화를 했다. 그런데 그 직원은 중국 대사관 직원이지만 현지인이어서 중국어를 하지 못했다. 영어로 의사소통이 안 되자 직원은 중국어를 할 수 있는 사람을 구해본다며 내일 다시 통화하자고 했다고 한다.

그런데 그 다음날부터 해적들이 선원들의 전화통화를 금지했다. 그래서 중국 선원들은 대사관 측과 다시 통화를 할 수 없었다.

아쉽게도 다시 중국 대사관과 연락이 되지 못했지만 중국 선원들은 그 일로 한동안 어깨를 펴고 다녔다. 다른 나라에서는 아무런 조치가 취해지지 않았는데, 중국 측에서는 대사관을 통해 직접 연락까지 했기 때문이었다.

2006년 5월 22일(음력 4월 25일)
오늘은 나의 생애에 서른셋째 생일이다. 세상에 인질로 잡혀서 생일을 보내야 되다니. 너무나도 섭섭하다. 무엇이라 말할 수도 없다. 어찌 보면 아주 뜻깊은 생일이라고도 생각된다. 이번이 마지막 선박생활이라 생각하고. 좋게, 좋은 기분으로 하루를 보내자. 언제쯤이면 이곳을 떠나겠는지. 너무나도 지겹고 아슬아슬하다. 언제면 가족의 밑으로. 나는 저녁을 먹고 침실로 돌아와서 『제국의 전설』을 읽었다. 한참 읽고 있는데 소말리아 두 놈이 침실로 들어왔다. 우리 침실에서 자겠다는 것이었다. 내가 책을 보고 있으니, 놈은 남하고 이야기 나누었다. 그놈은 나의 가족사진을 보더니 아주 멋지다는 것이다. 전화번호를 가르쳐 달라기에 나는 적어주었다. 내일 자기가 집에다 전화하겠다는 것이었다. 그놈의 말로는 중국 선원 3명이 먼저 귀국한다는 것이었다. 두고 보아야 할 일. 소말리아.

조선족 선원 김홍길의 일기에서

2006년 6월 5일 밤의 유서

오랜 억류생활에 우리들은 점점 지쳐가고 있었다. 배에서 탈출하는 것밖에는 희망이 없었다. 나포된 지 두 달이나 지난 시점에서 상황에 아무런 진전이 없으니, 자력으로 탈출하는 것만이 해결책이라고 생각했다.

나는 탈출계획을 세워놓고 선원을 하나씩 불러서 설득하기 시작했다. 선원들을 모두 설득하고, 마지막으로 조선족 선원 김홍길을 불러서 작전을 설명해주었다.

기관장이 탈출계획에 대한 아이디어를 냈다. 기관장과 내가 밤에 탑 브리지에 올라가 수중 펌프를 이용해서 해적놈들 얼굴에 염산을 뿌린 후, 해적 두 놈을 처치할 계획이었다. 우리가 그러고 있는 동안 밑에 있는 선원들은 창과 칼로 해적들을 제압하기로 했다.

당시 선장만 해적마을에 있었고, 선장을 제외한 나머지 모든 선원은 배에 있었다. 게다가 한 달 가까이 선장과는 연락이 두절된 상태였다. 우리는 선장의 신변에 뭔가 문제가 있다고 생각했다. 그래서 선원들은 더욱 더 초초했고, 탈출계획을 서두를 수밖에 없었다.

2006년 6월 5일

6시 40분 항해사가 나더러 좀 만나자고 했다. 탈출하자는 것이다. 나는 흔쾌히 대답했다. 하루빨리 자식들을 보고 싶다. 위험은 있겠지만 각오하고 있다. 작전은 이렇다.

1) 다이(베트남 선원)와 인도네시아 실항사가 브리지에서 화학약품, 염산, 수산, 엔진용 펌프를 이용해 해적 얼굴에 뿌린다.

2) 동시에 항해사, 나, 기타 선원들이 뛰어올라 총을 잡는다.

3) 기관장과 통신장이 브리지를 책임진다.

4) 나머지 선원은 통로를 봉쇄한다.

2006년 6월 5일 밤

유서

인적사항: 김홍길

장녀: 김설화

차녀: 김애화

유언: 본인 김홍길 해적들과의 싸움에서 희생되었을 때, 모든 금액

문제를 장녀인 김설화, 차녀인 김애화 앞으로 분배하여주시기를 관계 부문에 부탁드립니다.
　주소: 길림성 돈화시 OO향 OO촌
　김홍길. 2006년 6월 5일 밤.

2006년 6월 7일
　긴급회의를 소집했다. 놈들과의 전쟁은 오늘 벌어질 것이다. 모두들 다 긴장상태. 화학약품까지 준비되고 이제는 위에서 명령만 떨어지면 작전개시다. 사랑하는 자식 곁으로 하루 빨리 가기 위해서 이 길을 선택했다. 도대체 한국 정부는 오늘 이날까지 무엇을 하고 있는지. 맨주먹으로 놈들 총부리 앞에서 목숨을 걸어가며 싸워야만 한다는 말인가. 이번 일이 성공하기를 두 손 모아 하나님 아버지께 기도드린다.
　　　　　　　　　　　　　조선족 선원 김홍길의 일기에서

　우리는 차근차근 탈출계획을 준비하고 있었다.
　그런데 갑자기 해적들이 배로 들어와서는 내일 기관사를 끌고 나간다고 통보했다. 우리는 한 사람이라도 더 구해야한다는 생각에 6월 8일을 작전 개시일로 잡았다.
　나는 동참하기로 한 선원들을 기관통제실로 집합시켰다. 그러고는 미리 만들어놓은 무기를 선원들에게 지급했다. 참여하지 않겠다는 의사를 밝힌 선원은 뒤에 처지게 했다.
　나는 작전개시에 앞서 평소 해적들과 사이가 좋았던 인도네시아 실항사를 밖으로 정찰을 내보냈다. 그런데 해적 중 한 놈이 보이지 않았다. 뭔가 느낌이 좋지 않았다. 오랫동안 준비해 온 작전을 망칠 수도 있다는 생각에 불안했다. 나는 모인 선원들에게 해적들의 위치를 모두 파악한 후 작전을 개시하자고 했다. 그런데 기관장이 오늘 아니면 일을 치룰 수 없다고 강하게 주장했다. 조선족 선원 김홍길도 신중해야 한다고 말렸지만, 기관장은 고집을 굽히지 않았다.

나는 기분이 영 찜찜했지만 어쩔 수 없이 오늘 작전을 개시하기로 결정했다. 계획대로 나와 기관장이 탑 브리지에 올라가서 해적 두 놈을 죽이고, 나머지 선원들이 통로와 브리지를 맡기로 했다.

그런데 나와 기관장 둘이 위로 올라가버리면, 밑에서 다른 선원들을 통솔할 사람이 없는 것이 문제였다. 작전이 실패할 수 있다는 생각에 초조했다. 실패하면 기관장과 나 이렇게 둘만 죽을 수도 있겠구나 하는 생각도 들었다.

그런 생각에 빠져 있는데 갑자기 해적 한 놈이 오더니 나에게 선장의 쪽지를 전해주었다. 필요한 물품을 보내달라는 거였다. 나는 일단 갑판에 나가서 선장에게 보낼 짐을 쌌다.

그때 갑자기 탑 브리지에서 총성이 들렸다. 해적이 뭐라고 소리를 치는 것이 보이고, 총소리가 난 후 탄피가 공중으로 튀었다. 놀란 조선족 선원과 인도네시아 선원이 혼비백산하여 내 쪽으로 뛰어왔다. 해적 하나가 들어가라며 총을 들고 위협했다. 위치가 파악되지 않던 바로 그 해적이었다.

알고 보니 해적이 인도네시아 실항사에게 올라오라고 했는데, 겁을 먹은 다른 선원이 자기를 부르는 줄 착각하고 위로 올라갔던 것이 문제였다. 엉뚱한 선원이 올라오자 해적이 위협용 사격을 가했던 것이었다. 겁이 많아서 참여하지 않기로 했던 인도네시아 선원이 문제의 원인이었다.

　인도네시아 선원의 얼굴은 이미 새파랗게 질려 있었다. 그 모습을 보는 순간, 마치 큰 망치가 머리를 내리치는 것처럼 순간 멍해지면서, 지금 나의 판단이 틀렸을지도 모르겠다는 생각이 들었다.

　'사람이라면 누구나 살고 죽는 것을 자기가 정할 권리가 있는데, 내 지시로 인해 어쩔 수 없이 동참한다고 한 선원도 있지 않았을까. 탈출작전에 동의한 선원들은 죽어도 여한이 없겠지만, 그러지 않은 다른 선원들은 너무도 억울하지 않을까.'

　그런 생각이 들자 결국 나는 탈출작전을 포기할 수밖에 없었다. 나 살자고 다른 선원들을 사지로 몰아넣을 수는 없는 일이었다.

　그렇게 탈출작전을 포기하는 순간, 정말 모든 것이 무너져 내리는 것 같았다. 탈출을 계획할 때는 여기서 풀려난다는 생각에 두려울 것이 없었다. 죽든 살든 이 길밖에 없다고 생각했기 때문에 필사적이었다. 하지만 막상 모든 것을 포기하고 나니, 갑자기 형언 못 할 두려움이 몰려왔다.

　'이제 앞으로 어떻게 해야 하나······ 아무런 희망도 없이 어떻게 버텨야 하나.'

　정말로 모든 것이 너무 막막했고 절망스러웠다. 그런데 그것이 끝이 아니었다.

　사건은 그 다음날 벌어졌다.

　인도네시아 선원 하나가 빗자루를 가지고 위로 올라갔다가, 해적이 마구 총을 쏘니 놀라서 빗자루를 던져버렸다. 마침 그 빗자루는 탈출작전에 사용하려고 자루 부분을 쇠로 바꿔 준비해놓은 것이었다. 인도네시아 선원이 혼비백산하여 도망치자, 해적들은 마침 근처를 지나던 조선족 선원 김홍길을 불러 청소를 하라고 명령했다. 김홍길은 해적들의 지시대로 빗자루를 집어들었다. 그런데 빗자루가 뭔가 묵직하니 느낌이 이상했다. 사실 해적들은 이미 그 빗자루가 무기로 만든 것임을 눈치 채고 김홍길을 불렀던 것이었다. 해적들은 건수를 잡은 듯 바로 김홍길의 손목과 발목을 결박하고 죽인다고 총을 들이댔다. 김홍길은 해적들에게 갖은 수모를 당한 후 한참이 지나서야 겨우 풀려날 수 있었다.

2006년 6월 9일

나는 이틀간 잠을 제대로 자지 못한 탓에 몸이 몹시 피곤했다. 9시 잠깐 의자에 누워 눈을 붙였는데 해적 조리사가 오더니 청소하라고 시켰다. 브리지에 올라가니 빗자루와 쓰레받기가 있었다. 빗자루를 들었더니 아주 묵직했다. 자루는 쇠로 되어 있었다. 어쩐지 이상한 느낌이 들었다. 갑자기 소말리아인 4명이 나를 향해 총을 겨누고 두 놈은 나를 바닥에 엎드리게 했다. 손목과 발목을 줄로 결박하고 죽인다고 말했다. 정말 죽이려고 작심한 듯 보였다. 한참이 지나서야 풀어줬다. 빗자루가 문제였다. 자루가 쇠로 만들어졌으니 흉기로 사용 가능하다는 것이다. 나는 구사일생으로 살아남았다. 그 쇠파이프 빗자루는 기관장이 습격을 위해 만들었다고 한다. 뭔가 문제가 있다. 무기를 만들었으면 관리를 잘 해야지 않겠는가.

2006년 6월 10일

쇠파이프 빗자루 사건 때문에 우리는 또 자유마저 빼앗기게 되었다. 9시 이후로 나다니는 것을 보면 총을 쏜다고 한다. 기관장이 어설픈 짓을 저지른 것이다.

조선족 선원 김홍길의 일기에서

빗자루 사건 이후, 배 안의 분위기는 말할 수 없이 험악해졌다. 감시도 예전보다 훨씬 더 심해졌다. 해적들은 자기들 두목 집에 연락을 해서 우리가 무기를 만들고 탈출을 시도했다고 보고했다. 그러고는 밤 9시 이후에 돌아다니면 무조건 총을 쏴서 죽여버리겠다고 선원들을 위협했다.

이렇게 해서 우리의 탈출작전은 수포로 돌아갔다. 전보다 해적들의 감시가 심해졌고, 선원들의 긴장감은 커졌다. 나는 모든 것을 포기했지만, 다른 선원들은 탈출계획에 대한 미련을 버리지 못하고 계속 기회를 엿보았다.

2장 동원 628호 취재를 결심하다

"나는 못 가도 당신은 꼭 갔으면 좋겠습니다"

김영미 동원호 나포 사건이 일어났을 때 나는 당연히 한국 기자들이 취재를 위해 소말리아로 찾아갈 것이라고 생각했다. 선원들도 한 달 안에는 무사히 풀려날 것이라고 예상했었다. 그런데 내 예상과는 달리 협상이 난항을 겪으면서 시간이 길어지고 있었다.

나포된 지 한 달이 채 못 된 4월 25일, 외신을 통해 나포된 동원호 선원들의 모습이 최초로 공개되었다.

총을 든 소말리아 해적들과 초췌한 한국 선원들의 모습.

나는 상식적으로 피랍되어 있는 상황인데 어떻게 저런 방송용 화면을 찍을 수 있을까 하는 의문이 들었다. 그래서 아는 외신 기자들에게 연락을 취했다. 당시 기사가 났던 AP와 로이터 기자들에게 연락해서 취재 과정을 물었다. 그들은 지금 소말리아의 정세가 안 좋아서 고생을 했을 뿐이지 취재를 하는 것 자체가 그리 어렵진 않다고 말했다. 육로를 통해서 동원호가 나포된 장소로 가는 과정이 길고 험난할 뿐 해적들 또한 그리 접촉하기 어렵지 않았다는 것이다.

외신 기자들은 최초 취재 후에도 몇 번씩 다시 동원호를 취재했다. 나도 한국 선원들이 언제 풀려나게 되는지, 배 안에서 잘 지내고 있는지 궁금했기 때문에 개인적으로 아는 기자들에게 전화를 해서 계속 상황을 물었다.

그러나 취재를 떠나야겠다는 생각을 하지는 못했다. 그저 친구들 말대로 취재가 가능하다면 가볼 수도 있지 않을까 하는 생각만 했었다.

　당시 나는 일본에서 방송될 이라크에 관한 프로그램을 준비하느라 정말 눈코 뜰 새 없이 바빴다. 이라크 상황을 분석하는 프로그램으로, 전쟁이 발발한 지 3주년을 맞아 종전 선언 이후 이라크의 모습을 담은 시리즈물이었다. 한 번 방송을 하고 끝내는 것이 아니라 애초부터 시리즈로 기획된 것이라서 5월이 되어야 방송이 모두 끝나게 되어 있었다. 그래서 감히 동원호 취재를 떠날 생각은 하지도 못했다. 그저 진행 중인 프로그램 끝나기 전에 한국 선원들이 풀려났으면 좋겠다고만 생각했다.

　그런데 프로그램이 모두 끝난 6월 초까지도 한국 선원들의 석방 소식이 들리지 않았다. 그러다가 모 방송국의 K기자와 함께 저녁을 먹는 자리에서 동원호 얘기가 나왔다.

　그는 기자로서 외교통상부에서 전해주는 보도 자료를 그대로 베껴 써야 한다는 사실에 무척 자존심이 상한다고 말했다. 그러면서 자신이 직접 취재를 가고 싶어서 회사에 건의해봤지만 거절당했다는 얘기를 했다. 아무래도 소말리아가 위험지역으로 분류된 곳이다 보니 그런 것 같았다. 그와 얘기를 계속하면서 자신이 보고 들은, 확인된 정보를 진실 그대로 전하고 싶다는 그의 저널리스트로서의 자존심이 참 괜찮아 보였다.

　그래서 자유롭게 취재를 할 수 있는 프리랜스 피디인 내가 가볼까, 하는 생각을 하게 되었다. 그런 마음을 비추자 K기자는 꼭 가서 취재를 해달라고 내게 신신당부를 했다.

　"나는 못 가도 당신은 꼭 갔으면 좋겠어요. 나를 위해서가 아니라 선원들 가족이나 국민의 알 권리를 위해서 꼭 그랬으면 좋겠습니다."

"영미, 마크가 저격당했어"

다음날부터 나는 본격적인 정보 수집에 들어갔다. 우선 소말리아 취재에 일가견이 있는 외신 기자들과 접촉했다. '알 자지라' 방송에서 일하는 예멘 출신의 마지드, 소말리아에 정통한 케냐 출신의 AFP 기자 알리 등과 접촉하며 동원호에 관한 정보를 최대한 많이 모으려고 노력했다.

그러던 중 나와도 친분이 깊은 마크라는 기자가 소말리아에 들어가 있다는 소식을 들었다. 마크는 영화 〈블랙호크 다운〉의 원작이 된 사건의 취재를 통해 일약 유명해진 프리랜스 기자로 그동안 여러모로 내게 도움을 준 고마운 친구였다.

나는 마크와 아프가니스탄에서 처음 만났다. 그는 스웨덴 출신으로 영국 방송국에서 프리랜스 기자로 일했는데, 2001년 마침 아프가니스탄으로 취재를 나왔던 것이었다. 그는 꽤 오랫동안 소말리아에 관심을 가졌으며, 소말리아와 관련된 취재에 있어서는 정평이 나 있는 친구였다. 그리고 르완다, 시에라리온, 체첸, 아프가니스탄, 이라크 등을 포함한 24군데 이상의 분쟁지역에서 일한 베테랑 TV 카메라맨이었다. 내가 처음 분쟁지역 취재를 시작했을 때 신변안전을 위해 보디가드 조직하는 법을 가르쳐준 것도 마크였다.

마크는 중국 여성 인신매매 및 납치에 대한 기사로 2001년 앰네스티의 국제 미디어 상을 수상했고, 이라크 주둔 미군에 대한 심층 취재로 2004년 로리 펙(Rory Peck) 상을 수상하기도 했다.

나는 소말리아에 대한 정확한 소식을 얻을 수 있겠다는 생각에 당장 마크에게 전화를 걸었다.

마크의 말에 따르면, 지금 소말리아의 수도 모가디슈는 언제 전쟁이 터질지 모르는 일촉즉발의 상황이었다. 이슬람 법정연대가 현재 모가디슈에서 소말리아 과도정부의 세력과 한창 전투 중이라고 했다. 게다가 소말리아 과도정부를 지지하는 에티오피아 군까지 소말리아에 진입해서 더 큰 전쟁으로 돌입할 태세라는 것이었다.

전문가들도 언제 어떻게 상황이 바뀔지 모르는 곳이 분쟁지역이다. 몇 달 동안 소말리아의 현지상황은 여러모로 복잡해져 있었다. 마크와 계속 연락하며 상황을 주시할 필요가 있겠다는 판단이 들었다. 마크와 나는 계속 연락하자는 약속을 하고 전화를 끊었다.

그런데 그날 이후 웬일인지 마크와 통 전화 연결이 되질 않았다. 무슨 일이 생긴 것은 아닌지 걱정이 됐다. 그래서 나는 마크의 소식을 알기 위해 로이터 통신의 친구에게 전화를 걸어보았다.

그런데 그곳에서 정말 상상치도 못한 소식을 듣게 되었다.

"영미, 마크가 저격당했어. 24일에 시위 취재를 하다가 총에 맞았어."

전혀 예상치 못한 비보였다. 마크 같은 베테랑 기자가 죽다니…… 도저히 믿어지지 않았다.

그는 마크가 6월 24일 모가디슈의 시장 옆 공터에서 열린 큰 시위에서 누군가의 총에 맞아 죽었다고 전해주었다. 그 시위는 에티오피아 군의 소말리아 진입을 반대하기 위한 것이었는데, 마크는 에티오피아 기를 불태우는 장면을 가까이서 찍으려다가 군중 속에서 날아온 권총 한 발을 가슴에 맞고 숨졌다고 했다. 그는 누가 마크를 죽였고, 왜 그가 표적이 되었는지는 알 수 없다는 말도 덧붙였다.

소말리아 취재는 전 세계에서 마크와 CNN의 앤더슨 쿠퍼가 유명했다. 특히 마크는 소말리아 내부의 무자헤딘 사이에서도 유명한 인물이었다. 그런 마크마저 총에 맞아 죽을 정도라면, 소말리아는 정말 심각한 상황이었다. 며칠 전만 해도 통화하면서 든든한 동지로 여겼던 사람이 죽었다고 생각하니 막막하기 그지없었다. 아프간과 이라크에서 몇 번 만났기에 이번 소말리아 취재에서도 재회할 수 있을 거라 기대했는데 그 꿈은 산산조각 나고 말았다.

그날 마크의 소식을 듣고 나는 굉장한 충격을 받았다. 겁도 났고, '소말리아에서 살다시피 한 베테랑도 죽은 마당에 과연 내가 들어갈 수 있을까' 하는 생각도 들었다.

슬픔과 낙심이 내 온 몸을 휘감았다.

그렇지만 한편으로 그렇기에 더 소말리아에 가보아야 하는 건 아닌가 하는 생각이 들었다. 이전에는 동원호 선원만을 생각해서 취재하러 가려 했지만, 마크가 죽었기에 이유가 하나 더 늘어난 것이다. 그가 하지 못한 취재를 내가 이어서 한다는 생각으로, 또 그가 죽은 곳도 가봐야겠다고 생각했다.

외국에서 저널리스트들을 만나고 이야기를 나눌 때마다 우리는 누군가가 죽었을 때, 그가 취재하려던 곳을 대신 취재하는 것이 뜻을 이어받는 것이라고 말하곤 했다. 우리는 그것이 저널리스트의 사명이라고 생각했다. 마크 같은 훌륭한 저널리스트를 잃었다는 것은 정말 커다란 손실이었다.

마크의 죽음 이후 무엇보다 소말리아에 취재 가는 것이 가능한지 정확한 판단을 내리기 위해 자세한 소식을 알아볼 필요가 있었다.

비운의 사고로 마크가 죽고, 소말리아 현지 소식통이 없는 상황에서 최선책은 케냐 쪽 친구들에게 연락하는 것이었다. 나는 친구들을 통해 마크가 어떻게 죽었는지, 지금 안전하게 소말리아에 들어갈 수 있는지 알아보았다. 케냐 주재 AFP 기자인 알리는 지금 소말리아에 들어가는 것은 매우 위험하다며 나를 말렸다. 그 역시 마크의 죽음에 커다란 충격을 받은 상태였다. 때마침 마크의 시신이 모가디슈에서 케냐로 옮겨진 참이었는데, 정말 우연히도 알리가 바로 그때 내 전화를 받았던 것이다. 그러니 그가 내 취재를 반길 리 없었다. 그는 취재하는 것을 다시 고려해보라며 계속 나를 설득했다.

그러던 중 알리가 '알 자지라'에서 일하는 마지드가 소말리아에 들어간다는 소식을 전해주었다. 나는 바로 예멘의 수도 사나에 있는 마지드에게 연락을 취했다. 마지드는 이번에 취재차 소말리아에 들어갈 예정이지만 그게 언제가 될지 모르니, 자기가 먼저 들어가게 되면 연락을 해주겠다고 약속했다. 그러면서 나에게 두바이로 가 있다가 다시 연락하면 오라고 조언을 해주었다.

나는 보통 취재를 할 때 한 사람의 정보에 의지하지 않고 최소한 서너 사람의 의견을 들어서 판단한다. 언제 어떤 일이 벌어질지 모르는 위험한 분쟁지역을 다니다 보니 안전한 취재를 위해 스스로 세운 나만의 원칙 같은 것이다. 위험한 지역일수록 양질의 정보는 곧 안전을 보장한다는 것이 경험을 통해 배운 나의 신념이다. 그런 원칙을 지켜왔기에 지금까지 큰일 없이 안전하게 취재를 할 수 있었는지도 모른다.

그런데 모든 상황을 종합해볼 때, 소말리아 정세가 급격히 내게 불리한 쪽으로 움직였다. 이런 상황에서는 취재를 무사히 마칠 수 있다고 확신할 수 없었다. 게다가 현지에서 멀리 떨어진 서울에서 이메일이나 전화로 정보를 모으는 데는 한계가 있었다.

나는 마지드의 충고대로 두바이로 떠나기로 결심했다. 아랍에미리트의 대표적인 상업도시인 두바이는 아랍과 동아프리카 쪽의 알짜 정보들이 모두 모이는 곳이다. 그곳에서 세계 각국의 사람들은 자신들에게 필요한 각종 정보들을 교환한다. 그곳에서라면 소말리아에 대한 정확한 정보와 소식을 접할 수 있을 것이다. 또 평소 친분이 있는 세계 유명 통신사의 친구들과도 쉽게 연락이 닿을 수 있을 거라고 생각했다.

나는 망설임 없이 두바이행을 결심했다.

냉동 창고 속의 필리핀 선원 시체

항해사 김진국 나는 밤 9시쯤 식당에서 비디오를 보고 있었다. 그런데 갑자기 배 앞부분이 파도에 맞으면서 붕 들리는 느낌이 났다.

잠시 후 배가 다시 떨어지면서 어딘가에 강하게 부딪쳤다. 날이 사나워지면서 닻이 땅에 박혀버린 것이었다.

당시 선장도 해적두목 집에 있었고, 해적들의 통제로 당시 나는 브리지에 올라갈 수 없었다. 그런데 해적들이 느끼기에도 배 상태가 뭔가 이상했는지, 해적 꼬마가 와서 나를 급히 찾았다.

배 앞쪽에 달려가보니 닻을 감아올리는 기계가 파도의 압력에 의해서 고장나 있었다. 그리고 오일 탱크가 터져 사방에 기름이 번져 있었다. 나는 일단 선장에게 보고를 해야겠다고 생각했다. 그 사이 해적 한 놈은 참지 못하고 나에게 빨리 가서 고치라고 협박을 했다.

해적마을에 나가 있는 선장과 가까스로 연락이 됐다. 하지만 선장은 배의 닻줄을 자르는 것을 허락하지 않았다. 닻이 땅에 깊이 박혀 있어서 심한 조류에 의해 배가 밀리게 되면 육지로 끌려가 좌초될 수도 있었다. 아무리 생각해도 위험했지만 선장이 허락하지 않으니 어쩔 수 없었다. 한참 고민을 하다가 기관장이 아이디어를 냈다. 닻줄과 배 본체를 용접하자고 했다. 일단 임시방편으로 기관장의 의견을 따랐다.

그런데 용접하고 나서 고작 3일을 버티더니 심한 조류에 의해 닻이 다시 끌리기 시작했다. 이대로 가면 정말 배가 좌초될 가능성이 높았다. 나는 다시 선장에게 연락을 해서 닻줄 자르는 것을 허락해 달라고 요청했다. 선장도 사태의 심각성을 깨닫고, 도저히 안 되겠으면 자르라고 허락을 했다. 나는 닻을 잘랐다. 그리고 그때부터 육지와 가까워지는 것을 방지하기 위해서 배가 파도에 떠밀려 해안가로 끌려갈 때마다 다시 정위치로 돌아오도록 계속 배를 움직였다.

그렇게 닻을 자르고 2주쯤 지나, 두바이 유조선의 항해사에게서 연락이 왔다.

그 당시 나는 새벽까지 배를 끌고 다니다가 아침에나 잠자리에 들 수 있었다. 마침 우리 배가 자기들 배 쪽으로 접근하자 두바이 유조선에서 식수를 나눠달라는 요청을 한 것이었다. 유조선 안의 조수기가 고장난 데다 배에 타고 있던 해적들이 물을 너무 막 쓰는 바람에 식수가 떨어졌다고 했다.

두바이 유조선을 가까이서 본 것은 그때가 처음이었다. 선장과 연락이 힘들어서 항해사인 내가 임의대로 물을 주기로 했다. 유조선 앞쪽으로 배를 붙여서 로프를 건 후, 선원 하나가 그 배로 건너갔다.

2006년 6월 11일

새벽 2시 기상 당직. 새벽에는 추워서 도저히 잠을 잘 수 없다. 방한복마저 놈들이 다 가져갔다. 언제까지 시달려야만 하는지. 하루빨리 가족의 곁으로 가고 싶다. 사랑하는 딸들의 얼굴이 보고 싶다. 오전 11시 납치된 유조선이 우리 배 가까이 왔다. 파나마 선박이었다. 그쪽은 물이 없어 우리 선박에서 물을 주고, 우리는 그 배에서 기름을 받기로 했다. 유조선에는 필리핀 선원 19명이 있다고 한다.* 걔들은 며칠 후 떠난단다. 유조선 석방 합의금이 50만 달러. 우리는 언제쯤 돌아갈 수 있을까?

조선족 선원 김홍길의 일기에서

---

* 사실 파나마 선박이 아니라 두바이 유조선이었고, 필리핀 선원 23명이 타고 있었다.

두바이 유조선은 우리보다 열흘 먼저 잡혀와 있어서 그런지, 생필품도 전혀 없고 선원들 몰골도 말이 아니었다. 그 모습이 한심하기도 하고 이상하기도 해서 우리 선원이 너희들은 체격도 좋은데 왜 해적에게 대항하지 않느냐고 했더니, 필리핀 선원이 놀라운 사실을 고백했다.

해적들이 벌써 필리핀 선원 1명을 총으로 쏴서 죽였다는 것이었다. 필리핀 선원들은 그 사건 이후 무서워서 해적들에게 못 대든다고 말했다. 위스키를 마시고 화장실에 가는 필리핀 선원을 해적이 제지를 했는데, 선원이 말을 잘 못 알아듣자 바로 총을 난사했다는 것이다. 죽은 필리핀 선원의 시체는 배의 냉동 창고에 보관되어 있다고 했다.

하라데레로 잡혀와서 두 달 동안 계속 생명의 위협을 느끼긴 했지만, 그제야 실제로 사람이 죽을 수도 있다는 사실을 실감하게 되었다. 왜 몸집도 크고 체구도 좋은 필리핀 선원들이 해적들에게 당하고만 있을까 의문이었는데, 그럴 만한 이유가 있었던 것이었다.

필리핀 선원이 해적에게 저항하다 사살되었다는 말을 들으니 온몸에 소름이 돋았다. 우리도 자칫 잘못하다가는 냉동 창고의 시체로 변할 수 있다는 말 아닌가.

'이 상태로 가다가는 우리도 누군가 한 사람이 희생을 치르게 될지도 몰라…….'

기다림에 지쳐 있던 우리들은 그 소식에 한층 더 절망의 늪으로 빠져들 수밖에 없었다.

게다가 필리핀 선원들의 질문은 우리를 더욱 비참하게 했다.

"한국이야말로 이라크 파병도 하고 해군력도 막강한데 왜 너희를 구출하러 오지 않는가?"

두바이 유조선으로 건너갔던 선원이 돌아와서 그 얘기를 하는데, 순간 참담함에 아무 말을 할 수가 없었다.

'대한민국은 정말 우리를 이대로 포기할 생각인가…….'

2006년 6월 12일

어쩐지 오늘은 아이들 생각에 몹시 괴롭다. 언제쯤이면, 가족 곁으로 가서 애들을 상봉하겠는지. 대한민국은 오늘 이날까지 무엇을 하고 있는지. 우리 선박을 포기했는지. 매일같이 근심 속에서 산다. 한 가닥의 희망이라도, 광명을 찾아주었으면. 추워서 도저히 잠을 잘 수 없었다. 해적이 나의 침실 위, 건너편에서 자고 있으니 매우 조심해야만 했다. 이제는 덮을 것도 없고 베개도 없다. 반바지를 입고는 추위를 이겨 낼 수가 없다. 대신 낮에 잠을 자야 했다. 놈들 역시 전과 다르다. 언제 어느 때, 또 놈들에게 묶일지 상상만 해도 아찔하다. 매일같이 손에 땀을 쥐고, 긴장 속에서 하루의 일과를 보내야만 한다. 어설픈 습격 작전을 준비하는 한국인 선원들은 "일이 실패해도 먼저 죽는 것은 한국인이다"라고 입버릇처럼 말한다. 하지만 총알은 눈이 없다. 국적을 가리지 않는다.

2006년 6월 13일

새벽 4시 기상. 너무 추워서 잠잘 수가 없었다. 소말리아 놈들이 잔 침실을 청소했다. 놈들 냄새가 너무나 역겨웠다. (중략) 아침 8시 40분,

나는 침실에서 바지를 뜯어낸 후 이불 하나와 베개 하나를 만들었다. 해적이 한 놈 들어오더니, 나보고 뭘 만드느냐고 했다. 너희들이 담요 다 가져가서 이불 만든다고 하니, 놈은 통쾌하다는 듯 웃었다.

조선족 선원 김홍길의 일기 중에서

'앵커 자르고 배를 침몰시킬 것'

해적에게 나포당한 지 두 달이 훌쩍 넘어가고 있었지만, 기다리는 석방소식은 여전히 들려오지 않았다. 그러던 어느날 새벽 당직이 끝나고 자고 있는 사이에 두목 집에 있던 꼬마가 와서 나를 찾았다고 했다. 선장이 쪽지를 전해주라고 했다는 것이었다. 나를 대신해서 기관사가 그 쪽지를 받았다.

쪽지에는 놀랍게도 선박을 좌초시키라는 내용이 적혀 있었다.

'앵커 자르고 배를 침몰시킬 것.'

나는 선장의 쪽지를 받고 많은 생각을 했다. 무엇보다도 선장의 단독 지시인지, 외부의 명령인지 혼란스러웠다. 나는 고민 끝에 기관장과 상의를 했다.

쪽지의 지시를 따르게 될 때 인명피해가 우려됐다. 선원들이 좌초당하는 배에서 다치지 않고 잘 피할 수 있을지, 해적들이 우리가 하는 짓을 가만히 보고만 있을지…… 대체 왜 이런 명령을 내렸는지 이해할 수 없는 상황이었다. 우리는 도저히 선장의 지시를 따를 수 없었다.

쪽지 내용을 선원들이 알면 안 된다는 생각에 나는 그 자리에서 쪽지를 폐기했다. 그런데 기관장이 다른 뜻이 있을지도 모른다면서 찢긴 쪽지 조각들을 휴지통에서 꺼내서 일일이 투명 테이프로 붙였다. 그러면서 나에게 조선족 선원 김홍길이 본 것 같다고 말했다.

왜 선장이 그런 지시를 내렸는지, 그 이유가 어찌되었든 선원들에게 알려지면 안 되는 내용이었다. 나는 당장 김홍길을 불러서 혹시 선장의 쪽지를 봤느냐고 물어보았다. 김홍길은 본 적이 없다고 부인했다. 쪽지 사건은 그렇게 일단락되었다.*

2006년 6월 14일

아침 11시 육지에서 작은 놈이 건너왔다. 그놈은 식당에 들어서자마자 급히 항해사를 찾았다. 담뱃갑에 쓴 쪽지를 들고 왔다. (항해사가 자고 있어서) 기관사가 대신 받아보았다. 나는 기관사 뒤에서 어깨 너머로 엿보았다. '죽어서 무덤에 가는 날까지 비밀에 부칠 것. 앵커(닻)

---

* 당시 김홍길 씨는 한글을 쓰고 읽을 줄 알았고, 그 내용을 모두 본 상태였다. 그러나 우리 선원들은 김홍길 씨가 한글을 아는지 잘 모르는 상태였다. 김홍길 씨는 쪽지의 내용을 모두 직접 보았다고 후에 진술했다. 앞서 필리핀 선원이 해적에게 사살되었다는 소식과 함께, 배가 좌초될 수도 있는 상황은 선원들을 공포로 몰아넣기에 충분했다. 당시 선장은 배를 좌초시키라는 쪽지를 선원들에게 보내기는 했지만, 한국 선원들은 차마 배를 좌초시킬 수 없었다. 인명피해를 우려해서이기도 했지만, 배가 좌초되면 해적들에게서 달아날 방법이 없어지기 때문이었다. 김홍길 씨로 인해 외국 선원들도 이 사실을 알 수 있었다. 의사결정권이 없었던 외국 선원들에게는 정말로 죽음이 자신들의 눈앞에 온 것처럼 느껴졌을 것이다. 이 사실은 석방되고 나서 귀국할 때까지 선원들만이 알고 있던 비밀이었다. 그러다가 귀국 후 중국 선원 김홍길 씨와 중국 취재진의 인터뷰 과정에서 이 사실이 밝혀지게 됐다. 그러나 이 사건을 누가 지시했고, 왜 그랬는지에 대해 정확히 알려진 것은 없다.

자르고 배를 침몰시킬 것.' 너무나 당황스러운 일이다. 한국 선원들이 급히 회의를 소집했다.

조선족 선원 김홍길의 일기에서

해적들의 폭력은 날이 갈수록 심해졌다. 해적들 모두 선원들에게 죽인다는 말을 서슴없이 했다. 우리 동원 628호의 선원 모두는 죽음의 공포 속에서 하루하루를 보내고 있었다.

그러던 중 기관사가 혼자 기관실에 당직을 서고 있을 때, 배에 처음 온 해적이 돈을 내놓으라며 기관사를 협박하는 사건이 발생했다. 기관사가 돈이 없다고 하자 해적은 기관실을 난장판으로 만들고 심지어 책 사이사이까지 뒤졌다. 그러고도 결국 돈을 찾지 못하자 해적은 이번엔 기관사의 목에 칼을 들이대고 죽인다고 협박까지 했다. 정말 여기서 죽을지도 모른다는 생각에 기관사의 온몸은 뻣뻣이 굳었다. 그때 다행히도 다른 해적이 들어와서 그 해적을 말렸고, 기관사는 겨우 풀려났다. 18일에 아침에 기관사에게서 직접 들은 얘기다.

석방 소식은 들려오지 않고, 계속되는 폭력 속에서 기관사와 베트남 선원 다이가 해적들에게 가장 많이 당했다. 해적들은 요구사항이 있으면 만만한 그들에게 제일 먼저 요구했다. 그러다 보니 더 많이 해적들의 폭력에 시달려야만 했다.

2006년 6월 18일
유조선에 있던 필리핀 선원 한 명이 술 마시고 해적에게 대들다 총에 맞아 죽었다고 한다. 인도네시아 선원들은 해적들과 싸우지 않겠다고 한다. 베트남 선원 다이가 해적에게 뭐라고 했다가 뺨을 얻어맞았다.
조선족 선원 김홍길의 일기에서

얼마 후 외국 선원들도 두바이 유조선 필리핀 선원의 죽음에 대해서 모두 알게 되었다.

"김 피디님, 진짜 소말리아에 가실 거예요?"

김영미 두바이로 떠날 당시 내가 소말리아로 간다는 것을 아는 사람은 K기자뿐이었다. 가족들도 내가 소말리아로 간다는 것을 몰랐다. K기자는 떠난다는 내 전화를 받고 진짜 갈 거냐고 다그쳐 물었다.
"김 피디님, 진짜 소말리아에 가실 거예요?"
"네. 갈 거예요. 저라도 가야 하지 않겠어요?"
내가 결심을 굳힌 것을 알고, 그는 잘 다녀오라며 나에게 응원의 메시지를 보냈다.
"그럼 몸 성히 다녀오세요. 제가 무사히 취재 마치시라고 기도 많이 할게요."
동원호 취재를 떠나기로 결심하자 무엇보다도 취재비가 문제였다. 나는 방송국에 속한 피디가 아닌 프리랜스 피디로 활동해왔다. 그래서 보통은 방송국과 계약 하고 취재를 떠나는 방식으로 일을 해왔다. 개인이 감당할 수 있는 취재비에는 한계가 있기 때문이다.

특히 분쟁지역에서 취재를 하기 위해서는 돈이 상당히 많이 든다. 취재하는 곳의 정세가 혼란스럽다 보니 선택의 여지가 없는 경우가 많기 때문이다. 잘 곳을 찾다가 마땅한 곳이 없으면 시멘트 바닥에 쓰레기가 가득 찬 방이라도 비싼 가격을 주고 자야만 한다. 먹을 물과 음식 또한 당연히 비싸다. 그나마 비싼 돈을 주고도 못 구하는 경우가 더 많다.

하지만 절친한 친구이자 훌륭한 저널리스트였던 마크의 죽음과 우리 선원들의 안부에 대한 궁금증에 이미 소말리아로 떠나기로 마음을 굳힌 터였다. 방송해줄 방송국을 찾느라 시간 낭비하기보다 일단 가서 취재를 해야겠다는 욕구가 강했다.

처음 외신에 보도된 영상에서, 외신 기자와 인터뷰를 하면서 정말 답답하다는 표정으로 더듬더듬 영어로 말하는 동원호 선장의 모습을 보았을 때, 더욱 그런 생각이 들었다. 영어에 능숙하지 않아 기자나 인터뷰 대상이나 모두 힘들어 보였다. 한국어로 인터뷰했다면 지금 자신의 심정을 더 잘 말할 수 있었을 텐데. 구구절절 할 말이 얼마나 많겠는가.

그들의 실상을 제대로 알리기 위해서는 무엇보다도 언어가 통하는 한국 사람이 가서 취재를 해야만 했다. 그런데 아무도 나서는 사람이 없으니 나라도 가야 한다는 결론에 다다르게 되었다. 그래서 취재를 도와줄 방송국을 알아보지도 않고 자비 취재를 결심했다. 나는 당시 가지고 있는 돈을 탈탈 다 털어서 두바이로 떠날 준비를 했다.

나는 항상 취재라는 것은 그곳의 현실을 알리는 것이 첫째가 되어야 한다고 생각한다. 돈이나 정치적 논리가 우선이 될 수 없다는 것이다.

나중에 동원호에 대한 방송이 나가고 난 뒤 유명해지고 싶어서 취재를 간 것이 아니냐고 말하는 사람도 있었다. 그러나 상식적으로 누가 유명해지고 싶다고 스스로 사지(死地)에 제 발을 들여놓겠는가. 소말리아행은 그런 보상에 비해 너무나도 위험한 곳이었다. 항상 부족한 제작비, 언제 어떤 일이 벌어질지 모르는 현지상황과 싸워야 하는 프리랜스 피디로서는 이왕이면 안전하고 편한 취재를 택하고 싶다. 그러나 내가 알고 싶은 욕구와 시청자들에게 진실을 전해야 한다는 사명감이 있다면 문제는 다르다. 나중에 인터넷으로 방송하는 한이 있어도, 그때는 모든 것을 감수하고 취재 현장으로 떠날 수 있는 것이다. 동원호 취재를 결심했을 때 내 심정이 그랬다.

동원호가 나포된 소말리아는 이슬람 국가였다. 이슬람 국가에서는 여자를 쉽게 죽이지 않는다. 이슬람교의 율법이 여자를 보호받아야 하는 존재로 여기기 때문이다. 사실 언제 어디서 총이 날아올지 모르는 상황에 내가 여자라는 것이 무슨 큰 도움이 되겠는가. 하지만 단 하나의 가능성이라도 부여잡고 가야 했다. 그간 분쟁지역과 이슬람 지역을 취재했던 경험이 있다는 것이 다행이라면 다행이었다. 나는 이때까지의 경험을 살려 이슬람 율법에 주의하면서 취재를 할 수 있을 거라고 생각했다.

일단 떠나기로 결정하자 걱정되는 부분이 한두 개가 아니었다. 우선, 예전에 이라크 취재를 했다가 출국금지를 당했던 경험이 있는 것이 걸렸다. 잘못하면 한국에서 나가보지도 못하고 출입국 사무소에서 저지당할 수도 있었다. 게다가 소말리아에는 또 어떻게 들어간단 말인가. 소말리아는 지금 내일을 예측할 수 없을 정도로 혼란스러운 상황이었다. 운이 나쁘면 취재는커녕 소말리아에 발도 들여놓지 못하고 그냥 두바이에 주저앉을 수도 있었다.

6월 27일, 드디어 소말리아로 떠나는 날 인천공항에서 K기자에게 전화를 했다. 마침 그는 일 때문에 인천공항에 나와 있었다. 내가 이미 통관 수속을 마친 상태라 서로 만나지는 못하고 전화로 통화를 했다. 그는 그간 외교부에서 발표했던 동원호에 대한 모든 정보와 오프 더 레코드 정보까지 상세하게 나에게 알려주었다. 그러고는 나에게 작별인사를 건넸다.

"제가 해드릴 수 있는 건 이것밖에 없지만, 잘 하실 거라 믿어요. 제가 기도 많이 해드릴게요."

나는 그의 인사를 뒤로 하고 소말리아 취재길에 올랐다.

"마크, 내 수호천사가 되어주지 않을래?"

두바이에 도착해서 숙소에 짐을 풀었다(나는 두바이에 가면 묵는 숙소가 항상 정해져 있다. 그리고 소말리아에 대해서 잘 아는 정보원들을 알고 있었다). 그들에게 소개받은 소말리아에 정통한 통신원들을 찾으러 나갔다. 한두 명 만나기 시작하면서 소말리아에 대한 조금 더 구체적인 정보를 얻을 수 있었다. 소말리아 정세는 물론 급박하게 돌아가는 당시의 상황까지도 그들은 내게 자세히 설명해주었다.

그들은 지금 소말리아 과도정부는 있으나 마나 한 존재이며, 해적들과 나포된 한국 선박을 취재하려면 과도정부는 아예 제쳐놓고 취재하는 게 좋을 거라고 충고했다. 게다가 현재 미국 쪽에서 알 카에다와 연계되었다는 이유로 소말리아를 주시하고 있는 상태인데, 과도정부의 요청으로 들어온 에티오피아 군과의 무력충돌 가능성이 높다고 했다. 한국 선원을 취재할 때 전쟁이 날 수도 있다는 것이었다.

그들의 정보에 의하면 해적들이 협상금을 받을 때 두바이에 있는 머니 트랜스퍼(은행이 아니라 전산으로 금방 돈을 받을 수 있는 곳)를 이용한다고 했다. 두바이가 중동의 현금라인이기 때문에 이곳에서 협상금을 찾는 해적 끄나풀들이 있는 것 같기는 하지만, 해적들의 악명이 높아져서 알 카에다와의 현금유통을 우려한 미군의 주시로 쉽사리 움직이지 않는다고 했다.

두바이에 와보니 소말리아 취재의 가장 큰 변수는 에티오피아와 소말리아의 이슬람 법정연대 간의 전쟁 가능성이었다. 현지에 정통한 통신원들 모두 이구동성으로 전쟁이 일어날 가능성이 90퍼센트가 넘는다고 했다. 소말리아 정권을 포기하고 싶지 않은 과도정부는 에티오피아 군까지 불러들인 상태였고, 소말리아 과도정부를 몰아내려는 이슬람 법정연대 또한 치열하게 국지전을 벌이는 중이라는 것이었다. 발발 시점을 모를 뿐이지 언제고 전면전이 터질 거라는 게 그들의 분석이었다.

마침 두바이에서 만난 통신원 중 한 명이 에티오피아인이었다. 그는 에티오피아에 가면 소말리아로 가는 안전한 루트에 대한 정확한 정보를 알 수 있을 거라고 했다. 그러면서 에티오피아 정보기관의 사람을 소개해주었다. 나는 다음날 비행기로 에티오피아의 수도인 아디스아바바로 이동했다. 소말리아 직통라인도 있었지만 정보가 확실해야 안전하다는 생각에, 돌아서 에티오피아로 간 것이었다.

에티오피아 공항에 도착하자마자 운전기사 나비유가 차를 끌고 나왔다. 그는 나를 소개한 두바이 통신원에게 들은 대로 내가 만나야 하는 사람들에 대한 스케줄을 짜 가지고 왔다. 그런데 폭우 때문에 발이 묶였다. 한시가 급한데 옴짝달싹도 못 하니 정말 답답한 노릇이었다.

당시 에티오피아는 우기였다. 그래서 오후 3시만 되면 장대비가 쏟아졌다. 수도 한가운데 호수가 생길 정도였다. 그러다 5시쯤 비가 그쳤다. 3시 이전에 모든 일을 마쳐야 하는 상황이었다. 그렇게 쏟아지는 비를 보며 종종걸음을 치다 5시가 되니 정말 비가 그쳤다. 다시 스케줄을 잡아서 사람들을 만나고 다녔다.

나는 두바이에서 소개받았던 에티오피아 정보기관 사람과 현지 언론인들 20~30명을 만났다. 그들은 에티오피아군이 이미 소말리아로 이동했다고 말했다. 전면전이 확실한 상황이었다. 나는 마음이 다급해졌다. 전쟁 발발까지 얼마나 시간이 있냐고 물었더니, 그들은 2~3주 정도는 여유가 있을 거라고 말했다.

에티오피아에 가서 알게 된 사실 중의 하나가 내전 중에 소말리아가 두 개의 나라로 분리되었다는 것이었다. 남쪽은 여전히 소말리아지만 북쪽은 소말릴랜드라는 다른 나라가 생겼다고 했다. 소말릴랜드의 수도 하디사에 가야만 더 정확한 정보를 얻을 수 있는 상황이었다. 에티오피아 소말리아어는 전혀 달랐기 때문이었다. 소말리아어를 쓰는 소말릴랜드로 가야 확실한 정보를 얻을 수 있으리라고 판단했다. 바로 갈 수도 있었으나 취재라인을 확실하게 하고 안전문제를 해결해야 했다.

그렇게 일주일간 에티오피아에 머물면서 정보를 취득했다.

만나는 사람마다 입을 모아 소말리아 취재를 하려면 지금 빨리 취재하고 전쟁이 나기 전에 빠지라고 충고했다. 거기서 소말릴랜드 쪽을 꽉 잡고 있는 통신원을 소개받았다. 마지막으로 소말릴랜드 비자가 필요했다. 나비유는 "여기서는 돈이면 다 돼. 내가 해결할게"라며 소말릴랜드 대사관으로 나를 끌고 갔다.

대사관에 갔더니 직원 한두 명만 보이고 안이 텅 비어 있었다. 비자 때문에 왔다고 하니까 대사관 직원이 테러 위협 때문에 비자 발급이 힘들다며 난색을 표했다. 바로 나비유가 2백 달러를 책상 앞에 턱 내려놓았다. 직원은 언제 그랬냐는 듯 바로 여권에 도장을 찍어주었다. 그 다음날 바로 비행기 표를 끊었다. 왕복이 필요 없을 것 같아서 편도를 끊었는데 황당하게도 금액이 똑같았다. 그나마도 좌석이 없다고 해서 웃돈 50달러를 얹혀주며 생돈을 날려야 했다.

에티오피아를 떠나기 전날 밤 호텔에서 CNN을 보았다. 마침 CNN에서는 죽은 마크에 대한 특집을 방영하고 있었다. 마크가 분쟁지역을 취재했던 경력과 가족의 모습이 나오고 있었다. 그가 취재한 내용으로 상을 수상하는 것도 나왔다. 중국 여성을 납치해서 인신매매하는 일당을 취재한 것으로 상을 타는 모습이었다. 다시금 그와의 추억이 떠올랐다. 그는 정말 훌륭한 저널리스트였다. 나를 볼 때마다 분쟁지역인 코리아에서 분쟁지역을 취재 나왔다고 놀리곤 했던 기억이 떠올랐다.

소말릴랜드로 떠나기 전날 죽은 마크에 대한 방송을 보니 기분이 착잡했다. '이번에 떠났다가 그대로 무덤으로 가게 되는 건 아닌가' 하는 생각이 들면서 겁이 더럭 났다. 나는 불안한 마음을 몰아내려 애쓰면서 마음속으로 마크와 얘기를 나눴다.

'마크, 네가 취재하려고 했던 것들도 내가 대신 해줄게. 네 영혼이 아직 소말리아에 있다면 수호천사가 되어 나를 도와주지 않을래? 네가 납치당한 중국 여성들을 취재해서 그들을 풀려나게 해준 것처럼, 나도 한국 선원들을 취재해서 그들이 무사히 풀려나도록 해주고 싶어. 나를 도와주지 않을래, 마크?'

베일에 싸인 소말리아의 지도자

소말릴랜드로 가는 비행기를 타러 에티오피아 공항으로 가니 거의 경비행기 수준의 조악하기 그지없는 비행기가 우리를 기다리고 있었다. 탑승인원이 50명밖에 안 되는 러시아제 안토노프로 어찌나 낡았던지 정말 저게 뜨기는 할까 의심이 갈 정도였다.

안에 들어가니 공항에서 부친 짐이 바로 앞좌석에 턱하니 놓여 있었다. 정말 되돌아가고 싶은 맘이 절로 들었다. 모가디슈에 간다는 내 말에 그들은 그 위험한 곳에 왜 가느냐며 이해할 수 없다는 표정들을 지었다.

2시간 정도 비행을 해서 소말릴랜드의 수도인 하디사에 도착했다. 수도라고 해봤자 보이는 것은 황량한 들판뿐이었다. 그 흔한 건물 하나도 없었다. 멀리 조그만 집이 하나 있었는데, 그게 공항 출입 관리국이었다. 짐을 챙겨 나가려고 하는데 직원이 나를 붙잡더니 "백 달러를 소말릴랜드 돈으로 환전하지 않으면 도장을 못 찍어준다"라고 말했다. 외화를 획득하기 힘들어서 만든 자기들 나름대로의 고육지책이었다. 탑승인원 50명 중에 7명이 외국인이었다. 출입 관리국 직원은 외국인들에게만 1백 달러 이상의 환전을 요구했다. 어쩔 수 없이 1백 달러를 환전했다. 집는 순간 돈에서 악취가 진동했다. 나중에 호텔 방 안에 냄새가 진동할 정도로 지독한 악취였다.

그길로 중국인이 경영하는 하디사에서 제일 큰 호텔로 갔다. 나는 짐을 풀고 에티오피아에서 제일 큰 신문사의 편집국장급 인사가 소개해준 두 사람을 찾아 나섰다.

다행히도 두 사람 중 BBC의 통신원 왈리라는 사람과 연락이 되었다. 나는 그를 만나기 위해 다운타운으로 갔다. 말이 다운타운이지 한국의 시골 마을보다 못한 수준이었다. 비행기에서 내려다볼 때 아래로 마치 색종이 같은 것들이 보였는데, 가까이서 보니 쓰레기가 담긴 비닐봉지였다. 온 동네에 비닐봉지가 나부꼈다. 바람에 날려 마치 연 걸리듯 비닐봉지가 나뭇가지마다 걸려 있었다.

나는 왈리의 사무실을 찾아갔다. 당시 유엔 요원들이 소말릴랜드에 많이 와 있었다. 소말리아가 너무 위험해지자 대신 이곳 소말릴랜드에 있는 것이었다. 당연히 취재거리가 많았고, 소말릴랜드 현지인인 왈리도 꽤 바쁜 눈치였다. 왈리에게 동원호 나포 사실을 물어보니 그는 이미 소식을 알고 있었다. 게다가 납치범에 대해서도 잘 안다고 말했다. 그때까지는 동원호가 나포되어 있는 곳이 오비아 항이라고만 알았는데, 그때 처음 하라데레라는 마을이라는 것을 확인했다.

왈리는 해적들에 대해서 비교적 상세하게 알고 있었다. 해적의 조직원들은 70명 내외로 두목의 이름은 아프웨니라고 했다. 소말리아어로 입이 크다는 뜻이었다. 왈리는 해적들이 그동안 많은 배를 납치했다며, 동원호 이전에도 유엔 배와 대만 배를 나포했다고 알려주었다. 짐작으로만 알던 사실을 확인하면서 '여기까지만 들어와도 이 정도로 상세한 정보를 알 수 있구나'라는 생각을 했다. 취재 현장에 가까워질수록 정보도 명확해지는 느낌이었다. 게다가 왈리라는 사람은 여러모로 내게 도움이 될 것 같았다. 그래서 그에게 소말리아에 같이 가자고 제의했다.

그런데 그는 나의 말을 듣더니 기겁을 했다. 소말리아는 소말릴랜드와는 많이 다르다며 자신은 절대 그곳에 갈 수 없다고 했다. 소말릴랜드에는 그래도 정부가 있고 자기의 목숨을 지킬 수 있지만 소말리아는 아니라는 게 그의 설명이었다. 한마디로 소말리아에서는 목숨을 지킬 자신이 없다는 것이었다.

왈리는 대신 소말리아 내의 군벌들을 잘 안다며 정보를 제공해주겠다고 했다. 나는 소말리아에서 가장 힘을 쓸 수 있는 사람이 누구인지, 취재를 성공하기 위해서는 누구를 만나야 하는지 그게 궁금했다. 왈리는 셰이크 하산 다위르라는 이름을 댔다. 셰이크는 부족장급의 이슬람 지도자에게 쓰는 존칭으로, 왈리는 소말리아에서 취재를 할 때는 그가 최선의 선택이라고 덧붙였다.

나는 마지막으로 내 오른팔이 되어줄 수 있는 사람을 소개해달라고 부탁했다. 왈리는 나에게 D라는 인물을 소개해주었다. D는 직접 하라데레에서 해적을 만나고 취재해본 경험이 있는 소말리아 현지인이라고 했다.

나는 바로 D에 대한 조사에 착수했다. 그가 믿을 수 있는 사람인지 확신이 필요했다. 그가 APTN과 일을 한다는 얘기를 듣고 그에 대한 평을 모았다. 다들 이구동성으로 성실하고 진실한 사람이라고 말했다. D는 APTN 이전에 CNN과도 일을 한 적이 있다고 했다. CNN에도 연락을 해보았는데, 마찬가지로 평이 아주 좋았다. 그제야 '이 사람을 믿을 수 있겠구나'라는 생각이 들었다.

나는 D에게 전화를 걸었다. 통화를 하면서 100퍼센트 안전을 보장할 수 있는 보디가드들이 필요하다, 적어도 중무장한 사람들로 30명은 필요하다고 말했다. 마크가 취재를 하다 죽었기 때문에 최대한 안전을 강구해야 했다. 숙소와 통역도 부탁했다. D는 2~3일 여유를 달라고 말했다. 나는 마지막으로 그에게 물었다.

"당신은 이슬람교도죠?"

"네. 그렇습니다."

"그럼, 당신들이 믿는 알라의 이름으로 나를 지켜주겠다고 맹세할 수 있어요?"

"물론입니다. 알라의 이름을 걸고 나의 최선을 다하겠습니다."

그의 목소리는 나를 안심시켜주었다.

나는 준비가 되면 연락을 달라고 하고 전화를 끊었다. 3일 후 정확히 약속된 시간에 완벽하게 준비가 됐다는 연락이 왔다. 이제 모가디슈 안에서의 안전이 확보되고 앞으로의 취재 일정이 준비되었다.

나는 다음날 바로 비행기를 타고 모가디슈로 향했다.

"웰컴 투 소말리아!"

소말릴랜드의 수도 하디사에서 출발한 지 채 2시간도 되지 않아 비행기가 모가디슈 상공에 이르렀다. 그런데 착륙하려던 비행기가 갑자기 다시 상승했다. 아래에서 연기가 조금씩 피어나서 뭔가 했더니 밑에서 전투가 벌어져서 착륙을 할 수 없다는 것이었다. 비행기가 몇 번 선회를 하다가 다른 곳에 내린다는 방송이 나왔다. 당시 나에겐 휴대용 위성전화가 있었지만 비행기가 내린다는 곳이 어딘지 도무지 알 수가 없었다. 공항에서 나를 기다리는 D에게 설명하는 것도 불가능했다. 그 사이 승무원들은 승객들에게 빨리 짐을 내리라고 다그치고 있었다. 나는 영어를 할 줄 아는 사람을 찾았다. 다행히 영어를 조금 할 줄 아는 승무원이 있어서 D와 통화를 할 수 있게 전화기를 건네주었다.

그렇게 비행기가 떠나버리고, 나는 가시나무 아래서 하염없이 D를 기다렸다. 한참 지나자 멀리서 먼지가 일더니 픽업 트럭 2대와 랜드로버 같은 대형 지프가 내 앞에 섰다. 그러더니 총을 든 사람들이 우르르 내렸다. 잠시 후 한 남자가 조수석에서 뛰어내리더니 나를 보고 "영미!" 하고 소리쳤다.

나는 흉악하게 생긴 그의 모습에 일순간 당황할 수밖에 없었다. D는 정말로 얼굴색이 까만 흑인이었다. 흰 눈동자와 하얀 치아밖에는 보이지 않을 정도였다. 처음에는 그런 겉모습에 겁을 먹었다. 그것이 D와 나의 운명적 만남의 순간이었다.

그는 "웰컴 투 소말리아!"라고 외치더니 반갑다며 꼭 한국 사람들을 만나러 가자고 했다.

우리 일행은 D가 마련한 숙소로 향했다. 비행기가 내린 장소에서 숙소까지 1시간 정도가 걸렸다. 길이 어찌나 험한지 멀미가 날 정도였다. 숙소까지 가는 동안에 어떤 위험한 상황이 닥칠지 몰라 조마조마하며 이동했다. 호텔에 도착한 뒤, 나와 D는 안으로 들어가고 30여 명의 보디가드들은 마당을 지켰다. 호텔 주인이 뛰어나와 내 짐을 방에 날라주었다. D는 나를 많이 배려해서 가구나 침구류가 준비된 방을 준비해주었다. 촌스럽고 유치한 것들이었지만 나름대로 세세한 준비를 했다는 것이 느껴졌다.

마크가 죽은 지 1주일 정도가 되어가고 있었다. 마크가 정체 모를 괴한에게 저격당해서 죽었기 때문에 외신 기자들도 다 떠난 상태였고, 모가디슈에 남은 외신 기자는 나 혼자뿐이었다. 30명의 보디가드들이 내가 모가디슈에 머무는 동안 24시간 경호하기로 했다. D는 그들에게 무조건 근접 경호를 해야 한다고 당부하고 또 당부했다.

짐을 던져놓고, 보디가드 대장, D와 회의를 시작했다. 나는 해적 본거지로 가기 전에 셰이크 하산을 만나겠다고 선언했다. D는 무척이나 당황해하며 나를 만류했다.

"그는 그렇게 만나기 쉬운 인물이 아니야."

"나도 알아. 그래도 취재에 성공하려면 그를 만나야만 해. 그러니까 꼭 그를 만나게 해줘. 나는 꼭 그를 만나서 내 안전을 보장받아야겠어."

처음에는 난색을 표하던 D도 나의 고집에 어쩔 수 없다는 듯 두 손 두 발 다 들고 말았다.

셰이크 하산 문제를 처리하고 나서 나는 보디가드 대장에게 마크가 죽은 장소에 가보고 싶다고 했다. 그는 소말리아에서는 꼭 히잡을 써야 한다며, 그러지 않으면 아무리 여성이라도 표적이 될 수 있다고 목청을 높였다. 히잡은 아랍권의 이슬람 여성들이 머리와 상반신을 가리기 위해 쓰는 쓰개로, 2년 전 BBC의 케이트라는 앵커도 히잡을 쓰지 않아 죽었다는 것이었다. 그때 나는 이슬람 국가에서도 여자가 죽을 수 있다는 걸 깨달았다. 결국 히잡을 쓰고 독실한 이슬람 신자인 척하기로 보디가드 대장과 합의를 봤다.

나는 히잡으로 얼굴을 다 가린 채 마크가 죽은 장소에 도착했다. 보디가드들은 위험하다며 차에서 내리지도 못하게 했다. 어쩔 수 없이 차를 옆에 대놓고 죽은 마크에 대한 애도를 표했다. 나는 마크와 5년 정도 인연을 이어오면서 그에게서 참 많은 도움을 받았다.

마크의 사고 소식을 듣고 난 이후로 한 번도 운 적이 없었는데, 그곳에서는 참으로 많은 눈물이 쏟아졌다. 나는 그와의 추억을 떠올리며 속으로 중얼거렸다.

'죽은 줄도 모르고, 네 영혼은 계속 소말리아 취재를 다닐 것 같아.'

3장 지옥길의 동행을 만나다

오발사고는 언제든 일어날 수 있다

항해사 김진국 억류기간 내내 내일 풀려난다, 모레 풀려난다는 말이 해적들과 선원들 사이에서 계속 반복되었다. 그러나 정확한 소식은 들려오지 않았다. 그러다 보니 선원들은 배 안에서 얘기되는 석방 일자를 아무도 믿지 않게 됐고, 나나 기관장 등 간부급 선원들도 외국 선원들에게 헛된 희망을 심어줄 것만 같아서 가능한 한 말을 아낄 수밖에 없었다. 그저 회사의 미온적인 태도 때문에 협상이 계속 미뤄진다고 짐작할 뿐이었다.

2006년 6월 20일
이곳에 끌려온 지도 80일이 되어간다. 대한민국은 아마도 동원 628호를 잊어버렸나 보다. 베트남 선원 다이는 오늘도 빰을 맞았다.

2006년 6월 21일
협상이 잘 되어가서 곧 풀려날 것 같다고. 지금까지 항해사, 기관장, 통신장 가운데 그 누구도 선원들에게 상황이 어떻게 돌아가고 있는지 말해주는 사람이 없었다. 단지 자기들끼리 머리 맞대고 이야기할 뿐. 해도 너무 한 것 같다는 생각이 든다.

2006년 6월 22일
기관사와 이야기를 나누었다. 오늘 선장님에게서 전화가 오면 협상이 다 된 것이고, 아니면 석방 날짜가 또 미루어진다는 것이다. 전화를 기다렸건만 어쩐지 소식이 없다.

조선족 선원 김홍길의 일기에서

해적과의 협상에 대한 얘기는 주로 선장과 기관사 사이에서 오갔다. 당시 우리는 귀머거리에 장님이나 마찬가지였다. 선장도 얼마나 갑갑할까, 라는 생각에 나도 선장에게 물어보지 못했다.

당시 통신시설은 해적들이 모두 장악한 상태였다. 한국에 전화를 걸 수도 없었고, 외부에서 전화가 걸려오지도 않았다. 협상에 대한 소식을 알 수 있는 방법이, 선원들에게는 없었다. 그나마 선장이 육지에 가 있었지만, 석방 날짜가 오늘 내일 하는 것 이외에는 자세한 소식을 알 수 없는 상황이었다.

억류기간이 길어지고 외부와 차단된 상태이다 보니 외부 소식을 알고 싶은 욕구와 가족들에 대한 그리움 등이 솟구쳐 선원들 사이에서 전화를 두고 불만이 많아졌다. 하지만 외국 선원뿐만 아니라 한국 선원들조차 해적들에게 허락을 받고 전화를 써야 하고, 되도록 해적들과 부딪치지 않아야 하는 상황이라 전화 사용은 제한적일 수밖에 없었다.

나는 기관사와 얘기하던 중에 중국 선원 김홍길이 한국 선원만 전화하고 외국 선원들은 전화를 못 하게 한다고 불만을 터뜨린다는 얘기를 들었다. 선원들의 화합을 해친다는 생각에, 불러서 주의를 줬다. 전화를 해서 현지상황을 얘기하게 되면 중국 측이 섣불리 한국 정부에 압력을 넣는다던가 해서 선원들에게 불이익이 있을지도 모른다고 생각했다. 그래서 전화를 통제할 수밖에 없었다.

당시 모든 선원에게 있어 가장 공포의 대상은 총기 오발사고였다. 해적들이 우리를 죽일 생각이 없더라도 오발사고는 언제든 일어날 수 있는 상황이었고, 우리 선원들 중 누군가가 희생당할 수도 있었다.

해적들은 점심때쯤이면 자기들끼리 모여서 카드를 하면서 알리라는 해적만 혼자 위로 올려보내곤 했다. 기회였지만, 알리가 어느 정도 위험한 놈인지 파악이 되질 않았다. 그래서 탈출작전을 개시할 수가 없었다. 알리는 평소에도 우리에게 심심하면 총을 겨누거나 올라와보라고 약을 올리곤 했다.

그날도 알리가 총을 만지작거리더니 갑자기 총소리가 났다.

평!

오발사고였다. 얼마나 놀랐던지 심장이 제 속도를 잃고 마구 폭주했다.

알리가 총을 잡고 있을 때면 오발사고가 날까봐 두려웠다. 실수로 죽을 수도 있다는 생각이 들었다. 더군다나 알리는 해적들 사이에서도 정신이상자로 취급받을 정도로 문제아였다. 그래서 알리가 총을 가지고 있는 모습만 보아도 선원들은 무척이나 두려워했고, 총을 맞고 두바이 유조선의 냉동 창고에 처박혀 있는 필리핀 선원의 시체가 머릿속에 떠오르곤 했다.

2006년 7월 7일

아침 4시 10분 기상. 샤워. 도인술. 식당에서 비디오 시청. 기관사. 보트 소말리아에 갔다. 5시 30분 저녁식사. 오후 2시경 소말리아 놈 알리(해적) 총 가지고 장난치다 오발사고를 냈다. 비디오 보던 소말리안 놈들 급히 탑 브리지로. 아슬아슬하다. 언제 어느 때 총 사고가 날지.

2006년 7월 9일

아침 4시 기상. 침실 도인술. 샤워. 비디오 시청. 7시 아침식사. 비디오 시청. 11시 40분 점심식사. 침실 담요. 바느질. 취침. 1시 30분 기상. 베트남 선원 목욕 샤워. 소말리아 놈 총질했다. 빨리 들어가라고. (중략) 오후 6시 45분. 나는 침실에서 바느질하고 있었다. 소말리아 한 놈이 내 딸 사진을 보더니 뒷면에 적힌 전화번호 보고는 가지고 나가는 것이었다. 나보고 전화했냐고 하면서. 나는 사진을 찾으러 놈들을 따라 나갔다. 선장 침실에 두 놈이 있었다. 사진을 보더니 애들인가고. 한참 지나 놈들은 자기들끼리 뭐라 하더니 나를 데리고 나갔다. 좋은 눈치는 아니었다. 두 놈이 나를 데리고 브리지 앞에 가더니 묶었다. 너무 어이가 없어 말이 나오지 않았다.* 한참 후 안면이 있는 해적과 기관사 들어왔다. 어떻게 이렇게 됐는지 물어봤다. 미칠 것만 같다. 언제까지 가야 하는지.

조선족 선원 김홍길의 일기에서

---

* 해적들이 사진 뒷면에 적힌 전화번호를 외부와 연락할 수 있는 번호라고 오해하고 김홍길 씨를 끌고 갔다고 한다.

"셰이크 하산이 내일 당장 만나고 싶대!"

김영미 내가 소말리아를 취재할 당시 소말리아인들은 과도정부를 전혀 인정하지 않는 상황이었다. 그들은 "과도정부는 미국이 돈을 대서 만든 허수아비일뿐이다"라고 말했다.

소말리아에 미군이 주둔한 것은 1992년이었다. 그러다 소말리아 군벌 세력이 미군의 블랙호크를 쏴서 떨어뜨리는 사건이 발생했다. '1천 명의 소말리아인이 죽었고, 19명의 미군 병사가 사망했다'라는 이 사건을 다룬 것이 바로 리들리 스콧 감독의 〈블랙호크 다운〉이라는 영화다. 그 후 미 클린턴 정부는 미군을 철수시켰고, 2004년에 유엔 결의안에 의해 소말리아 과도정부를 만들었다.

그러나 아직까지도 소말리아 국민들의 과도정부에 대한 반발이 만만치 않다. 사람들은 소말리아 과도정부가 미국이 뒷돈을 대서 세운 허수아비 정권이라고 생각했다. 소말리아는 이른바 부계 씨족사회인데, 미국 정부는 그런 소말리아의 상황을 이해하지 못하고 무시했던 것이다. 소말리아인들은 그들이 블랙호크 헬기를 떨어뜨렸던 사건을 잊지 않고 있었다. 과도정부의 인사들은 반대파에게 암살당할까봐 모가디슈가 아닌 국경의 시골마을 발다와에 정부 청사를 세우기까지 했다. 소말리아인들의 입장에서 보면, 외국에서 살다 온 과도정부의 인사들은 이방인들에 불과하기 때문에 그들을 인정할 이유가 전혀 없었던 것이다.

반면 셰이크 하산은 이슬람 법정연대를 조직하면서 소말리아인들에게 깊은 존경을 받고 있었다. 그는 서방 언론 누구와도 인터뷰를 하지 않을 정도로 베일에 싸인 인물이었다. 유일하게 인터뷰에 성공한 방송국이 '알 자지라'라고 했다. 소말리아가 알 카에다의 중심지라고 알려지면서 셰이크 하산도 알 카에다의 조직원처럼 알려지는 바람에 서방 언론의 관심의 대상이 되었던 것이다.

그동안 모은 정보에 의하면 셰이크 하산은 비행기로 1시간, 차로는 적어도 8시간이 걸리는 거리에 있었다. 차로 가기에는 길도 험할 것이고, 길 곳곳에 도사린 무장 강도나 무자헤딘의 습격 우려도 있었다. 무엇보다 일단 시간이 급했다. 우리는 유엔기를 수소문해보기로 하고 D의 최종연락을 기다렸다.

그러던 중에 '알 자지라'의 마지드가 소말리아에 들어왔다며 나에게 전화를 했다. 마지드는 내가 묵는 호텔 근처에 조그만 사무실을 차리고 호텔로 나를 찾아왔다. 나는 그에게 셰이크 하산을 인터뷰하러 갈 예정이라고 말했다. 마지드는 "셰이크 하산은 서방 언론을 지독히도 싫어해"라고 말하면서 아마 취재가 힘들 거라고 했다.

모가디슈의 외신 기자는 나 혼자뿐이라고 생각했는데, 마지드가 있어서 힘이 되었다. 마지드는 한국 선원들이 풀려나기를 바란다고 말하면서, 도움이 필요하면 적극적으로 돕겠다고 말해주었다.

마지드와 이야기를 나누던 그때, D가 셰이크 하산과 연결에 성공했다는 소식을 전해왔다.

"셰이크 하산이 너만 특별히 만나겠다고 했어. 내일 당장 만나고 싶대!"

D는 한국 저널리스트가 동원호의 취재를 왔는데, 취재 전에 셰이

크 하산의 의견을 듣고 싶다고 말하면서 그를 설득했던 모양이었다. 너무 급작스러웠다. 유엔기도 없고 아무 준비도 안 된 상태였다. 부랴부랴 알아보니 케냐 쪽의 협조를 얻어서 가는 방법이 있었다. 케냐 나이로비를 출발해서 모가디슈를 들렀다가 셰이크 하산이 있는 발드윈까지 유엔기로 갈 수 있다는 것이었다. 비행기에서 내리면 셰이크 하산이 있는 곳까지 차로 4시간이면 갈 수 있다고 했다.

당장 AFP의 알리에게 전화를 해서 좌석 두 개를 만들어달라고 부탁했다. 보디가드 대장은 현재의 보디가드들을 모두 데리고 갈 수 없으니, 혼자 차로 발드윈에 가서 새로운 경호조직을 만든 후 다시 그곳에서 만나자고 했다.

급히 준비를 마치고 떠나려는데, 내가 셰이크 하산을 만난다는 것을 눈치 챈 이란 관영통신의 한 기자가 자기도 좀 데려가달라고 사정사정하기 시작했다. 그는 마지드와 같은 비행기로 소말리아에 들어온 기자였다. 그러나 하라데레에 있는 한국 선원의 안전한 취재를 위해서는 나는 절대 셰이크 하산의 심기를 건드려서는 안 됐다. 게다가 셰이크 하산의 양해도 구하지 않은 채 나 이외의 다른 기자를 데리고 갈 수는 없었다. 그래서 그가 잘 알아들을 수 있도록 설득했다.

"미안하지만 이건 단순히 내가 특종을 잡으려는 것이 아니예요. 한국 선박이 납치당했고, 선원들이 무사한지 알고 싶어서 가는 거예요. 그러려면 셰이크 하산의 도움이 절대적으로 필요합니다. 그래서 그를 만나려 가는 거예요. 나로서는 그의 심기를 건드릴 수 없어요."

다행히 그 기자가 내 말을 잘 알아듣고 이해를 해줘서 다음날 D와 함께 모가디슈 공항으로 향했다.

공항에는 유엔기가 아닌 다른 비행기 두 대가 도착해 있었다. 나는 D에게 저 비행기가 뭐냐고 물었다. D는 "케냐에서 마약풀을 싣고 온 거야"라고 설명해주었다. 공항에 착륙하고 문이 열리자마자 마약풀이 그 안에서 쏟아져 나왔다. 그걸 보고 사람들이 떼로 달려들어서 마약풀을 가져갔다.

소말리아는 식량이 그리 넉넉한 나라가 아니다. 호텔 식당에 밥을 먹으러 가면 메뉴는 단 두 가지뿐이다. 낙타나 염소고기. 이나마도 좀 산다는 집에서나 먹을 수 있는 것이고, 대부분의 국민은 만성적인 식량부족에 시달리고 있다. 이런 소말리아에서는 우리나라의 아파트 투기처럼 낙타 몇 마리를 가지고 있는가가 재산의 기준이다. 혼수품도 무조건 낙타일 정도다. 그 외에 돈이 되는 것은 마약풀이다. 낙타와 마약풀이 없으면 소말리아 경제가 움직이지 않는다는 말이 있을 정도다. 낙타가 한 마리에 50달러인데, 마약풀은 한 묶음이 10달러나 되었다. 그런데도 소말리아 사람들은 돈이 생기면 마약풀을 해야 한다고 생각하는 것 같았다.

한마디로 환각에 몸을 기대는, 미래가 없는 삶이었다.

셰이크 하산에게 안전을 보장받다

이슬람 법정연대가 본거지로 삼고 있는 발드윈 공항에 내리자 보드가드 대장이 운전기사와 보디가드까지 완벽하게 준비를 마치고 우리를 기다리고 있었다. 다시 차를 타고 4시간 가까이 비포장도로를 달렸다.

셰이크 하산은 탈레반이나 사우디아라비아 와하비 파가 강조하는 샤리아(이슬람 율법)를 철저하게 신봉하는 사람이었다. 그것은 달리 말하면 여자와는 손도 안 잡고 사진도 찍지 않는다는 것을 의미한다. 나는 히잡을 두 겹이나 두르고 그를 만나야 했다.

당시 소말리아 내에는 크게 22개의 부족이 있었다. 그 부족들은 아주 오랫동안 서로 다퉈왔다. 셰이크 하산은 그 중 18개의 부족을 통합해서 소말리아 내에서 가장 큰 조직으로 성장했다.

그 힘은 그의 타고난 카리스마에서 비롯됐다. 그는 존경받는 이슬람 학자이자, 군대를 통솔하는 군벌이자, 명문가 출신의 부족장이었다. 학식, 군대, 집안의 세 가지 조건을 완벽하게 갖춘 인물이었던 것이다. 타고난 카리스마와 군사력으로 소말리아 과도정부를 밀어내고 온전한 자치정부를 만드는 것이 그의 목표였다. 셰이크 하산과 그를 추종하는 세력들은 자신들을 이슬람 샤리아 코트(이슬람 법정 연대)라고 칭했다. 내가 소말리아에 도착했을 때, 그들은 이미 모가디슈 접수를 거의 끝내고 한참 승리에 취해 있었다.

발드윈 공항에서 4시간 가까이를 달려 한적한 마을에 도착했다. 그곳에 셰이크 하산의 본부가 있었다. 마을 입구부터 총을 든 사람들이 굉장히 많이 눈에 띄었다. 경비 또한 굉장히 삼엄했다. 마을 중심부에 있는 셰이크 하산의 본부에 D가 들어가 내가 왔다는 소식을 전하자 셰이크 하산이 나타났다.

그는 날카로운 눈매에 한눈에도 전사라는 것을 알아차릴 수 있을 정도로 인상적인 모습이었다. 처음 만나자마자 악수를 청했지만 그는 거부했다. 독실한 이슬람 신자이다 보니 여자와 악수조차 하지 않는 것이었다. 셰이크 하산은 악수를 거부한 것을 미안하게 생각하면서 양해해달라고 말했다. 그는 나의 취재경위에 대해서 대충 들었다며 자기가 도움이 될 수 있을지 모르겠다고 말했다. 그러면서 평소 저널리스트는 훌륭한 사람들이라고 생각해왔다며, 한국 사람은 처음 본다고도 했다.

나는 일단 인터뷰를 요청했다. D가 통역을 하고 나는 그에게 질문을 했다.

"한국 어선이 나포됐는데, 그 사실을 알고 있습니까?"

"그 사실에 대해 아직 들은바 없습니다. 우리 이슬람 세력은 아직 하라데레까지 진출하지 못했습니다. 그러나 그곳에 곧 진출할 예정입니다. 해적들은 소말리아에게도 해로운 존재이니까요."

셰이크 하산은 해적들이 한국 선박까지 납치를 했다니, 곧 그곳에 가서 그들을 토벌할 생각이라고 말했다.

셰이크 하산이 해적을 토벌하는 데는 또다른 계산이 있었다. 해적들이 유엔 배를 납치했다가 2~3개월 뒤 풀어주는 과정에서, 유엔이 소말리아에 대한 원조를 중단하겠다고 경고한 상황이었다. 그 원조가 끊어질 경우 소말리아는 커다란 타격을 입을 수밖에 없었다. 그리고 만일 그렇게 될 경우 셰이크 하산 역시 만성 식량부족에 시달리는 소말리아인들의 원성의 대상이 될 수 있었다. 셰이크 하산에게 있어서도 유엔의 원조는 꼭 필요했고, 해적은 반드시 토벌해야만 했다.

그들(해적들)이 한국 선박을 납치한 것에 대해서 어떻게 생각하십니까?

그들은 단지 해적일 뿐입니다. 그러나 정말 한국 사람을 죽일 생각이 있는 것 같아 보이지는 않습니다. 단지 몸값을 노리는 행동일 뿐이죠.

소말리아에서는 이 사건을 어떻게 받아들이고 있나요?

소말리아인들은 자기 신념대로 하는 것이 최선의 방법이라고 믿습니다. 우리는 그 범인들을 잡으러 그곳에 직접 갈 것입니다.

당신들이 그곳까지 가려면 얼마나 걸리나요?

아마 몇 달이 걸릴 겁니다. 하지만 너무 걱정하지 마십시오. 우리의 희생이 따르겠지만 꼭 그들을 토벌하겠습니다. 다만 신께서 허락하고 길을 열어줄 때까지 때를 기다려야 합니다. 타협도 필요 없습니다. 그곳에 가서 그들을 반드시 사살하겠습니다.

셰이크 하산과의 인터뷰에서

내가 지금 우리 선원들을 구해낼 수 없냐고 묻자, 셰이크 하산은 "내가 지금 당장 그들을 구해낼 수 있는 형편은 아니다"라며 알라의 뜻을 기다려야 한다고 말했다. 해적들에 붙잡혀 모진 고초를 당하고 있는 우리 선원들을 생각하니 금세 눈물이 핑 돌았다. 셰이크 하산은 그런 내 모습을 보더니 "당신은 저널리스트이기 전에 한 명의 여성인 것 같네요"라고 말했다(그의 말대로 실제로 해적들을 모두 토벌하기까지 2개월 정도가 걸렸다).

나는 한국이 그간 소말리아에 많은 원조를 해왔고, 이런 불미스러운 일이 관계에 악영향을 줄 수도 있다는 사실을 재차 강조했다. 셰이크 하산은 나의 의견에 동조하면서 최선을 다해서 그들을 이 땅에서 몰아내겠다고 약속했다.

공식 인터뷰가 끝난 후에 나는 취재에 대한 협조를 구했다. 안전한 취재를 위해서는 셰이크 하산의 도움이 반드시 필요했다. 그는 각 부족에서 가장 뛰어난 전사를 뽑아 최고의 보디가드와 무기를 제공해주기로 약속했다. 그리고 해적두목인 아프웨니에게 나의 안전에 대해 확실히 다짐을 받아놓겠다고 했다. 만약 나에게 무슨 일이 생기면 자신들이 가만히 있지 않겠다고 경고를 하겠다는 것이었다.

셰이크 하산은 모든 준비가 완료될 때까지 1주일 정도의 시간이 걸릴 거라며 일단 모가디슈로 돌아가 있으라고 했다. 나는 떠나기 전에 지금 나를 도와주고, 한국 선원들이 풀려날 수 있도록 도와주는 것이 소말리아 최고 지도자의 역할이라고 재차 강조했다.

사실 그는 이미 나와 인터뷰를 하면서 굉장히 자존심이 상해 있었다. 도둑질은 이슬람 율법에서 철저히 금기시되는 일이었기 때문이다. 아마 해적들이 국가의 장래에 먹칠을 하는 집단이라는 판단을 내린 것 같았다. 모가디슈에서 듣기로 그는 합리적이지만 굉장히 다혈질인 사람이라고 했다. 소문대로 그는 인터뷰가 끝나자마자 어디론가 전화를 걸어서 긴급하게 지시를 내렸다. 무슨 내용인지 알아듣지는 못했지만 나와 관련된 지시 같았다. 그렇게 한참을 흥분해서 누군가에게 화를 내더니 전화를 끊고는 나에게 말했다.

"당신은 여성이기 때문에 특별히 보호받아야 합니다. 우리 이슬람은 여성들을 특별히 보호합니다."

나는 천군만마를 얻은 것 같은 기분이었다. 아는 사람 하나 없는 소말리아에 와서 그를 만나고 나의 안전을 보장받은 것이 모두 꿈만 같았다. 왠지 믿기지 않았다. 해적두목이 과연 셰이크 하산의 말을 들을 것인지, 만일 그런다 하더라도 셰이크 하산이 정말로 나를 도와줄 것인지, 그건 모르는 일이었다.

불안한 마음에 모가디슈로 돌아오는 유엔기 안에서 D에게 물었다.
"저 사람이 과연 나를 진짜 도와줄까?"
그러자 D는 버럭 화를 내더니 단호하게 말했다.
"셰이크 하산의 말이 곧 법이야. 해적두목이라도 절대 셰이크 하산의 심기를 거스를 수 없어!"

예민한 D의 반응을 보며 나는 소말리아의 민심이 셰이크 하산에게 많이 기울어졌다는 것을 느낄 수 있었다.

D와 나는 다시 모가디슈의 호텔로 돌아왔다.

그런데 호텔 주인이 나를 보더니 헐레벌떡 밖으로 뛰어나왔다. 이란 관영통신사의 기자가 육로를 통해 셰이크 하산을 만나러 갔다가 무장 강도와 총격전이 벌어져 그의 보디가드 1명이 사망했다는 것이었다. 나의 반대로 셰이크 하산의 인터뷰를 포기한 이란 기자가 결국 미련을 버리지 못하고 어제 육로로 셰이크 하산을 만나러 가다가 변을 당한 모양이었다. 모가디슈에서 출발한 지 3시간도 안 돼서 사건이 일어났다고 했다.

피범벅이 돼서 죽은 보디가드의 시체를 호텔 마당에 방치해 놓고 이란 기자는 망연자실해 있었다. 어쩌면 나에게 일어날 수도 있었던 일이었다. 소말리아라는 나라는 그런 곳이었다. 빈틈없이 안전대책을 세우지 않으면 언제 어떤 일이 일어날지 몰랐다.

다시 한번 가슴이 철렁한 순간이었다.

"거기 한국 사람 있나요?"

　셰이크 하산의 연락을 기다리는 동안 나는 동원호에 관한 다큐멘터리가 소말리아에 방영됐다는 것을 알게 되었다. 현지인들의 말에 따르면 그 방송을 보고 소말리아인들은 두 가지 이유로 흥분했다고 한다. 하나는 해적에게 잡힌 한국 선원들이 불쌍해서였고, 다른 하나는 아무 힘도 없는 소말리아 과도정부가 돈을 받고 조업허가증을 발급해 준 것에 대한 분노에서였다.
　동원호를 취재했던 소말리아의 '혼 아프리카'라는 방송국에 가서 그들이 취재한 영상을 보았다.
　첫 화면은 동원호의 전경이었다. '제628 동원'이라는 글자가 뚜렷하게 보였다. 외신을 통해서 짧은 영상을 본 적은 있지만 막상 소말리아 현지에서 그들의 모습을 보니 너무 마음이 아팠다.
　'왜 한국인들이 여기 와서 저런 고초를 당해야 하는지······.'
　영상 속 그들의 모습은 남루하기 그지없었다. 그리고 겁에 잔뜩 질린 표정이었다. 선원들은 무리를 지어 모여 있었는데 몰골이 말이 아니었다. 누가 한국 사람인지 알아볼 수도 없는 지경이었다.
　방송국 사람들에게 해적과 어떻게 접촉을 했는지를 물었다. 피디가 위성 전화번호 하나를 가르쳐주었다. D와 나는 그 전화번호로 온 종일 전화를 걸었지만 계속 불통이었다. 나는 통화가 되면 "나는 한국에서 온 저널리스트다. 너희들을 취재하러 가겠다"라고 말하라고 당부했다. 그러나 결국 연락이 닿질 않았다.

우리는 무선으로 연락을 해보기로 하고 햄 지부로 이동했다. 일단 주파수를 찾기 시작했다. 무려 5시간 동안 조금씩 주파수를 바꿔가며 그들과의 연락을 시도했다. 그러다 드디어 연락이 됐다. 나는 황급히 물었다.

"거기 한국 사람이 있나요?"

잠시후 지지직 거리는 소리와 함께 남자의 목소리가 들려왔다.

"있다."

나는 한국의 저널리스트라고 나의 신분을 밝히고 방문 예정일을 알려준 후 전화를 끊었다. 그러고는 셰이크 하산에게 연락해서 해적 본거지로 떠날 준비가 어떻게 되어가고 있는지 진척 상황을 알아보면서 선원들이 잘 있는지 확인했다. 그렇게 1주일이 지나고 드디어 출발일이 다가왔다.

일단 어느 길을 통해 가는가가 문제였다. 경비행기를 이용하는 게 제일 좋겠지만 한 번 왕복에 2~3만 달러나 되는 비용을 감당할 수가 없었다. 그것도 소말리아가 아니라 케냐에서 오는 것이었다. 도저히 안 되겠다는 생각이 들었다.

육로 역시 사정은 좋지 않았다. 바로 한 달 전에 영국 기자가 모가디슈에서 하라데레까지 가는 해안길을 이용했다가 무장 강도를 만나서 약탈을 당했다는 얘기가 들려왔다. 동원호 취재를 갔다가 강도를 만나 이틀간 끌려 다니고 돈은 다 털리고 목숨만 건졌다고 했다. 더군다나 근래에는 무장 강도들이 더 극성이라는 소문이 파다했다. 셰이크 하산은 한 달 정도 기다렸다가 상황을 보고 가는 것이 어떠냐고 했다. 그러나 나는 그의 말을 따를 수가 없었다. 한시라도 빨리

한국 선원들을 만나야 했다.

   비용 역시 문제였다. D와 보디가드들에게 들어가는 비용만 해도 하루에 1천 달러가 넘었다. 소말리아와 같은 분쟁지역은 보디가드 고용 등 안전비용과 가이드, 숙박비가 비싸기 마련이다. 나로서는 단 하루도 낭비할 시간이 없었다. D와 나는 어떻게 할지 의논을 했다. 우리는 빨리 가는 쪽으로 결정했다. 안전한 길을 안내해줄 수 있는 사람을 찾는 것이 급선무였다. 우리는 셰이크 하산의 도움을 구하기로 했다. 셰이크 하산이 파자르라는 사람을 소개해주었다. 그는 셰이크 하산이 특별히 골라서 보낸 사람이었다. 셰이크 하산은 "그는 신심이 깊은 이슬람교도이니 당신을 도와줄 겁니다"라고 말했다.

파자르는 이전에도 하라데레까지 몇 번 왕래한 경험이 있는데다 예전에 한가닥 하던 전사라고 했다. 그가 추천한 길은, 발드윈 까지 유엔기를 타고 이동한 다음에 발드윈에서 하라데레까지는 차로 이동하는 방법이었다.

나 같은 이방인이 취재를 갈 때는 경험 많은 현지인의 선택을 믿을 수밖에 없다. 그리고 때로는 그런 선택이 위험을 부를 수도 있다.

나는 운이 좋은 편이었다. 그런 험악한 곳에서 진심을 가지고 있는 사람을 만났으니. 파자르가 바로 그런 사람이었다. 파자르는 그간의 경험을 가지고 최종적으로 우리가 가야 할 길을 선택했다.

이 길이 지옥행인지, 천국행인지……

우리는 유엔기를 빌려서 발드윈으로 향했다. 거기서 셰이크 하산이 보내준 보디가드들과 만났다. 모가디슈에서 데리고 온 보디가드들은 셰이크 하산의 집에서 나를 기다리기로 했고, 발드윈부터 하라데레까지는 또다른 보디가드들과 움직여야 했다. 작은 픽업트럭 4대를 구해서 기름을 드럼통째로 사서 싣고, 물과 음식, 약품, 엄청난 양의 탄약과 무기 등등을 채우고 하라데레로 떠날 준비를 했다. 이미 셰이크 하산은 해적두목에게 나의 안전에 대한 경고를 보내놓은 상태였다. 20명 정도의 보디가드들이 그 길에 동행했다. 그리고 20시간

이상 먼 길을 떠나야 하는 그들을 위해 마약풀을 잔뜩 실었다.

운전기사들의 총책임자인 파자르가 첫 차로 앞장을 서고 내가 그 뒤를 따랐다. 내가 탄 차의 운전기사도 셰이크 하산의 사람이었다. 특히 나를 가장 가까이서 근접 경호하는 사람은 셰이크 하산이 특별히 골라서 보낸 인물이었다. 부족의 후계자급 인물로 18살의 청년이었다. 약간의 영어도 가능하고 다른 사람들과는 다른 고귀한 분위기가 느껴졌다. 식량으로는 상하지 않도록 얼음에 재운 계란과 빵, 비타민제가 준비됐다. 먹을 것이 없다고 아무거나 먹으면 계속 배탈나서 힘들다. 이것도 마크가 가르쳐준 것이었다.

떠나는 날 아침, 자리에서 일어났는데 몸이 이상했다. 감기에 걸린 것 같았다. 에티오피아에서 황열과 뎅기열 백신을 맞기는 했지만 과연 제대로 된 주사인지 계속 의구심이 들던 차였다. 이상하게도 낯선 국가에 가면 감기 같은 증상이 나타나곤 했다. 가져온 아스피린을 먹고 좀 낫는 듯하더니 계속 심하게 기침을 했다. 컨디션이 너무 안 좋았지만 그래도 가야 했기에 일단 출발을 했다.

붉은 모래와 탑처럼 솟아오른 개미집, 손톱만한 가시가 달린 가시나무 덩굴 사이를 헤치면서 수풀을 뚫고 여행을 시작했다. 마치 쥐라기로 돌아간 듯, 어디선가 공룡이 튀어나와도 전혀 이상하지 않을 만큼 삭막한 가시 수풀이었다. 길이 너무 험해서 아무리 속력을 내도 20킬로미터 이상으로 속도가 나지 않았다. 게다가 가다가 낙타떼라도 만나면 낙타들이 지나갈 때까지 무한정 기다려야 했다. 우리는 오로지 파자르의 동물적인 감각에 의지해 길을 가야 했다.

가도가도 똑같은 풍경이 계속 지루하게 이어졌다. 동서남북 방향을 가늠하기조차 힘들었다. D는 나에게 계속해서 자라고 했다. 하지만 나는 불안해서 잠을 이룰 수가 없었다.

'지금 이 길이 지옥으로 가는 길일까, 천국으로 가는 길일까…….'

나는 방향감각을 잃고 흔들렸다. 하라데레에 가서 어떻게 해야 할지도 고민이었다.

해가 질 무렵 나를 제외한 일행은 경호를 풀지 않고 교대로 돌아가며 차에서 내려서 이슬람식 기도를 올렸다. 어디서 맹수가 출현할지, 총을 든 무장괴한들이 들이닥칠지 모르는 상황이었다. 나는 애써 불안한 마음을 억누르며 계속 촬영에 몰두했다.

20시간도 넘게 걸리는 길이다 보니 화장실도 문제였다. 그 전날부터 가능하면 물을 먹지 않고 참으려고 노력했지만 한계가 닥쳤다. 막상 사막에 나와서 볼일을 보려고 하니 소말리아에 오기 전에 인터넷을 검색했을 때 봤던 전갈, 뱀, 해충들이 떠올랐다. 도저히 수풀 안으로 발길이 떨어지지 않았다. 결국 트럭과 트럭 사이를 약간 벌리고 천으로 가리고 길 한가운데서 해결하는 수밖에 없었다.

그렇게 계속 달리다가 어두워질 무렵, 파자르가 그만 길을 잃고 말았다. 이전에도 하라데레에 몇 번 오간 적이 있는 파자르였지만 "이런 적이 없다"라며 당황했다. 우리는 그렇게 한참을 어둠 속을 헤매다가 겨우 길을 찾았다.

그제야 긴장이 풀리면서 잠이 오기 시작했다. 나는 깊은 잠에 빠져들었다.

시간이 얼마나 지났을까. 어느 순간 차가 멈춘 것 같은 느낌이 들었다. 눈을 떠보니 주변이 온통 깜깜했다.

중간에 휴식을 위해 들르기로 한 어떤 마을에 도착한 것이었다. 파자르가 발드윈에서 무선으로 미리 연락을 해두어서 마을 주민들이 우리 일행을 기다리고 있었다. 전기도 들어오지 않는 마을의 주민들이 나를 둘러싸고 있었다. 얼굴 하얀 여자가 자고 있으니 신기해서 모여 있었던 것이다.

잠에 깨서 갑자기 하얗게 빛나는 치아와 눈동자들에 둘러싸이게 된 나는 너무 놀라서 D에게 마구 화를 냈다.

"대체 여기가 어디야? 그리고 이 사람들은 누구고?"

D는 나를 차근차근 설명을 하며 나를 진정시키려 했다.

"여기는 셰이크 하산 통치하에 있는 마을이야. 이 사람들은 강도, 도둑 같은 말은 들어본 적도 없는 사람들이니까 안심해."

그래도 놀란 마음이 진정되질 않았다. 나는 미리 나를 깨워서 상황을 알려주지 않은 것에 화가 났다. D도 더 재워주려던 자기의 친절을 오해받아 기분이 상해 있었다. D와 나는 영어로 소리 높여 한참을 다퉜다.

우리가 그렇게 싸우고 있는데 보디가드 통솔하는 청년이 갑자기 하늘을 향해 총을 쐈다. 그러더니 D에게 마구 화를 냈다. 왜 여자에게 화를 내느냐는 것이었다. D는 그제야 네 친구 마크가 죽은지도 얼마 안 됐는데 놀란 네 마음을 헤아리지 못했다며 나에게 사과했다. 나도 너무 겁이 많다 보니 깜짝 놀라서 D에게 화풀이를 한 것 같아 미안했다. 나는 D에게 "예민해서 그랬어, 미안해"라고 사과했다. 그러면서도 한편으로 대체 내가 여기를 왜 왔나, 내가 미쳤나 보다, 라는 생각이 머릿속을 꽉 채웠다. 보디가드 청년은 마치 그런 나의 마음을 읽기라도 한 것처럼 "앞으로 당신에게 화내는 사람이 있다면, 내가 가만히 있지 않을 겁니다. 그러니 나에게 의지해요"라고 말했다.

그때야 비로소 소말리아인들의 순박한 마음이 느껴졌다. 사실 여기 오기 전까지는 소말리아 사람들을 나쁜 사람들이라고만 여겼다. 그런데 소말리아 사람들을 만나면서 일이 아닌 인간 대 인간으로 그들을 바라볼 수 있게 된 것이다.

'왜 소말리아에 와서 소말리아를 제대로 느끼지 못했을까.'

나는 잠시 자책 아닌 자책을 할 수밖에 없었다.

우리는 1시간 정도 그곳에 머물렀다. 마을사람들이 사는 집은 에스키모들의 이글루와 흡사했다. 다만 얼음이 아닌 비닐로 만들어졌다는 것이 달랐고, 지붕 위에는 헝겊이 덮여 있었다. 집 근처에 숯불 같은 것이 타고 있는 것 같아 다가가보니 바비큐처럼 닭을 굽고 있었다. 나를 위해 마을사람이 준비한 것이었다. 씹을 때 입 안에서 계속 모래가 서걱거렸지만 정말 맛있었다.

어둠에 익숙해지면서 순박하게 웃고 있는 마을사람들의 모습이 비로소 하나둘씩 보였다. 이빨을 다 드러낸 채 웃고 있는 사람들의 모습이 참으로 평화롭고 행복해 보였다. 그들을 보면서 D에게 말했다.

"나도 이런 곳에서 살면 행복할까?"

"너는 한국에 있을 때 제일 행복할걸? 나는 여기 소말리아에 있을 때 제일 행복할 거고. 납치된 한국 선원들이 불행한 건 한국에 있어야 하는데 여기 소말리아에 있기 때문일 거야."

D는 가끔 그렇게 철학자 같은 소리를 하곤 했다.

1시간 후에 우리는 그 마을을 떠났다. 한참 지나 돌아보았을 때 마을사람 모두가 달빛 속에서 계속 우리를 바라보며 손을 흔들고 있었다.

내가 소말리아에 갔었다고 하면 사람들 모두 그렇게 위험한 곳에 어떻게 갔다 왔느냐고들 한다. 하지만 내게는 분명 행복한 기억도 있었다. 셰이크 하산이 나를 도와주겠다고 했을 때의 뭔가 해냈다는 느낌, 친구 알리, 마지드와의 재회, 그리고 잊을 수 없는 마을사람들…… 특히 어둠 속에서 나를 향해 손을 흔들던 마을사람들의 모습은 마치 흑백 무성영화의 한 장면처럼 내 기억 속에 남아 있다.

지금 생각해보면 그게 진짜 내가 겪은 일인지, 혹시 꿈은 아니었는지 하는 의문이 들 때도 있다. 그러나 나를 따뜻하게 환영해주었던 그 느낌만큼은 여전히 생생하다.

마을을 떠나고부터는 약간 긴장이 풀렸다. 나는 혼자가 아니라는 느낌 때문이었던 것 같다. 든든한 보디가드들과 파자르, 그리고 나를 항상 지켜주는 D까지 정말 많은 소말리아인들이 나를 도와주었다. 물론 나는 그들에게 돈을 주었다. 그렇지만 단지 돈 때문이 아니라 그들은 나라는 사람을 위해 진심을 다해 일해준 거라고 생각한다.

가는 도중에 파자르가 나에게 앞 차로 옮기라고 말했다. 그는 나를 눕게 하더니 코란을 낭독하는 테이프를 틀어주며 말했다.

"알라의 음성을 들으면서 편히 자도록 해."

4장 해적 본거지로 뛰어들다

'우리도 필리핀 선원처럼 죽을 수 있겠구나'

항해사 김진국 7월 10일, 해적두목 집에 있는 위성전화기가 고장이 나서 해적두목이 선장을 배 안으로 들여보냈다. 회사와 연락해보라는 것이었다. 그런데 배 안의 해적들이 선장이 통신실에 들어가지 못하게 막았다. 선장은 어쩔 수 없이 내일 아침에 전화를 하겠다며 선원들과 함께 비디오를 보았다.

다음날 아침, 선장이 통신실로 전화를 걸러 갔는데 해적들이 아무 이유 없이 선장을 브리지에 묶었다. 해적들은 그동안에도 자주 선원들을 브리지 등에 묶어놓고 죽인다며 협박을 하곤 했다. 주로 조선족 선원인 김홍길과 인도네시아 선원들이 자주 묶였다. 그런데 선장은 그때 처음으로 해적들에게 당했던 것이었다.

한참 후에 선장이 풀려나와서 나에게 배에 무슨 일이 있었느냐고 물었다. 나는 늘 당하는 일이라고 답해줬다. 선장은 육지에 나가 있고 배에 계속 있지 않았기 때문에 이렇게 늘 벌어지는 해적들의 폭력 행위를 잘 알지 못했다.

2006년 7월 11일

아침 5시 기상. 도인술을 하고 샤워를 했다. 식당에서 비디오를 보다가 7시에 아침식사를 했다. 식사 후 침실에서 책을 읽었다. 8시 식당에서 비디오를 봤다. 선장님이 나보고 이발할 줄 아냐고 물었다. 나는 모른다고 했다. 선장님 기관실 침실 취침. 소말리아 조리사 선장님 전화. 선장님 브리지. 소말리아 놈들이 선장님을 브리지 앞에 묶었다. 그리곤 우리더러 모두 나오라고 했다. 나가보니 선장님이 바닥에 엎드려 묶은 상태에서. 언제까지. 한참 뒤에 선장님이 오더니 어째서 놈들이 저렇게 날뛰는지 배에 무슨 일이라도 있었냐고 물었다. 처음 묶인 그는 이제야 알았을 것이다. 고통. 난 두 번이나 묶였다. 3시 소말리아 놈들 두목이 식당에 비디오 보러 내려왔다. 선장님을 찾는 것이었다. 한참 후 기관실로 선장, 통신장 찾아오라고. 한참 후 기름배에 전화 가지러 갔다. 통신장, 선장, (보트 운전했던) 소말리아 압둘라 놈은 통신장에게 녹음기 고치지 못하면 죽인다고 총을 겨누며 협박했다. 전화 역시 고치지 못하면 묶어 죽인다고 했다. 언제까지.

조선족 선원 김홍길의 일기에서

선장이 배로 돌아오고부터 3일 동안 배 안은 최악의 분위기였다. 해적들 분위기가 험악해지더니 '뽀글이'라고 불리는 어린 해적이 날뛰었다. 뽀글이는 갑자기 화장실에 가려는 나를 붙잡고 줄로 손을 묶으려고 했다. 단지 나왔다는 이유로 그랬다. 그때부터 해적들은 밖에 선원들만 보이면 막무가내로 끌고 가려고 했다.

해적들은 탑 브리지에 용접으로 안전대를 설치하고 그 위에 방어용 캘리버50, 대공총 등을 장착했다. 우리는 해적들이 무슨 이유로 그렇게 험하게 날뛰는지 알지도 못한 채 당해야 했다. 단지 해적들 사이에 뭔가 예민한 일이 벌어져서 분위기가 나빠졌으리라 짐작할 수밖에 없었다. 서로 언어도 통하지 않은 상황에서 이유도 모르는 채 묶여 있는 동안, 우리 선원들은 냉동 창고의 필리핀 선원 시체를 떠올렸다.

'우리도 필리핀 선원처럼 죽을 수 있겠구나.'

두려움 속에서 계속 그런 생각만 들었다.

2006년 7월 12일

5시. 일찍 기상한 나는 선미에서 샤워하고 식당으로 내려갔다. 한참 앉아 도인술을 하고 있는데, 기관실 문이 열리더니 항해사 나더러 선장님 기상시키라는 것이었다. 한참 후 소말리아 놈 내려오더니 선장님 같이 올라갔다. 배는 움직였다. 기름배와 멀리 멀리 우리가 들어오던 길로 나가고 있었다. 나는 선미에서 보트를 보고 있었다. 소말리아 한 놈이 오더니 나보고 무엇 하는가 하고, 나는 보트 보고 있다고 했다. 놈은 좋다는 것. 조금 지나 (해적) 놈 대장 포드 쪽으로 오더니 개를 처치해 달라는 것. 인도네시아 (선원) 샤워 중. 나와 정남이 식당에 내려갔다. 항해사 들어오더니 개를 창고에 넣어달라고. 나와 정남은 개를 창고에 넣었다. 나는 칼을 식당에 들고 내려갔다. (해적) 놈은 나를 보더니 고함을 질렀다. (중략) 어쩐지 근래에 들어서 너무 불안하다. 너무나 불안하다. 해적들이 너무 경계한다. 전에는 농담도 잘 하던 것이 요즘에는 비디오 보러 우리들 방에 놀러 오지도 않는다. 말끝마다 모두 죽여버린다는 것이다. 도대체 우리의 인생은 여기서 끝나는 것은 아닌지. 너무 너무 보고 싶은 자식들 얼굴. 하루에도 몇 번씩 쳐다보는 애들 사진. 언제쯤이면 우리 상봉이 이루어지겠는지. 하나님 아버지. 하루 빨리 우리 가족의 상봉 이루어지게 해주시옵소서. 소말리아.

조선족 선원 김홍길의 일기에서

한국에서 떠날 때 우리 배 안에는 네 마리의 개가 있었다. 망망대해에 떠 있다 보면 무료하거나 심심할 때가 정말 많다. 매일 배 안에서 선원들끼리만 생활하다 보니 말도 점점 없어지고 자기도 모르게 인간미를 잃게 된다. 그래서 조업을 나가면서 배 안에서 개를 키우는 경우가 꽤 있다. 우리 배에도 어미개 한 마리와 어린 강아지 세 마리가 있었다.

그런데 해적들이 우리 배를 나포하면서 개를 향해 총을 쐈다. 그때 나무 바닥에 총탄 자국이 생겼다. 해적들은 개와 양키(미국)는 동급이라는 억지 주장을 하면서 밥도 못 주게 했다. 우리는 해적들 눈에 피해 몰래 개에게 밥을 갖다 주었다. 그러나 해적들을 눈을 피해 먹이를 주는 일이 쉽지 않았다. 결국 밥을 제대로 먹지 못한 강아지들은 일찍 죽어버리고 어미개만 남아 있었다.

그러다 7월 말쯤에 해적들이 개의 목에 줄을 걸어 당겨서 죽인 후 바다에 던져버렸다. 나는 제발 저 개만은 살려달라고 애원하면서 개를 구하러 바다로 뛰어들려고 했다. 그러나 해적들이 나에게 개가 그냥 죽게 놔두라며 총을 겨눴다. 개는 목이 졸린 채로 바다로 떠내려갔다. 나는 숨이 끊어져 떠내려가는 개를 아무 말도 하지 못하고 멍하니 바라보기만 했다.

'나도 곧 저렇게 되겠지······.'

죽음에 대한 공포가 온몸을 휘감았다.

해적의 심장부로 들어가다

김영미 밤새 수풀을 달려오는 동안 나는 깊이 잠들어 있었다. 그러다 문득 차가 멈춰 있는 듯한 느낌이 들어 잠에서 깨어나니 어디선가 짠 냄새가 났다. 눈을 뜨고 주변을 돌아보니 어느 마을에 들어와 있었다. 잠을 자는 동안 나는 벌써 하라데레에 도착했던 것이다.

나는 일어나서 D를 불렀다. 내 목소리를 듣고 D가 집 안에서 뛰어나왔다. 그는 아침 6시쯤 이곳에 도착했고, 우리가 서 있는 곳이 입구에 있는 여관 같은 곳이라고 말해주었다. 왜 나는 안 데리고 들어갔느냐고 물었더니 여관의 시설이 너무 형편없기에 차라리 차 안이 더 나을 것 같아서 그랬다고 했다. 그리고 내가 잠에서 깨서 찾으면 바로 나갈 수 있도록 자신은 문에서 가장 가까운 방에 있었다는 것이다. 내가 잠을 자는 차 주변에는 보디가드들이 지키고 있었다.

여관에 들어가보니 성냥이나 비누 같은 조잡한 물건을 파는 작은 매점이 있었다. 그리고 안쪽으로 방들이 쭉 들어서 있었다. 대체 얼마나 지저분하기에 그랬나 싶어 화장실을 갔다 오면서 슬쩍 들여다봤다. 지저분한 시멘트 바닥에 사람들이 뒤엉켜 자고 있었다. 차라리 차 안에서 나를 재운 D의 결정에 고개를 절로 끄덕여졌다. D가 아침식사로 계란과 망고를 가져왔다. 그리고 여관 매점에서 산 콜라를 먹으라며 건네주었다. 나를 제외한 일행들은 대접에 염소고기를 놓고 손으로 뜯어먹었다.

"빅 마우스(해적두목) 집에 언제 가는 거야?"라고 물었더니 D가 아침을 먹고 나면 그가 사람을 보낼 거라고 했다. 아침을 먹고 기다리자 한 남자가 왔다. 이름이 압둘라라고 했다. 해적들 중 유일하게 영어를 할 수 있는 사람으로 통역을 맡고 있는 남자였다. 그러나 그의 영어 또한 간단한 의사소통을 할 수 있는 정도에 불과했다.

나는 대뜸 그에게 한국 사람들 어디 있느냐고 물었다. 그는 배에 있다고 말했다. 나는 한국 사람들에게 데려다달라고, 그들을 꼭 만나야 한다고 말했다. 그는 나를 쳐다보더니 그건 나중에 우리 두목과 얘기하자고 말했다. 우리 일행을 다 두목의 집으로 데리고 갈 수 없다는 것이었다.

해적과 우리 보디가드, 두 무리의 병력이 한자리에 있다는 것은 소말리아에서는 곧 싸움을 의미하는 것이었다. 그때부터 압둘라와 D는 해적두목 집에 몇 명이 가야 하느냐 등의 문제를 가지고 언성을 높이기 시작했다. 그러다가 D가 내게 말했다.

"여기는 소말리아이기 때문에 최악의 상황은 피해야 돼. 일단 보디가드 네 명만 데려가고 나머지는 이 여관에서 대기할 거야. 하지만 네가 두목 집에서 다른 곳으로 이동한다면 여기서 기다리고 있는 보디가드들도 함께 옮길 거야."

D는 두목 집이 여관과 그리 멀지 않고 사정거리 안에 있기 때문에 괜찮을 것이라고 했다. 그는 셰이크 하산이 이미 해적두목에게 내 안전에 대한 경고를 해놓았기 때문에 당신은 누구보다도 안전하다고도 했다.

차 한 대에 파자르와 D, 나, 그리고 보디가드 4명이 함께 타고 두목 집으로 이동했다. 나는 가면서도 계속 촬영을 했다. 두목의 집에 가서는 그를 자극할 수도 있었기 때문에 대놓고 촬영을 하지 못하고 몰래 찍었다. 아주 작은 가정용 HD카메라로, 화질도 좋고 방송용이라고는 누구도 생각 못 하는 그런 기종이었다. 나는 그걸 몰래 카메라처럼 가방 속에 숨기고 두목의 집 안으로 들어갔다.

대문을 통해 들어가자마자 큰 마당이 있었고, 마당에는 두 채의 큰 건물이 있었다. 그 두 건물 사이에 주황색으로 된 텐트 같은 가건물이 있었다. D가 "여기가 해적들이 모여서 작당모의를 하는 곳이야. 일종의 헤드쿼터지"라고 말했다. 나중에 선원들을 만나서 들은 얘기로는 그들이 해적에 납치됐을 때 이곳에 교대로 3명씩 끌려왔었다고 한다. 반란을 일으킬까봐 그랬다는 것이다.

해적들은 나를 우선 그곳으로 안내했다. 나와 D와 파자르는 가건물 안으로 들어갔다. 보디가드들은 무장을 한 상태로 마당에서 우리를 기다렸다(나중에 알게 된 사실인데 당시 파자르와 D는 나에게 얘기하지 않고 몰래 총을 가지고 갔다고 한다). 우리는 거기서 해적두목을 기다렸다. 취재가 어떻게 될지, 셰이크 하산의 약속이 지켜질지, 별 생각이 다 들었다. 한마디로 앞으로 어떤 상황이 벌어질지 아무것도 확신할 수 없는 상태였다. 나는 일단 납치된 동원호에 데려다달라는 것에 우선순위를 두기로 했다. 안 된다고 해도 무조건 우길 셈이었다.

30분쯤 지나고 해적두목이 나타났다. 머리에 해적모자만 안 썼지 상상했던 대로 해적두목답게 생긴 얼굴이었다. 그는 대뜸 셰이크 하산에게 나에 대한 얘기를 들었다며 나를 손님으로 생각한다고 말했다. 첫머리에 그가 셰이크 하산 얘기를 꺼내는 것을 듣고 '셰이크 하산을 두려워하고 있구나, 그렇다면 나를 죽이지는 않겠구나' 하고 조금은 안도하게 됐다.

그러고 나서 해적두목과 D는 계속 설전을 벌였다. 중간중간 파자르가 끼어들면서 계속 그들의 설전이 이어졌다. 대체 얘기가 어떻게 진행되고 있는지 궁금해진 나는 D에게 상황을 물었다. D는 해적두목이 배에는 데려갈 수 없다고 했다며, 동원호 선장을 불러올 테니 그와 얘기를 하고 돌아가라고 했다고 전했다. 이게 무슨 소린가 싶었다.

'내가 이 먼 길을 어떻게 왔는데……'

순간 눈앞이 깜깜해졌다.

나는 여기까지 와서 배에 있는 한국인들을 보지 못하고 간다면, 그것은 그들에게 실례가 된다,라고 말하며 해적두목을 설득했다. 두목은 내가 하도 매달리자 배 안에 당신의 남편이 있느냐고까지 물었다. 나는 다시 저널리스트로서 그 사람들의 상황을 보려고 할 뿐이라고 그를 설득했다.

긴 설득 끝에 해적두목은 오늘은 안 되고 내일 배에 데리고 가주겠다고 했다. 하라데레 마을에서도 해안가까지 1시간 반을 차로 달려야 한다고 했다. 그리고 이동 중에 내가 데리고 온 보디가드가 아니라 자신들의 부하를 데리고 가야 한다고 우겼다. 보디가드 없이 움직인다니, 말도 안 되는 억지였다. D가 나를 대신해서 다시 두목을 설득하기 시작했다. 나중에는 파자르까지 설득에 나서서, 결국은 두 팀이 다 가기로 협상이 됐다. 맨 앞에 해적두목의 차가 앞장을 서고 내가 중간에 가고 그 뒤를 나의 보디가드가 따라가는 식으로 최종결정이 났다. 해적두목은 내가 데리고 온 어떤 보디가드도 배 안에는 들어갈 수 없다고 못박았다.

내가 데리고 간 사람들은 셰이크 하산의 전사들이었다. 해적두목은 체계적인 군사 교육을 받은 그들이 배 안에 들어가는 게 탐탁지 않은 것 같았다. 해적두목은 이동할 때만 총을 가져갈 수 있고, 그나마 우리가 가져간 RPG-7(휴대용 견착식 미사일)은 안 된다고 했다. 우리는 어떻게 할 것인지 고민에 빠졌다. D는 어차피 무기를 가지고 배 안에 탈 수 없을 것이라며 나를 설득했다. 결국 무기 없이 D와 나만 배에 들어가기로 최종결론이 났다.

완전히 무장 해제된 상태로 배 안으로 들어가야 한다는 사실이 마음에 걸렸지만 어떻게든 배 안에 들어가서 선원들을 만나야겠기에 해적들의 제안을 수락했다.

아무래도 1시간 반 동안 두 병력을 앞뒤로 두고 길을 떠나야 한다는 것이 마음에 걸렸다. D는 셰이크 하산이 있기 때문에 나쁜 일이 일어나지는 않을 거라며 나를 다독였다. 그런데 D와 해적의 또다른 설전이 이어졌다. D의 말에 의하면, 해적두목이 기자들이 그렇게 많이 왔다갔다했는데 더 찍을 것이 뭐가 있느냐며 다시는 기자를 데리고 오지 말라고 했다는 것이다. 해적두목은 우리 마을에 해가 되는 일이 생기지 않도록 조심해달라고 했다.*

D는 오늘밤은 여기서 잠을 자야 한다면서 마을에서 가장 좋은 집

---

* 아마 셰이크 하산을 염두에 두고 해적두목이 이런 말을 했던 것 같다. 나중에 D와 알리에게 들은 바에 따르면 선원이 풀려난 지 2주 만에 셰이크 하산은 하라데레에 진격해서 해적들을 모두 몰살시키고, 해적두목은 모가디슈로 압송했다고 한다.

으로 나를 안내했다. 해적의 행동대장격 되는 남자의 집이라고 했다. 도착해보니 제법 신경 써서 하늘색 페인트로 칠한 집 벽면에 우스꽝스럽게도 '런던빌라'라고 적혀 있었다. 침대가 있어서 다행히 바닥에서 자는 신세는 면할 수 있었다. 집 안을 둘러보니 말표 구두약, 과일향 샴푸 같은 한국산 제품이 화장대 옆에 진열되어 있었다. 모두 선원들에게 빼앗은 것들이었다. 밖으로 나오니 해적들이 어디선가 많이 본 듯한 남성용 사각팬티를 입은 채 돌아다니고 있었다. 폭소를 터뜨릴 만한 장면이었지만, 순간 정말 배 안에 있는 것을 있는 대로 다 끄집어내왔구나, 라는 생각에 울컥하는 마음이 들었다.

'제발 하라데레의 바다를 잠잠하게 해주십시오'

나는 런던빌라라고 씌어 있는 집 안에서 자고, 나의 보디가드들이 집 안 마당에서 나를 지키기로 했다. 해적들은 우리 보디가드들이 총 한 자루 들고 있는 것에도 굉장히 예민하게 굴었다. 나는 짐을 내려놓고 다시 두목의 집으로 돌아와서 인터뷰를 시작했다.

그제야 두목의 집이 눈에 들어왔다. 두목의 집안에도 신라면, 녹차, 프리마 등이 한쪽 구석에 진열되어 있었다. 두목은 어디선가 짜파게티를 가져와서 끓여주겠다며 나서기까지 했다. 나는 거의 20여 일 간 한국음식은 구경도 못 한 상태였다. 그런 상태에서 짜파게티를 보니 정말 회가 동하기도 했지만, 한편으로는 슬펐다. 두목의 아

내인 듯 보이는 여자가 능숙한 솜씨로 짜파게티를 끓여왔다. 얼마나 선원들이 이곳에 와서 짜파게티, 라면으로 연명을 했으면 어깨너머로 배운 솜씨가 저 정도일까 하는 생각이 들었다.

두목의 집에는 유선전화가 있었다. 그가 어디론가 전화를 걸고 있는데 마침 부하가 들어오다가 선을 건드렸다. 전화가 끊기자 두목이 마구 화를 냈다. 전화 상태가 안 좋아서 선만 건드려도 끊긴다는 것이었다. 마을에 유선전화는 3대뿐이었다. 두목이 위성전화를 가지고 있었지만 워낙 잘 안 걸리고 요금도 비싸 자주 사용할 수 없는 듯했다.

아무리 D가 내 옆에 있어도 그도 소말리아인이었다. 나는 내 스스로 분위기가 어떤지 파악해야겠다고 생각했다. 그렇게 다짐을 하고 인터뷰를 준비하고 있는데 꼬마아이가 총을 들고 왔다갔다하는 것이 보였다. 나는 꼬마에게 동원호의 선장을 아느냐고 물었다. 꼬마는 안다며 자기는 캡틴(선장)을 따라서 한국에 가고 싶다고 말했다. 어떻게 캡틴과 의사소통을 하느냐고 물으니 캡틴이 소말리아 말을 한다고 말했다. 너 학교는 다니니, 라는 내 질문에 꼬마는 하라데레에는 학교가 없다고 말했다.

꼬마뿐만 아니라 해적들 모두 학교는 가본 적도 없다고 말했다. 그리고 이구동성으로 한국에 가보고 싶다고 말했다. 한국에 가면 당장 체포될 처지인 범죄자들이 이런 말을 하다니. 정말 황당했다. 나는 해적들이 치밀한 범죄 집단이 아니라 세상 돌아가는 이치를 전혀 모르는 그런 사람들이라는 느낌을 받았다.

나는 본격적으로 해적두목과 인터뷰에 들어갔다. 해적두목은 한국 배가 불법으로 우리 영역에서 고기를 잡는다는 것은 엄연한 범죄 행위이다. 자신들이 요구하는 인질의 몸값은 일종의 벌금이라고 우겼다. 물론 말도 안 되는 억지 주장이었다. 고기를 잡는 것이 불법이라면, 그 책임은 조업허가증을 내준 과도정부에 돌리는 것이 옳았다.

해적두목은 한국 정부는 도움이 되지 않는 사람들을 찾으려고 애쓰고 있다며, "소말리아 정부는 몰락했고, 파벌과 지방정부로부터 분리된 사람들이다. 그들(소말리아 과도정부)은 한국, 대만에 조업허가증을 팔고 있다. 그러나 소말리아 내에서 그것(조업 허가증)은 아무런 법적 근거도 없는 것"이라고 말했다. 그러면서 "우리 바다에서 조업을 하고 싶으면 우리와 얘기해야 마땅하다"라고 우겼다. 이어서 그는 자신들이 압수한 한국 배에서 불법적인 물고기가 잡혔다며, "이 문제가 해결되어야만 새로운 허가증에 대해 얘기할 수 있다"라고 못박았다. 나는 한국에 선장과 선원들을 기다리는 가족들이 있다며, 일단 보내주고 회사와 타협을 할 수도 있지 않은가 물었다. 그러나 두목은 막무가내였다.

D는 미국이 해적들을 선제공격을 했기 때문에 안 놔줄 수도 있다고 말했다. 아닌게 아니라 해적두목은 자기들이 2대의 미국 군함에 공격을 당했다며 분통을 터뜨렸다. 2주 동안 헬기까지 동원해서 배를 둘러싸고 자신들을 괴롭혔다는 것이었다. 그동안 다른 배도 납치한 적이 있느냐는 나의 질문에 그는 지금까지와는 다른 어조로 자랑스럽게 많은 배를 납치했었다고 답했다. 그러면서 태국 배와 대만 배는 벌금을 냈기 때문에 풀어줬다고 말했다.

내가 두바이 유조선도 같이 있는 것으로 알고 있다고 하자 두목은 두바이 배는 어제 풀려났다고 했다. 그리고 자신들이 납치한 것이 아니라고 했다. 당신들이 아니면 대체 누가 납치를 했냐고 묻자, 그는 누구도 한국 선원들을 납치하지 않았다고 우겼다.

"우리는 소말리아 센트럴 코스트 가드다. 우리는 납치한 게 아니고, 그들이 불법조업을 했기에 잡아둔 것이다."

해적두목이 말한 내용은 결국 자신들이 납치했다는 소리인데, 조금 돌려서 말했을 뿐 본질은 다르지 않았다. 자신들이 한 짓이 범죄 행위인지 아닌지도 모르고 떠들어대는데, 그것은 나뿐만 아니라 다른 외신 기자들에게도 동일하게 반복하는 레파토리였다. 소말리아 인들조차도 그것이 억지에 불과하다는 것을 다 알 정도였다.

인터뷰를 마치고 천막을 둘러보니 천막 구석에는 한국 약들이 많았다. 내가 약이 왜 이렇게 많은 거냐고 묻자 동원호 선장이 말라리아 기운이 있어서 기침도 하고, 두 달 전부터 몸이 아파서 가져다놓았다고 했다. 그러면서 다른 선원들은 괜찮다고 덧붙였다.

선원들의 짐이 쌓인 곳에 『정글의 법칙』이라는 책도 보였다. 그 책을 보는 순간 '선원들이 석방될 날만 기다리며 얼마나 무료했을까, 저런 책이라도 읽으면서 풀려날 순간만을 기다리고 있었구나' 하는 여러 가지 생각이 들었다. 배에 다녀오고 나서 구체적인 인터뷰를 해야겠다는 생각이 들어서 첫 인터뷰는 그 정도에서 끝냈다.

해적두목과의 인터뷰를 마치고 잠을 자려고 누웠는데 갑자기 비바람이 세차게 불었다. D가 들어와서 날씨가 이러면 내일 배에 못 들어갈 수도 있다고 말했다.

소말리아 가기 전에 내가 다니는 성당의 신부님이 마지막으로 들려주신 강론 내용이 생각났다. 예수님과 12제자가 함께 길을 가는 도중에 풍랑이 심해서 제자들이 예수님을 깨우자 예수님이 "바다야, 잠잠해져라"라고 하셨고, 그 뒤 정말 바다가 잠잠해졌다는 내용이었다.

그날 밤 나는 밤새도록 기도를 하다가 잠이 들었다.

'주님, 이 하라데레의 바다도 잠잠하게 해주십시오. 그래서 이들을 만나게 해주십시오. 여기까지 제가 온 것은 이들의 절박한 기록을 남기라는 하늘의 뜻이 아니겠습니까.'

드디어 동원 628호에 도착하다

다음날 아침 5시쯤 D가 나를 깨웠다. 마당에 나가서 하늘을 보니 이슬비가 내리고 있었다. 하지만 간밤의 기도 덕분인지 바람은 많이 잠잠해져 있었다. 배를 탈 수 있겠다는 생각에 안도할 수 있었다.

떠나기 전에 빵, 계란, 망고로 아침식사를 하고 있는데, 보디가드를 통솔하는 청년과 D가 언성을 높였다. D와 청년은 안전대책 논의를 하고 있었다. 청년은 보디가드들이 뒤에서 가게 되면 무작정 따라가게 되는 건데 만약 나에게 무슨 문제가 생기면 어떻게 하느냐고 화를 냈다. 근접경호가 안 되기 때문에 문제가 생길 수도 있다는 얘기였다. D가 권총을 가지고 가자고 해서 문제는 일단락됐다. 바닷가까지 이동하는 중에 D가 내 옆에 앉아서 가고 보디가드들은 우리 뒤를 따라오기로 했다.

아침 6시가 되기도 전에 해적들이 왔다. 해적 쪽 병력 20여 명을 태운 차가 앞장을 서고 내가 탄 차가 가운데 섰다. 그리고 우리 쪽 보디가드 10명 정도가 후미에서 따라왔다. 한국과 달라서 소말리아 사람들은 무기와 사람 숫자에 민감했다. 특히 해적들은 내가 데려간 셰이크 하산의 전사들을 두려워했다.

나 또한 이동하는 1시간 반 동안 무슨 일이 있을지도 모른다는 생각에 신경이 극도로 예민해졌다. 해적과 우리 보디가드들 사이에 무력충돌이 있을 수도 있고, 예기치 않게 무장 강도 같은 제3의 병력이 나타날 수도 있었다.

D는 나에게 이런 돌발사태들을 설명해주고, 각각의 경우 어떻게 해야 하는지를 일러주었다. 만약 해적과 보디가드들 사이에서 문제가 생길 경우에는 우리 차 안에서는 본인이 숨겨둔 총으로 상황을 정리할 것이고, 제3의 병력이 나타날 경우에도 우리는 후미로 빠져서 다시 마을로 돌아올 것이라고 말했다. 그렇게 당부를 받고 마을을 출발했다.

1시간도 넘게 나무 하나 없는 황량한 들판이 계속 이어졌다. 가는 도중에 염소 떼와 낙타 떼를 만나기도 했다. 그러다가 해적들이 난데없이 총을 쏘기 시작했다. 무전기로 연락을 해보니 염소를 사냥하는 거라고 해서 안심을 했지만 나는 깜짝 놀랐다. 해적들의 병력에는 10살 남짓한 꼬마도 있었다. 그런 꼬마가 너무나 능숙하게 장총을 들고 사슴 사냥을 했다. '우리 아이만 한 아이가 저렇게 총을 쏘는구나'라는 생각에 마음이 아프기도 하고 놀랍기도 했다. 동원호 선장과 선원들이 이 길을 가로질러서 마을로 잡혀왔을 때 얼마나 겁이 났을까, 라는 생각도 들었다. 말 그대로 아무것도 없는 구릉지대가 계속되었다. 나처럼 준비하고 길을 떠난 사람도 이렇게 막막한데, 아무것도 모르는 상태에서 끌려온 한국 선원들의 심정은 어땠을까 라는 생각이 절로 들었다.

그렇게 1시간 반을 달려 드디어 바닷가에 도착했다. 이슬비가 그치고 바닷가에 바람이 굉장히 심하게 불었다. 가는 모래가 그 바람을 따라와 온몸을 때렸다. 나는 압둘라에게 한국 배는 어디 있느냐고 물어봤다. 그가 손가락으로 어딘가를 가리켰다. 손가락을 따라가 보니 수평선 저쪽에 아주 조그맣게 배 한 척이 떠 있는 것이 보였다. 순간 벅찬 감정과 함께 눈물이 차올랐다.

'드디어 내가 도착했구나!'

2006년 4월 4일 소말리아 해적들에게 나포된 동원 628호의 나포 직후 모습. 앞쪽 작은 배가 동원호이고 뒤에 있는 배가 구조를 위해 달려온 네덜란드 군함이다. 동원호의 SOS를 받은 네덜란드 군함과 미군 군함은 필사적으로 동원호 구출에 나섰지만, 해적들이 선원들을 인질로 잡고 협박하는 바람에 결국 추격을 포기했다.

나는 아랍에미리트의 두바이, 에티오피아, 소말릴랜드의 하디사를 거쳐 소말리아의 수도 모가디슈에 도착할 수 있었다. 착륙하기 전 비행기 안에서 내려다 본 모가디슈의 전경은 황량하기 그지없었다.

해맑게 웃는 소말리아의 소녀들.

소말리아 '혼 아프리카'에서 방영된 동원호에 관한 방송 화면. 인터뷰하는 동원호 선장의 모습과 배 앞에 적힌 '제628 동원'이라는 선명한 글자를 볼 수 있었다.

소말리아 '혼 아프리카' 방송국의 피디가 가르쳐준 해적들의 위성전화 번호가 계속 불통이어서, 우리는 무선 햄을 통해 연락을 취했다. 6시간 만에 겨우 해적들과 연락이 닿았고, 나는 내가 한국의 저널리스트이고, 곧 그곳에 취재를 갈 예정이라는 것을 알렸다.

모가디슈에서 나를 경호해주었던 보디가드들. 모가디슈를 떠나 발드윈으로 향하면서 나는 일단 이들과 헤어졌다. 그리고 발드윈에서 셰이크 하산이 조직해준 새로운 보디가드들과 만나 하라데레로 향했다.

이슬람 법정연대의 지도자인 셰이크 하산 다위르. 그는 타고난 카리스마로 소말리아 국민들에게 깊은 존경을 받고 있었다.

해적마을이 있는 하라데레로 가는 길. 우리는 안내자인 파자르의 동물적인 감각에 의존해 황량한 수풀 사이를 달리고 또 달렸다.

불안감과 험한 여정은 나를 지치게 했다. 우리는 겨우 20킬로미터밖에 속도가 나지 않는 험한 길을 밤새도록 달렸다. 낙타 떼라도 만나면 낙타가 지나갈 때까지 무한정 기다려야 했다.

나는 하라데레에 위치한 해적마을에 도착해 두목인 아프웨니를 만났다. 동원호 선원들이 석방된 후 셰이크 하산은 약속대로 하라데레를 초토화시켰고, 두목 아프웨니는 모가디슈로 압송되었다.

영어 통역을 맡았던 해적 알둘라. 그는 통역 과정에서 한국인을 도와주었다는 이유로 해적 중 유일하게 살아남았다.

5장 한국은 진정 동원호를
잊었나?

"기자님 덕에 우리 목숨이 연장됐네요"

김영미 통역을 맡고 있는 해적 압둘라가 보트를 준비했다. 우선 우리 쪽 보디가드들이 가서 보트를 수색했다. 나는 보디가드들이 안전을 확인한 후 보트에 올라탔다. 압둘라가 나에게 잠깐 갔다가 나올 거냐고 물었다. 내가 하룻밤을 잘 생각이라고 말했더니, 압둘라는 두목과 상의해야 한다며 안 된다고 했다. 한참 실랑이가 이어졌다. 사실 압둘라는 기회주의적인 인물이었다. 그는 내가 셰이크 하산과 친한 것을 알고 있기 때문에 나에게 호의적으로 굴었다. 압둘라는 무선을 통해서 두목에게 연락을 해보겠다고 했다.

나는 구명조끼를 입고 보트에 올랐다. 하라데레 해변에 가기 전까지는 당연히 배가 정박해 있으리라고 생각했다. 그러나 도착해보니 해변에 선착장이 없기 때문에 배가 바다에 떠 있는 상태였다. 그래서 해변에서 보트로 이동을 할 수밖에 없었다.

D가 모터보트에 오르기 전에 물에 젖지 않도록 카메라를 비닐로 쌌다. 파도가 심해서 거의 롤러코스터를 타는 것처럼 몸을 가눌 수가 없었다. 보트가 뒤집힐 것 같이 위태위태했다. 나는 눈을 질끈 감았다.

그렇게 몇 분이 지났을까. 속도가 느려짐과 동시에 나는 눈을 떴다. 순간 '제628 동원'이라는 글자가 바로 눈앞에 보였.

이제 배로 올라가기만 하면 됐다. 누군가 배에서 사다리를 내려주었다. 나는 가방을 D에게 맡기고 바닷물에 온통 젖은 상태로 배로 올라갔다. 잠시 후 D가 내 뒤를 따라 올라왔다. 나는 D에게 소리쳤다.

"D, 내 카메라!"

나는 카메라를 받자마자 동원호를 찍기 시작했다. 그렇게 동원호의 촬영이 시작되었다.

2006년 7월 12일

아침 9시경 여기자 한 명이 해적과 함께 우리 배에 올랐다. 입성(입은 옷)은 해수로 흠뻑 젖어 있었다. 게다가 멀미까지 하는 것 같았다. 우리는 배 앞쪽에서 대기하고 있었다. 실항사 소말리아 놈들 선박에다 선원들에게 준 옷 한 벌 가지고 올라왔다. 한참 지나 브리지에 기자의 모습이 보였다. 옷도 갈아입고. 손에는 무비 카메라를 들고 우리 선원들을 촬영하는 것을 보았다. 한참 후 선장님은 선원들에게 침실로 돌아가라고 했다.

조선족 선원 김홍길의 일기에서

처음 카메라를 들고 위를 보니 사람들이 나와서 웅성대는 것이 보였다. 사전에 한국인 외에도 인도네시아인, 베트남인, 중국인이 있다고 들었는데, 도대체 누가 한국인인지 구분이 가지 않았다. 모두 그저 초췌하고 피곤한 모습들이었다.

내가 "한국 사람이세요?"라고 묻자 누군가 그렇다고 대꾸를 해왔다. 일등항해사 김진국 씨였다. 순간 울컥하며 감정이 벅차올랐다. 나중에 들을 얘기로는 그때 김진국 씨도 난데없이 나타난 한국 여자를 보고 눈물이 났다고 한다. 기쁜 마음에 그를 부둥켜안고 싶었지만, 나는 취재를 위해 여기에 왔고, 그 사실을 잊어서는 안 됐다.

　브리지로 올라가니 최성식 선장이 있었다. 바닷물에 홀딱 젖은 나의 몰골을 보고 그는 감기 걸린다며 운동복을 가져오라고 해서 입으라고 나에게 건네주었다. 젖은 옷을 갈아입고 나오니, 선장이 따뜻한 커피 한 잔을 건네주며 말했다.

　"배에 남은 것이 이것밖에 없습니다. 해적들이 전부 가져가서 이것밖에 대접을 못 하네요. 미안합니다."

　나는 동원 628호를 취재하러 왔다는 취재 목적을 밝히고 촬영을 위해서 선장님의 허락이 필요하다고 말했다. 선장은 두바이에 있는 회사의 임원에게 전화를 걸었다. 내가 회사 임원에게 직접 허가를 받았다. 이렇게 해서 정식으로 동원호의 취재가 시작되었다.

　선원들은 나에게 계속 질문을 해댔다. 사실 취재진의 입장에서 내가 질문을 많이 해야 하는데, 이건 오히려 거꾸로 된 상황이었다. 어떻게 왔으며, 우리 언제 풀려날 것 같으냐 등등 질문이 계속 이어졌다. 나는 하루를 배 안에 있기로 허락을 받은 상태라고 말하고 차차 질문에 답을 해주겠다고 말했다. 그리고 촬영을 위한 협조를 구했다.

　무엇보다도 이 배 안에서 해적과의 원치 않은 동거가 계속되는 동안 무슨 일이 있었는지가 가장 궁금했다.

　배 안에는 12명 정도의 무장 해적이 있었다. 해적들의 행동대장격인 사람은 그렉이라는 남자였다. 그렉이 우리에게로 와서 자기들이 선원들에게 잘 대해줬다고, 때리지 않고 친구처럼 대해줬다고 재차 강조했다. 그런 말을 하는 것 자체가 의심스러웠다. '무슨 일이 있었구나' 하는 생각이 들었다.

5장 한국은 진정 동원호를 잊었나?

해적들은 필라, 아디다스 같은 브랜드 옷을 입고 있었고, 선원들은 반바지에 낡은 옷을 입고 있었다. 통신장은 선원들이 배 엔진 닦으려고 출항할 때 가져왔던 재활용 옷들을 꺼내서 입고 있다고 했다. 해적들이 총으로 위협을 해서 옷을 다 빼앗았기 때문이었다.

곧이어 위협 정도가 아니라 총부리를 들이대고 폭행했다는 선원들의 증언이 잇달았다. 한 번은 빼앗은 CD플레이어를 가져와서 통신장의 이마에 총구를 들이대고 음악이 안 나오니 고쳐내라고 막무가내로 협박을 했다고 했다.

"안 된다고 들고 왔는데 못 고친다고 그러니까 막 머리에다 총을 들이대고 쏘려고 하고. 그런데 나중에 알고 보니까 전기가 안 돌아가서 그랬던 거더라고요."

통신장은 그 당시 상황을 떠올리며 눈물을 글썽였다. 이런 일이 늘 벌어진다고 했다.

그에게 나포된 순간에 대한 질문을 했다. 처음에 작은 보트가 보였고 가까워지더니 바로 사다리를 대고 순식간에 상황이 종료되었다고 한다. 통신장은 작은 보트를 가리키며 말을 이었다.

"저거 두 대 가지고 나포를 했거든요. 그러니까 스피드가 이십오 노트 쯤 됐을 거예요. 저쪽에서 한 삼 마일 정도 되는 데서 봤는데 금방 따라붙더라고요. 우리도 도망가고 있었고. 배가 원체 빠르니까."

나는 나포당할 때 해적이 총도 쏘았느냐고 물었다. 통신장은 "총탄자국이 여기 있어요"라며 배 구석구석에 남은 탄흔들을 가리켰다.

선원들은 나포 순간을 기대했던 것만큼 자세하게 설명하지 못했다. 눈 깜짝할 사이에 벌어진 긴박한 상황이기도 했고, 사람들과의 교류가 적은 직업이다 보니 대부분 말하는 게 서툴렀다.

통신장과 얘기하고 있는 중에 조선족 선원 김홍길 씨가 뭔가를 들고 나와서 나를 불렀다. 그가 손에 들고 있는 것은 편지였다. 집에 보내고 싶다고 했다. 김홍길 씨는 조선족 동포로 배를 타러 나온 지 3년이 되었다고 했다. 그는 자신이 이렇게 잡혀 있는 것을 가족이 잘 모를 것이라며 그 사실을 가족에게 알려주고 싶다면서 나에게 편지를 건넸다. 나는 그에게 "꼭 보내드리겠다"라고 약속했다. 그의 딸인 설화와 애화 씨는 중국의 둔화 시에 산다고 했다.

2006년 7월 12일

침실에는 소말리아 기자 한 명*이 자고 있었다. 나는 편지를 다 쓴 후 소말리아 기자를 깨웠다. 비누 한 개, 샴푸 한 개 준비하고서 사진도 보여주면서. 애들에게 보내는 편지니까 소말리아 넘어가면 여기자 선생님에게 건네 달라고 했다. 기자는 그렇게 해주겠다면서 도로 누워 자는 것이었다. 어쩐지 나는 불안했다. 여기자 선생님이 가면 나는 아이들에게 편지조차 보내지 못하는 것이었다. 나는 편지가 물에 젖지 않도록 수술용 장갑으로 싸고 테이프를 감았다. 문을 나서는 기자 선생님과 통신장님이 건너오는 것이었다. 나는 기자 선생님에게 인사를 올린 후 편지를 꺼내보였다. 선생님은 무엇인가 하고, 옆에 있는 소말리아 놈이 뜯어보라는 것이었다. 나는 뜯어서 속지를 꺼내 보였다. 소말리아 놈들 한참동안 들여다보자 기자 선생님이 웃으면서 네가 보면

---

* 김홍철 씨는 당시 나와 동행한 D를 소말리아 기자라고 짐작했던 것 같다.

아느냐고 했다. 난 편지를 기자 선생님에게 건네주었다. (중략) 기자 선생님은 편지를 전해주기로 흔쾌히 약속해주었다. 주소는 어떻게 하냐고 물어서 속지에 주소가 있으니 그대로 해주면 된다고 대답했다. 다소나마 한시름 놓았다.

조선족 선원 김홍길의 일기에서

    조선족 선원 김홍길 씨의 편지를 잘 챙겨 넣고 선실에 들어가니 아까와는 다르게 선원들이 훨씬 안도하는 듯한 표정이었다. 그들 모두 내가 어떻게 여기 왔는지 궁금해 했다. 나는 여기까지 오는 과정을 다 설명해주었다.
    항해사는 "기자님 덕에 우리 목숨이 연장됐네요. 어제까지만 해도 해적들이 우리를 죽인다고 데리고 나간다고 했는데"라고 말했다. 선원들은 계속해서 와줘서 고맙다고 말했다.

나포된 지 99일, 한국은 동원호를 잊었다

    선실 안에 있는 식당 같은 곳에 선원들이 다들 모였다. 선원들은 이구동성으로 미국 군함이 왔을 때 탈출하지 못한 것이 한이라고 했다. 내가 미국 군함이 왔었냐고 물으니 나포될 때 미국 군함과 네덜란드 군함이 따라왔다고 했다.
    그 다음부터 선원들이 얘기해주는 것은 마치 영화의 한 장면 같왔다.

두 대의 군함이 쫓아오자 겁을 집어먹은 해적들은 선원들을 인질로 삼았다. 그리고 선원들을 갑판 위로 끌고 가서 일렬로 세워놓고 공포탄을 쏘아댔다고 했다. 선원들도 할리우드 영화로만 봤을법한, 자신이 그런 경험을 하리라고는 상상도 못했을 장면이었을 것 같았다.

미군에게 포위되고 선장님과 갑판에 둘이 끌려갔을 때 상황을 설명해주세요.
처음에 애들이 와서 전 선원들을 불러냈었거든요. 갑판으로 다 집합을 시켰다가 그 다음에 또 해산시키고. 그런데 군함이 나타나니까 다시 모이라고. (중략) 앞에 갑판하고 뒤에 선 밑쪽에 분산을 시켜서 뒤에는 한국 선원 한 세 명 정도 있고 전 선원 들어가고 외국 선원들하고 한국 선원 대부분은 앞에 배 앞쪽 갑판 있지 않습니까. 거기 갑판에 있다가 군함이 가까이 접근하니까 제일 먼저 제가 갑판 앞에 나가 있었거든요. 뒤에 사람들은 저쪽에 있고 뒤쪽으로. 있다가 나중에 간판에 선장과 둘이 서 있다가 자꾸 군함이 접근을 하니까 전 선원을 갔다가 앞에 다 세워놨거든요. 지들은 숨어 있고. 그러다 군함이 접근하다가 안 되겠으니까. 정면을 막더라고요. 우리 배 앞을. 막았는데도 그래도 덤비니까. 가라앉힐 수는 없으니까 자기네(미군)가 피하더라고요. 피해가지고 도저히 안 되겠으니까 뒤에 처져가지고 뒤에 십 마일 가까이 그 정도 거리 유지하면서 계속 (우리를) 따라왔거든요. 그러다가 우리가 엔카링하고(닻을 내리고) 멀찍이 떨어져 (미국 군함이) 대기하고 있었습니다. 언제 군함이 철수했는지 모르겠습니다. 저희들 잡혀와서 엔카링하고도 며칠은 군함이 있었던 것으로 제가 알고 있거든요. 눈에 보이지는 않는데 레이더상에 그게 나타나고 얘들 말로도 아메리카 있다. 그랬습니다.

해적들이 미군한테 대항하려고 선원들을 위협했다고 하던데 사실이에요?

그러니까 앞에 세워놓고 총 해놓은 것이 위협한 거죠.

그때 심정이 어떠셨어요?

'내가 제일 먼저 죽는구나.' 그 생각 했죠.

겁은 안 나셨어요?

겁 안 났다면 거짓말이고 좀 나기는 났지만 좀 그때는 뭐 여러 가지 생각이 들더라고요. 내가 먼저 죽는구나 하는 생각도 들고 죽게 되면 '내가 제일 먼저 죽는구나' 그런 생각도 들고 저놈들 죽여버린다는 생각도 들고 그래서 그때부터는 계속 저놈들 죽일 생각만 했거든요.

기관장(황상기)과의 인터뷰에서

해적들에게 나포당하고 시간이 지나면서 점점 공포를 느낀 선원들은 차라리 함께 뛰어내리는 것이 낫지 않을까 생각했다고 한다. 만약 그 중 1명이라도 뒤처진다면, 그 사람은 그대로 죽을 수도 있는 상황이었다. 특히 외국인 선원들은 겁이 많았다고 한다. 그래서 결국 선원들은 그 계획을 포기할 수밖에 없었다. 그런 와중에 미군 함정은 철수하고 해적들은 그제야 선원들을 풀어주었다고 한다.

내가 두바이에서 들은 바로는 동원호와 함께 나포되었던 유조선이 진작에 풀려났다고 했다. 그런데 선원들의 말은 달랐다. 선원들은 유조선이 아침까지만 해도 동원호 옆에 있었다면서 아마 해적들이 어디 다른 곳으로 옮긴 것 같다고 했다. 그러면서 유조선 안에 있던 필리핀 선원들의 말을 전했다.

"한국은 동티모르, 이라크에도 파병되어 있는데 왜 너희를 구하러 오지 않느냐? 강력한 해군을 끌고 오면 해적쯤은 금세 제압할 수 있을 텐데…… 필리핀 선원이 그때 저한테 그러더라고요."

나는 그 말을 들었을 때 선원들 심정이 어땠을까 하는 생각에 너무 마음이 아팠다.

선장 최성식 씨는 눈매도 날카롭고 강한 사람처럼 보였다. 100일 동안 갇혀서 선원들을 여기까지 끌고 온 것만 봐도 대단히 강직한 사람이라는 생각이 들었다.

기관장인 황상기 씨는 처음으로 기관장으로 승진해서 출항을 해서 왔는데 나포가 됐다고 했다. 노모의 건강을 걱정한 누나와 형들 때문에 노모는 아직 아무것도 모른다고 했다.

배에는 유난히 막내들과 미혼남들이 많았다. 그러다 보니 집 생각을 더 많이 하는 것 같았다. 통신장과 항해사도 미혼이었다. 일등항해사 김진국 씨는 말이 없고 조용한 분으로 선원들 중 가장 조리 있게 말을 잘했다. 기관사 기관장 씨는 혼인신고만 하고 식도 올리지 못한 채 신혼살림만 차려놓고 출항을 했다고 했다. 그의 숙소 안에 있는, 아내가 보낸 팩스와 편지글을 보니 더욱 안타까운 마음이 들었다.

배 안에서 하룻밤을 묵기로 하고 방을 하나 얻었다. 배정받은 방은 평소 기관사가 사용하는 방이었다. 선원들은 그제야 마음이 꽤 편해졌는지 30년도 넘은 배의 역사에 여자가 들어와서 잔 것은 이번이 처음일 거라는 농담까지 했다.

배 안에서 촬영을 할 수 있는 시간이 정해져 있었기 때문에 가능한 한 세세한 것들까지도 찍으려고 노력을 했다. 게다가 파도가 심해서 배가 끊임없이 이리저리 움직였다. 생각치도 못했던 문제였다. 보통은 방송용 카메라를 쓰는데 소말리아 올 때는 기동성을 위해서 HD 촬영이 되는 작은 카메라를 가져갔다. 배는 계속 흔들리는 데다 엔진 소리 때문에 사방이 시끄러웠다. 주변 소리들 때문에 사람들의 말소리가 잘 녹음이 되고 있는지 걱정스러웠다.

어렵게 촬영을 해나가는데 조금씩 뱃멀미가 났다. 선원들은 처음에는 심하게 뱃멀미를 해도 적응이 되면 괜찮아질 거라고 했다. 나는 뱃멀미가 나서 촬영을 못 하게 되면 어쩌나 걱정이 됐다. 다행히 배 안에서 취재하는 동안에는 크게 뱃멀미를 하지 않았다.

그렇게 취재를 하다 보니 하루 가지고는 안 되겠다는 생각이 들었다. 다음날이 마침 나포된 지 100일째 되는 날이었다. 나는 D를 불러서 해적 행동대장 그렉에게 하루만 더 있도록 허락을 받아달라고 부탁을 했다. 그렉은 자기 권한이 아니라며 두목에게 얘기해야 한다고 말했다. D는 내가 어떻게든 설득을 해볼 테니 너는 계속 취재를 하라고 했다. 나는 그 문제를 D에게 맡기고 선실로 내려와서 선원들과 계속 얘기를 나눴다.

두 시간쯤 후에 D가 내려와 그렉이 해적두목에게 이틀까지는 허락을 받았는데 그 이상은 절대 안 된다고 전해주었다. D의 노력으로 동원 628호에서 총 2박 3일간의 취재를 할 수 있게 되었다. D는 통역이 필요하면 언제든 자기를 부르라고 했다.

다시 선실에 와서 취재를 하는데 선원들이 말라리아에 걸려서 힘들어했다는 말을 들었다. 나포될 때가 4월이니 아프리카가 한창 더울 때였고 소말리아가 적도 근방이기 때문에 더 그랬을 것이다.

제일 먼저 아팠던 사람은 기관사였다고 한다. 해적두목 집에서 들기론 선장만 조금 기침을 했다고 들었는데 선장뿐만 아니라 더 많은 선원들이 말라리아에 걸려서 고생했던 것이다. 기관사는 당시 상황을 이렇게 설명했다.

"처음에 나가서 있을 때는 몰랐는데 들어온 날 몸살 기운이 있고 저녁부터 열이 많이 나고, 한 오 일은 병원 가고 피검사 하고 약을 주는데 약을 먹으니까 괜찮더라고요."

그는 아플 때는 자신이 말라리아에 걸린 줄 몰랐다고 했다.

"다 나을 때 알았어요. 아플 때야 약만 먹고 누워있고 했으니까."

선원들은 말라리아 약도 제대로 없어 배에 있는 감기약을 먹어가면서 버텼다고 했다.

무기 창고로 변한 식료품 저장고

식료품 창고로 쓰이던 곳에는 해적들의 무기가 가득했다. 깃발 꽂아놓는 공간에는 캘리버50이 설치되어 있었다. 원래는 없었던 것인데 미국 군함에 놀라서 가져다놓았다고 했다. 미군의 전력과 해적들의 전력은 상대가 되지 않는다. 겨우 캘리버50 한 정으로 미국의 헬기나 루즈벨트 급 구축함에 대항할 수 있을 거라 생각했다니. 해적들이 생각할 수 있는 수준은 이 정도였던 것이다.

　해적들은 수풀과 그들의 거주지 외에는 가본 적도 없고, 교육을 받아본 적도 없기 때문에 자신들의 영역 밖에 있는 최첨단기기 같은 것은 전혀 몰랐다. 오기 전에 내가 막연히 생각하고 있던 해적들의 모습은, 인터넷과 첨단기기를 이용할 줄 알아서 언론을 교묘히 조종하는 그런 집단이었다. 그런데 직접 와서 본 느낌은 너무도 달랐다.

　해적들은 배 안에서 먹고 자고 음식도 만들어 먹으면서 100일 동안 선원들을 지키고 있었다. 나는 그들이 어떻게 배를 나포하는지 궁금했다. 나는 D를 불러서 통역을 부탁하고 해적들 중 행동대장격인 그렉을 불러 인터뷰를 했다.

　그는 배를 나포하는 과정을 자랑스러운 어투로 상세히 설명해주었다. 자신들이 범죄 집단이라는 인식이 있으면, 꽤나 중요한 나포 기법을 설명해줄 리가 없는데, 그런 정도의 인식은 없었던 듯했다.

　그렉의 말에 따르면 해적들은 크게 협상 담당 팀과 나포 담당 팀으로 나뉘어 있었고, 나포에 무선을 이용한다고 했다. 나포 담당 팀들은 바닷가를 순회하면서 배가 나타나면 마을에 무선으로 연락해서 사람들을 모아서 사다리와 총을 들고 배를 나포해왔다고 한다. 나포하는 수법으로는 사다리를 타고 가서 무조건 무력으로 진압한다고 했다. 그러면 백이면 백 선원들이 겁을 먹는다고 했다. 해적 행동대장인 그렉은 아주 쉽다며 내 앞에서 으스대기까지 했다.

　해적들이 배를 나포하면 협상 팀이 몸값을 챙겨서 계속 그들의 조직을 유지해왔다고 했다. 협상 팀이 챙겨온 몸값은 한 사람이 챙기는 것이 아니라 나누어 가지는 것이었는데, 그 과정에서 잡음이 많았다고 했다.

　나포에 실패한 경험이 없느냐고 했더니, 그렉은 예전에 호화 여객선을 나포하려다 실패한 경험을 말해주었다. 호화 여객선이 자신들의 해역을 지나가서 나포하려 했는데, 사다리가 짧아서 배를 잡을 수 없었다고 했다.

　해적들은 외국 배를 무조건 잡아서 무력으로 진압하고 몸값을 받는 수법을 반복해온 것 같았다. 게다가 그들은 자기들이 하는 행동이 나쁘다는 것을 전혀 느끼지 못하는 듯했다. 10살 먹은 꼬마까지 해적 일원으로 활동했다. 꼬마는 밥을 하거나 빨래를 했다. 부모 없는 꼬마라 해적들을 따라다니면서 밥을 얻어먹는다고 했다. 그 꼬마마저도 총을 들이대고 선원들을 위협했다. 선원들도 꼬마에게 위협을 느끼는 눈치였다. 아무리 어려도 총을 가지고 있기 때문에 무서워할 수밖에 없었다.

해적들의 첫인상은 어땠나요?

　체격은 왜소했지만 눈에 살기를 띠고 있었다. 게다가 항상 마약풀을 씹고 있었다. 해적들이 마약풀을 씹고 눈에 초점이 없어지는 것을 보는 순간 두려움이 엄습해왔다. 또 의사소통이 안 되다 보니 위험한 돌발 상황이 언제든 일어날 수 있다고 생각했다.

해적마을에 들어갔을 때의 느낌은 어땠나요?

　마을에 들어가서 보니 일을 해야 하는 젊은이들은 전부 총을 잡고 있었다. 삶에 희망이 없는 사람들처럼 보였다. 꼬마들도 칼을 들고 장난을 쳤다.

해적 조직에 대한 느낌은 어땠나요? 위협적이던가요?

체계도 없고 돈 앞에서는 서로 총을 들이댈 수 있는 조직이라는 느낌을 받았다. 말로는 이슬람교라지만 알라가 아니라 총을 신봉하는 사람들처럼 보였다. 무력으로 제압해야겠다는 생각을 버릴 때까지 해적들에 대한 공포는 없었다. 단지 총에 대한 공포였다. 무력으로 제압하겠다는 생각을 포기하자 그제야 사람 대 사람, 총에 대한 공포를 느끼기 시작했다.

해적 조직의 구성에 대해서는 어떻게 느꼈나요?

해적두목은 개인적인 사병을 거느리고 옆에 영어 통역사와 사무 담당자를 두고 있었다. 납치 담당에서 선원 감시 담당까지 조직해서 움직이는 것을 보니 납치를 한두 번 해본 조직이 아니라는 생각이 들었다. 두목 아래 모든 조직이 일사불란하게 움직이는 것 같았다. 그렇지만 탄탄한 조직처럼 보이지는 않았다. 본질적으로 돈 때문에 움직이는 집단처럼 보였다. 단지 선박 나포에는 경험이 많은 것 같은 느낌이 강하게 들었다. 목숨을 내놓고 선박을 잡으려 한다는 생각이 들었다. 비상시를 대비해 인근의 작은 어선으로 보이도록 천막으로 총기를 감추고 간단한 어구를 실어서 위장을 하기도 했다.

항해사(김진국)와의 인터뷰에서

배 안에서 만난 해적들은 그간 막연하게 생각하고 있었던 해적의 실체와는 다른 것 같았다. 나만 그렇게 느낀 것이 아니었다. 선원들의 생각도 마찬가지였다. 선장은 3개월간 해적들의 근거지에 있었던 경험을 이렇게 말했다.

"두목 집에 삼 개월 있으면서 쭉 계속 지켜봤거든요. 자기네 나라 글씨도 몰라요. 단지 총 하나 들었다고 선원들 위협하고 그러죠. 총한테 우리가 못 이기니까 우리가 지고 있는 거지. 힘으로 애들한테 못 이기겠어요?"

갑자기 정체를 알 수 없는 괴한들에게 납치당해 눈앞에서 총부리가 왔다갔다하는 상황에 놓이고, 100일 동안 그런 환경을 버텨야 했다는 것은 평화로운 한국 땅에서 살고 있는 일반인들은 상상하기 힘든 경험이다. 항해사는 그 경험을 끔찍한 악몽과도 같았다고 말했다.

"나이 먹은 해적들은 총을 겨누는 것이 좀 덜한데, 어린 해적들은 총을 들고 진짜 살의를 느끼는 것 같았어요. 그런 충동 있잖아요. 해보고 싶은 게 있으면 툭하면 총 들이대고.

"마지막 목소리가 될까봐 차마 전화 못했어요"

선원들 모두 총에 대한 공포를 극심하게 느끼고 있었다. 그 공포는 해적들의 총에 맞아 죽은 두바이 유조선의 필리핀 선원을 알게 된 이후에는 더욱 심해졌다. 해적들은 총을 들고 선원들을 위협해서 배 안의 모든 물건을 약탈했다. 노트북, 옷, 칫솔까지 남은 것이 없을 정도였다. 보통 원양어선은 출항하기 전에 28개월 정도 사용할 물품을 싣고 떠나게 되는데 그것들을 모두 가져갔다고 했다. 선원들은 칫솔부터 속옷까지 쓸 수 있는 생필품은 모두 가져가버렸다고 나에게 호소했다.

특히 선박 서류나 개인적인 중요한 메모, 사진들이 저장되어 있는 노트북이 문제였다. 해적들은 협상이 잘 되면 모두 돌려줄 거라고 하는데, 선원들은 그동안의 해적들 행동으로 봐선 믿을 수 없다고도 했다.

노트북에 들어 있는 선박 서류를 보려고 하는데 이미 어디로 다 없애버렸더라고요. 사용할 줄도 모르면서 배 안에 있으니까 무조건 빼앗아간 거예요.

총 들이대며 내놓으라고 했어요?

총이죠. 못 봤어요? 아까 위에 올라가가지고 온 배가 지금 총이 돌아다니는데…… 그리고 걔들이 직접 들이대진 않아도 총 항상 갖고 있으니까. 그리고 우리가 그걸 안 주면 얘들이 싸워야 되고 싸우다 보면 결국은 총을 쏠 수밖에 없는 그런 문제가 생기죠. (중략) 한국 선원들이 이상한 짓을 하면 바로 쏘죠.

선장(최성식)과의 인터뷰에서

선원들의 총에 대한 공포는 내가 예상했던 것 이상이었다. 나도 막상 배 안에 올라가 그 상황을 접하고 보니 그 심정이 충분히 이해가 갔다. 100일 동안 그 공포를 어떻게 견뎠을까 하는 생각이 절로 들 정도였다.

한국 선원들의 고초도 문제였지만 외국 선원들의 상황은 더욱 심각했다. 해적들은 그나마 한국 선원을 우대해주는 편이었고 인도네시아, 중국, 베트남 선원은 더 괴롭혔다고 했다. 외국 선원 중에서도 같은 이슬람교를 믿는 인도네시아 선원들은 시달림을 덜 받았지만, 베트남 선원은 수시로 해적들로부터 구타와 폭행을 당했다. 한 베트남 선원은 돈 벌려고 먼 곳에 와서 이런 일을 당할 줄은 몰랐다며 그간의 고초를 토로했다.

떠나기 전에 배 안에는 9명의 인도네시아 선원이 타고 있었는데, 그들도 가족들이 자기들 때문에 슬퍼하거나 걱정하지 않았으면 좋겠다는 말을 했다. 그리고 떠나기 전에 9장의 편지를 가져와서 두바이에서 고향집으로 편지를 부쳐달라고 나에게 부탁했다. 그런데 나중에 선장의 허락 없이는 선원들의 편지를 부칠 수 없다고 해서 결국은 가지고 나오지 못했다. 그 일이 지금도 안타깝다. 인도네시아어로 적혀 있어서 무슨 내용인지는 알 수 없었지만 자신들을 걱정하는 가족들에게 100일 만에 처음 전하는 안부의 편지가 아니었을까.

통신실은 해적이 장악하고 있었다. 동원호 나포 당시 배를 에워싼 미군에게 혼쭐이 난 해적들은 혹시나 선원들이 미군에게 구조요청을 할까봐 통신시설을 장악하고 접근을 차단했다고 했다. 동원호 안의 위성전화는 거는 것만 가능하고 받는 것은 안 되는 상황이었다. 해적들이 위성전화를 잘못 다루는 바람에 고장이 나서 전화를 받을 수 없게 된 것이었다. 그래서 선원들 모두 한국에 있는 가족들에게 소식을 전할 수 있는 상황이 아니었다고 했다. 항해사 김진국 씨 같은 경우는 일부러 연락을 하지 않았다고 했다.

"저한테 결혼을 약속한 여자가 있습니다. 그런데 내가 전화를 했다가 그게 만약 마지막 목소리가 된다면, 그 사람한테 얼마나 큰 상처가 되겠습니까. 여자란 게 그렇잖아요. 평생 그게 여운으로 남을까봐, 제 마지막 목소리가 여운이 남을까봐 차마 전화를 못 했어요."

선장 최성식 씨는 아이가 셋이나 됐다. 그 아이들에 대한 그리움을 이루 말할 수 없었을 것이다. 해적들이 물건을 약탈해가면서 선장의 결혼반지까지 빼앗아가려고 하자 그는 기관실에 반지를 감추어두었다고 한다. 그는 나에게 계기판 문 안쪽에 박스 테입으로 몰래 숨겨놓은 반지를 보여주었다. 비싸지 않은 단순한 금반지였지만 그 안에 담긴 결혼의 서약을 지키고 싶어한 그의 마음이 느껴졌다.

"해 뜨는 저쪽에 한국과 중국이 있지 않겠어요"

그렇게 선원들의 사연들을 들으며 촬영을 하다 보니 금세 밤이 되었다. 수평선도 지평선도 보이지 않는 컴컴한 바다 위에서 마치 길을 잃은 듯한 느낌마저 들었다.

2박 3일이 지나면 나는 다시 모가디슈로 돌아가야 했다. 이곳까지 온 것도 제정신이 아닌 상태에서 저지른 일 같았지만 돌아가야 할 일도 걱정이었다. 막막했다. 그런 나를 보고 D가 다가왔다. 나는 솔직히 돌아갈 일이 걱정이라고 말했다. 그러자 D가 이렇게 말했다.

"난 여기서 정말 많은 사람을 만났지만 너 같은 사람은 처음이야. 널 처음 봤을 때 지금까지 봐왔던 어떤 사람보다 약해 보였어. 게다가 여자 혼자 이런 곳에 올 생각을 했다는 것도 정말 놀라웠고. 그런데 너는 그 연약한 여자의 몸으로 유엔기를 준비하고 소말리아의 최고 권력자인 셰이크 하산의 마음을 얻었어. 그걸 바로 곁에서 보면서 난 네가 마음먹은 일을 해내고, 무사히 집에 돌아갈 수 있을 거라는 확신을 가지게 됐어."

다른 이들에게는 몰라도 D에게만큼은 나는 영웅이었다. 그래서 그는 항상 나를 도와주었고 나를 100퍼센트 믿는 친구였다. D는 나를 위로하며 한국인을 납치한 소말리아에 대한 미안함을 전했다.

"난 너와 단순히 일을 하는 것이 아니야. 한국인을 납치한 소말리아에 대한 부끄러움 때문에 너와 함께 여기까지 온 거야. 알라가 너를 도와주라고 나를 보낸 게 분명해."

어두운 갑판 위에서 그는 나에게 신뢰로 가득한 눈빛을 보냈다. 그 강렬한 눈빛은 마치 나에게 '나를 믿어'라고 말하는 것 같았다.

나는 다시 한번 그와 만난 것이 행운이라고 생각했다. 나는 소말리아에 해적들 같은 나쁜 사람들뿐만 아니라 D와 같은 아름다운 사람들도 있다는 사실을 알게 되어서 다행이라는 생각을 하면서 잠을 자기 위해 선실로 내려왔다.

그런데 웬일인지 선원들이 자지 않고 선실 안에 다 모여 있었다. 선원들 모두 아직도 할 얘기가 많은 것 같았다. 기관장이 나에게 배고프지 않으냐고 묻더니 어디선가 냉동만두를 꺼냈다. 해적들 몰래 숨겨두었던 마지막 냉동만두라고 했다. 그 순간 내일 나는 돌아갈지도 모르지만 그들은 여기 남아야 한다는 사실이 절실하게 느껴졌다. 나는 모락모락 김이 올라오는 만두를 하나 집어 들었다. 그러나 이

것이 마지막 만두라고 생각하니 목에 걸려서 차마 먹을 수가 없었다. 결국 나는 촬영하는 척하면서 젓가락을 슬그머니 내려놓았다.

그날 밤 나는 밤새도록 선원들과 인터뷰를 했다. 인터뷰를 마치고 보니 벌써 새벽 3시였다. 선원들이 하나둘 각자 잠자리로 돌아가고 나는 해 뜨는 장면을 찍기 위해 조리사 이기만 씨에게 아침에 깨워 달라고 부탁했다. 잠자리에 누웠지만 쉽게 잠이 오지 않았다. 이제 남은 시간이 얼마 없었다. 이런저런 생각에 머리가 복잡했다.

나는 잠자는 것을 포기하고 일어나서 브리지에 올라갔다. 조타석에 항해사가 앉아 있었다. 그 옆에서는 해적들이 둥그렇게 앉아서 마약풀을 씹으며 담배를 피워대고 있었다. 마약풀을 꽤 씹었는지 눈이 풀려 있었고 어떤 해적은 손을 덜덜 떨었다. 마치 술에 취해서 주정을 하는 것 같은 분위기였다. 만약 마약에 취해 그 중 누군가가 총질이라도 하게 되면 배의 안전이 위협받을 수도 있는 상황이었다. 오발사고가 걱정됐다.

그런데 오발사고는 안 나요?

사고는 안 나도 저도 여기 있을 때 저기서 뻥뻥 할 때는 놀랬죠. 철컥철컥 하더니 뻥 하는데, 이야 …… 가끔 오발은 납니다. (중략) 우리가 총 맞을 가능성이라고 하면, 첫째가 두목 명령으로 총을 쏘는 거고, 그 다음은 쟤들하고 우리하고 서로 서로 충돌 생겨 가지고 (싸우는 경우), 셋째가 쟤들은 장난할 때도 총기 들고 장난하니까 잘못 땅기면 날아오니까 그럴 위험도 있고. 우리 총 맞을 가능성은 그거 세 가지라고 이제 얘기합니다.

항해사(김진국)와의 인터뷰에서

　항해사 말대로 비극적인 사고가 언제든 일어날 수 있는 상황이었다. 나는 걱정이 되서 항해사에게 해적들이 밤마다 저렇게 마약풀을 씹느냐며 무섭지 않으냐고 물었다. 항해사는 무섭지 않다고 하면 거짓말이겠지만 지금 이 상황에 우리가 어쩌겠냐며 말을 줄였다. 그러더니 긴 한숨을 내쉬면서 먼바다로 시선을 돌렸다. 할 말은 많지만 말해봤자 무슨 소용이 있겠느냐는 표정이었다.
　그렇게 한숨도 자지 못하고 하루가 흘렀다. 그러나 피곤하지도, 잠이 몰려오지도 않았다. 나에게 주어진 시간이 얼마 없다는 생각은 나의 정신을 오히려 맑게 했다. 인간의 정신의 위대함을 다시 한번 느끼게 된 순간이었다.
　동틀 무렵이 되자 나는 갑판 위로 올라가 해가 뜨는 광경을 지켜보았다. 내 옆에 있던 중국 선원 한 명이 해 뜨는 모습을 보며 중얼거렸다.
　"해 뜨는 저쪽에 한국과 중국이 있지 않겠어요."
　한탄 같기고 하고 혼잣말 같기도 한 처연한 말투였다.
　그날이 동원호가 나포된 지 101째 되는 날이었으니, 그는 그동안 100번의 해돋이를 보았을 것이다. 그렇게 100번의 해가 뜨는 것을 보면서 그 순감마다 얼마나 동쪽 땅을 그리워했을까.

이곳이 바로 정글이다

선원들은 아침 일찍부터 일어나서 밥을 먹었다. 기관장이나 항해사도 분주한 움직임을 보였다. 간밤에 마약풀을 씹던 해적들은 배 구석에서 담요를 덮고 잠에 취해 있었다. 그러다가 그 중 한 해적이 갑자기 무리에서 튀어나오더니 바다에 대고 마구 토하기 시작했다. 전날 마약풀을 너무 많이 씹은 탓이었다.

소말리아는 이슬람 국가이기 때문에 율법에 따라 술을 마시는 것이 금지되어 있다. 그래서 우리가 취하고 싶을 때 술을 찾듯 해적들은 마약풀을 찾았다. 이곳에서는 마약풀이 술 같은 역할을 하는 셈이었다. D는 무기력하고 범죄에 젖어 사는 조국의 모습에 대해 "이곳은 전 국민이 범죄자의 인생을 사는 나라야"라고 자조하기도 했다.

매일 마약풀을 씹고 그것을 사기 위해 죄도 없는 선원들을 납치하는 해적들에 대해서 나는 분노가 치밀었다. 해적두목 집에서 본 『정글의 법칙』이라는 책이 떠오르면서, '이곳이 바로 정글이다'라는 생각이 들었다. 겨우 하루 여기 있었던 나도 이렇게 분노가 치미는데 이런 모습을 매일 보는 선원들은 어떻게 그 분노를 삭이면서 100일을 견뎌왔을까.

선실에 내려오니 비디오테이프들이 있었다. 원양어선을 타다 보면 적적하니 선원들을 위해 가족들이 녹화해준 테이프들이었다. 월드컵을 녹화한 테이프가 있어서 살펴봤더니 2006년이 아니라 2002년 월드컵 경기 장면이 담긴 테이프였다. 선원들은 그 오래된 테이프를 보면서 한국에 대한 생각을 하고 있었다. 어느 배에는 〈전원일기〉가 처음 방송 나갈 때의 테이프도 있다는 말까지 했다. 내가 모르던 원양어선 생활의 한 단면이었다.

내가 기억을 더듬어 월드컵 경기 결과를 알려주자 선원들은 나를 둘러싸고 간만에 듣는 조국의 소식에 반가워했다. 이럴 줄 알았으면 한국의 소식을 잘 알아가지고 와서 들려줄 걸 그랬다는 후회가 들 정도였다. 나는 "이제 곧 풀려날 텐데 인터넷으로 검색해서 보세요"라며 그들을 위로했다. 항해사가 나의 말에 맞장구를 쳤다. "이렇게 한국에서 손님도 오시고 조짐이 좋은 것 같습니다."

그때 해적 한 명이 들어오더니 선원들에게 손짓을 해가며 무언가를 달라고 했다. 해적의 몸짓을 주시하던 기관사와 기관장은 무슨 말인지 알아듣지 못하고 서로 불안한 눈빛을 주고받았다. 잠시 후 해적을 따라 나갔던 기관사가 돌아와서 공책을 달라고 한 것이었다며 안도의 한숨을 내쉬었다. 아마 해적들이 뭔가를 달라고 했을 때 빨리 주지 않으면 선원들을 폭행했던 모양이었다. 내가 평소 해적들이 위협뿐만이 아니라 폭력도 행사했느냐고 물었더니, 기관사는 우리 선원들이 셀 수도 없이 그런 일을 당했다고 말했다. 기관장이 격앙된 말투로 해적들에게 당했던 일을 말해주었다.

"구타당하고 총으로 위협하고 돈 내놓으라고. 우리 기관사랑 저도 많이 당했어요. 백 일 동안 인간 대우 못 받고 인간 이하의 취급을 당했습니다."

선원들의 해적에 대한 분노는 대단했다. 곁에서 같이 지켜보니 그들의 심정이 이해가 갔다.

당시 동원호를 나포했던 자들은 국제적으로 악명이 드높은 해적들이었다. 그들은 소말리아로 원조 식량을 실어온 유엔의 배까지 납치했다 4개월 뒤에 풀어주었다고 했다. 그들이 납치했던 배는 유엔의 원조선으로 소말리아로 오는 식량을 실은 배였다. 동원호와 함께 나포된 두바이 유조선은 두바이에서 모가디슈로 기름을 운송하는 배였다. 해적들은 근거도 없이 정말 말도 안 되는 이유를 가져다붙여서 마구잡이로 배들을 납치했던 것이다.

해적들은 100일의 억류기간 동안 계속 선원들에게 폭력을 행사했다. 총부리 들이대고 했으니 공포뿐만 아니라 분노가 일만도 한 상황이었다. 그러나 해적들이 총을 가지고 있기 때문에 섣불리 덤빌 수 없었다. 선원들은 누군가가 덤빌 경우 희생이 따를 수밖에 없기 때문에 분노를 누르고 있었다고 했다. 물론 간간이 반란 모의는 있었다고 한다. 그러나 선장이 계속 해적 본거지에 끌려갔기 때문에 반란이 성공한다고 해도 일부 선원은 희생될 수밖에 없는 상황이었다.

그러다가 내가 취재를 들어오면서 모든 선원이 한자리에 모이게 된 것이었다. 오후부터 왠지 배 안의 분위기가 뒤숭숭해졌다. 해적들의 경계가 조금 느슨해지면서, 선원들은 지금이 기회라고 생각하는 듯했다.

기관장은 반란을 시도하려고 했던 것이 이번이 처음은 아니라고 말했다.

처음에 나포되고 며칠 동안 안 무서웠어요?
무서운 것보다 그땐 적개심이었지요. 죽여야 된다고 생각했으니까.

여기에 계속 칼 꽂고 다녔거든요. 여차하면 찌르고 총 뺏으려고. 결국 그러지는 못했는데, 저도 뭐 군대생활도 하고 했으니까 총도 쏴봤고. 이런 총은 안 쏴봤지만. 그런 경험이 어느 정도 자신감은 주데요.

기관장(황상기)과의 인터뷰에서

기관장은 나를 기관실로 데리고 갔다. 그는 기관실 파이프 안에 숨겨놓은 칼을 보여주었다. 혹시라도 일을 치르게 되면 사용하려고 숨겨둔 것이라고 했다.

백 일 되는 동안 저놈들 죽이지 않는다는 생각 안 한 적이 하루도 없었습니다. 그래서 칼도 갈아놓고. 있는 칼 아까 보셨다시피 날렵하게. 그리고 또 자루도 길게 해서 만들어 놓은 것이 있고. 로켓이라든가 독성이 있는 약품을 가지고 펌프로 쏴서 눈이나 얼굴에 맞게 해가지고 애들 좀 그러고 나서 치고 올라가는 그런 것도 생각해보고. 제가 아까 실탄 보신 그 몇 개 가져온 거 있지 않습니까. 그것을 해가지고 총을 만들어볼까 생각도 했습니다. 회사 돈 입금되기만 하면 저놈들 죽이러 나가고 싶습니다. 제가 죽는다 하더라도 제가 죽는 것보다도 저놈들만 죽일 수 있으면 저는 지금도 합니다. (중략) 제일 참을 수 없는 것은 저희 가족들이 지금 어떻게 생활하고 있느냐 그거죠. 저만이 아니고 우리 선원들 가족들. 그것 생각하면 진짜 용서할 수가 없죠.

기관장(황상기)과의 인터뷰에서

인터뷰를 하는 기관장에게서 깊은 분노와 살의가 느껴졌다. 항해사는 해적들이 먹는 음식에 몰래 타서 재운 후 죽이려고 수면제까지 준비했었다고 한다. 100일 동안 그 상황에서 벗어날 수 있는 별별 수단을 다 강구했던 것이다. 100일이 선원들에게는 100년에 가까운 시간이었겠구나, 라는 생각이 들었다. 처음 배에 올라탔을 때도 선장이 나에게 총을 가져왔느냐고 물었다. 선장은 내가 무장 해제 상태로 왔다고 하자 매우 안타까워하기도 했다. 시간이 지나면서 선원들의 상태를 보니 그러고도 남을 만한 상황이었다.

선원들에게 반란을 준비하게 된 계기를 물어보니, 미국 군함 얘기를 했다. 미국 군함이 해적을 뒤쫓다가 동원호를 포기하고 떠나버린 것이 큰 충격이자 계기가 됐다는 것이었다. 미국 군함이 떠난 후 선원들은 '이제 우리를 구해줄 사람이 없구나. 스스로 살 길을 찾아야겠구나' 라는 생각을 했다고 했다.

처음 반란 계획을 세울 때는 중국 선원들도 적극 협력했다고 한다. 그러다가 김홍길 씨가 해적들에게 발각되어서 브리지에 묶이기까지 했다고 한다. 그 후에는 선장과 기관사 등이 해적의 본거지로 번갈아가면서 끌려가는 바람에 반란을 모의할 수 없었다고 했다.

해적들이 선장을 자신들의 마을로 끌고 간 것은 반란을 무마하려는 생각도 있었지만, 미군이 두려웠기 때문인 것도 같았다. 당시 해적은 자동 연발식 캘리버50 두 정과 개인 총기(AK-50)만 가지고 있었다. 그런 상황에 루즈벨트 급 구축함에 헬기까지 떴으니 놀랄 만도 했을 것이다. 무기로는 미군을 이길 수 없자, 해적들은 고육지책으로 선원들을 인질로 잡고 미군을 따돌렸다고 했다.

나는 선원들의 생활을 촬영하면서 앞으로 식량이 얼마나 남아 있는지 물어보았다. 갑판장은 20일 정도 버틸 수 있다고 했다. 보통 출항하면 중간중간 다른 나라 항구에 도착해서 쌀, 야채 등 부식 조달을 받는데 지금은 그러지 못했기 때문이었다. 생필품을 빼앗기고 쌀까지 떨어져가는 상황이었다.

그러다 보니 시간이 지나면서 선원들을 더욱 불안해질 수밖에 없었다.

6장 탈출 기도, 목숨을 건 선택의 주사위는 던져졌다

"오늘 쟤네들 칩시다!"

김영미 그날 저녁, 저녁식사를 마치고 선장과 기관장이 기관실로 들어가더니 한참 동안 나오지 않았다. 나는 궁금해서 카메라를 들고 그곳으로 갔다. 선장과 기관장의 얼굴이 무슨 이유에서인지 상기되어 있었다. 내가 무슨 일이냐고 묻자 선장이 단호한 어투로 선언하듯 말했다.

"오늘 쟤네들 칩시다! 피디님 와서 해적들도 좀 느슨해진 것 같고 선원들이 이렇게 다 모이기도 힘드니, 오늘밤이 절호의 기회인 것 같습니다."

그러면서 선장은 나더러 위에 올라가서 해적 한 놈을 찍는 척해서 끌고 내려오라고 했다.

선장의 얘기를 듣는 순간, 정말로 머릿속이 아득해졌다. 취재진이 직접 반란에 개입을 해야 하는 상황이 왔다는 느낌에 혼란스러웠다. 손이 너무 떨려서 일단 카메라를 껐다. 진심인 건지, 결심이 선 건지 정확한 사태를 파악해야겠다고 생각했다. 내가 맨 정신으로 정말 사람을 죽일 자신이 있냐고 묻자 선장은 단호하게 답했다.

"왜 못 죽입니까? 저 놈들을!"

그렇게 말하는 선장의 눈에서는 불꽃이 튀는 것 같았다. 항해사는 선장보다 좀더 냉정했다.

"일단 해적들의 상태를 파악해보죠. 어디에 있고 지금 반란이 가능한지 알아봅시다."

머릿속에서 별별 생각이 다 스쳐지나갔다.

'과연 작전이 성공할 수 있을까, 살아서 여길 나갈 수 있을까.'

나는 만약 한국 선원들의 살 길이 이 길밖에 없다면 나도 동참을 할 수밖에 없다고 생각했다. 그래서 결심을 굳혔다.

나는 한 가지 조건을 내걸었다. 모든 선원이 다 동의를 해야 한다고, 만약 전 선원이 동의한다면 나도 동참하겠다고 했다. 만약 1명이라도 거부한다면 희생이 따르기 때문에 성공하기 힘들다고 판단했기 때문이었다. 나는 나의 결심을 선장에게 전했다.

"먼저 선원 전체의 동의를 구하도록 하죠. 여러분이 모두 동의한다면 저도 그 결정에 따를게요."

선장은 내 말을 듣더니 갑자기 여권을 들고 왔느냐고 물었다. 나는 만약을 대비해서 가져왔지만 D가 문제였다. 그러나 작전에 성공해서 이 배가 다른 나라로 가더라도 특수상황이기 때문에 방법이 있을 거라고 생각했다. 그래서 선장에게 내가 한다고 하면 D도 따라올 것이라고 말했다. 육지에서 대기하고 있는 보디가드들도 상황 파악을 하고 그들 나름대로 조치를 취할 것이라고 생각했다. 우리 쪽이 문제가 아니었다. 선원들의 결정과 그들의 안전이 우선이었다. 무엇보다 선원들의 의사가 중요했고, 작전을 개시하더라도 전체 선원의 동의를 구해야 했다.

그렇게 25명의 목숨을 건 선택의 주사위가 던져졌다.

잠시 후 선원들이 모이고 회의가 시작되었다. 회의는 1시간가량 진행되었다. 나는 그 모습을 지켜보다가 갑판 위로 올라갔다. 낮에 봤을 때 선체와 수면이 접하는 분계선이 조개와 해조류가 잔뜩 깔려 있던 것이 기억났다. 과연 배가 얼마나 빨리 달릴 수 있을지 걱정스러웠다. 모터보트를 가진 해적이 배를 추격하고 다시 배가 나포된다면 바로 총격전이 벌어질 것이 자명했다. 게다가 그 과정에서 나와 동원호 선원들에게 무슨 일이라도 생긴다면, 나를 따라왔던 셰이크 하산의 전사들도 가만히 있지 않을 것이다. 큰 싸움이 벌어질지도 모른다고 생각했다. 나는 이 사태에 어쩌면 엄청난 희생이 따를지도 모른다는 불길한 예감이 들었다.

행동대장을 비롯한 해적의 핵심인물들은 총을 메고 날카로운 눈초리로 바다를 바라보고 있었다. 게다가 동원호와 함께 납치된 두바이 유조선도 아직 근처에 있었다. 거기에도 분명히 해적들이 있을 것이다. 이런 사태는 나도 이번에 처음이었지만, 여러 가지 정황상 과연 승산이 있는 일일까라는 의구심을 떨쳐버리기 쉽지 않았다.

내려와서 보니 아직도 선원들은 반란에 대한 결정을 내리지 못하고 둘로 나뉘어 싸우고 있었다. 항해사는 신중한 입장이었고, 선장과 기관장은 무조건 싸우자고 밀어붙였다. 나는 말없이 조용히 선원들의 얘기를 듣고 있는 갑판장에게 어떻게 할 거냐고 물었다. 갑판장은 갑자기 정색을 하더니 소리를 높였다.

"난 저 새끼를 죽여서 껍질을 벗기고 싶은 사람입니다!"

그제야 '이게 실제상황이구나'라는 느낌이 확 오면서 어떤 식으로든 한번 결정이 되면 상황을 되돌릴 수 없겠다는 생각이 들었다. 나는 마지막 다짐처럼 항해사에게 말했다.

"전 저널리스트고, 사실은 이 상황에 개입할 수 없는 사람이예요. 지금은 같은 나라 국민이고 목숨이 걸린 문제라서 선원들의 의지를 존중하고 있는 거예요. 하지만 어떤 경우에도 저널리스트가 그렇게 해서는 안 되는 것 또한 사실입니다. 저를 좀 이해해주세요. 물론 지금 선원들과 선장님의 의견이 하나로 모아진다면, 제 희생이 따르더라도 그 결정을 따를 거예요."

항해사는 아무 말도 하지 못했다.

우리는 당시에 상당히 지쳐 있었지만 알 수 없는 분노와 격한 살의를 느끼고 있었다. 그런 와중에 김영미 피디가 왔다. 개인적으로 반란에 상당히 반대를 했다. 선장이 해적두목 집에서 오래 있었기 때문에 선박의 분위기도 모르고 왠지 믿음이 가지 않았다. 선장과 기관장은 계속 해적을 치자고 주장했다. 기관실에 끼어들어서 이 상황에서 해적과 싸우면 배를 포기하든가, 다 죽을 수도 있다며 만류를 했다. 옆에 있던 김영미 피디가 "여러분들은 사람을 죽여본 사람들이 아닙니다"라고 말하면서 사람을 죽이고 난 후에 뒷수습을 어떻게 할 거냐며 우리를 설득했다. 작전 내용 중에 하나가 선박에 들어와 있던 리더격을 식당으로 유인해서 권총을 빼앗자는 거였다. 나는 권총이 발사가 안 되면 어떻게 하느냐며 계속 반대했다. 김영미 피디가 "전 선원이 원한다면 저도 합세를 할게요"라고 말했다. 기관장과 나는 김영미 피디가 끼는 것을 반대했다. 그런데 사실 우리가 일을 치르게 되면 어차피 우리와 같이 죽어야 하는 상황이었다. 체격은 작지만 당찬 여자라고 생각했다. 여기까지 찾아와줘서 정말 고마웠고 짧은 시간이었지만 믿음이 가고 개인적으로 많이 의지하기도 했다. 김영미 피디도 성공을 해서 선원들과 함께 포트루이스로 같이 입항했으면 좋겠다고 했다.

항해사(김진국)와의 인터뷰에서

난상토론이 계속 이어졌다. 통신장이 조타석에 앉아서 근무하고 있었다. 나는 위로 올라가서 그에게 반란에 대한 생각을 물었다.

결정이 어떻게 났어요?

나는 안 하기로 했습니다. 나가서 기자님 도와주고 하면 (우리 사정이) 전달 안 되겠습니까. 지금 앞으로 보장이 없잖아요. 솔직히 오늘 만약에 못 하면 다음에 기회가 다음에 한국 사람들도 기회를 지금 잡아야. 아, 모르겠어요.

개인적인 생각은 어떠신데요?

나도 지금은 뭐 보장이 안 된다 하면 지금은 나가고 싶은데, 해적 다섯 명 중에 한 명이 파악이 안 되고, 네 명을 가져다가 우리가 충동적으로 움직인다 해도 삼십 퍼센트 정도의 확률이. 사살될 확률이요. 나는. 지금 해적 한두 명 정도면 충분한데 네 명 이상이 돼버리니까. 그런 일을 한다 해도 단시간에 끝나겠어요, 이게. 총을. 쥐고 있는지. 자고 있으면서도 총을 쥐고 자는데. 아무래도 (해적들의 동태가) 파악이 안 되잖아요. 총기 저거 만져본 적 없으시잖아요. 저걸 뺏는다 한들 (우리가 쓸 줄도 모르고) 그러니까 죽기를 시도해도. 쟤들보단 우리가 너무 내 생각으로 너무 무모한 생각 가지고 이리 죽으나 저리 죽으나 똑같고 지금이라도 이 좋은 기회를 놔두고 (그냥 지나갈 수도 있고). 뭐 하나에서 열까지 완전 불리한 상황이야. 뭐 힘들죠. 지금 선장 이야기 하고 있는데 작전을. 어떻게 뭐 (가능성이) 오십 대 오십. 생명을 보장 못 해요.

통신장(전종원)과의 인터뷰에서

통신장은 회의적이었다. 언제 사건이 일어날지 모르는 일촉즉발의 상황이었다. 배 전체에 전운이 느껴졌다. 너무도 고요한 가운데 배의 엔진 소리만 들려왔다.

잠시 후 선장이 나를 선실로 데려가더니 은밀히 말했다.

"방법이 없지 않습니까? 오늘밤이 기회고 오늘이 지나면 우리는 다시 기약을 할 수 없는데. 어쩔 수 없어요."

선장은 회사에서 돈을 해적에게 준다고 해도 우리를 빨리 풀어줄지 확신할 수 없다고 했다. 두바이 유조선도 돈을 준 지 꽤 오래됐는데 아직 풀려나지 못하고 있다는 것이었다. 두바이에서 하라데레까지 현찰로 가져와야 하는 상황인데 아직 돈이 도착하지 않아 풀려나지 못하고 있다고 했다. 선장은 그러면서 말을 이었다.

"김 피디님, 돈 현찰로 들고 오실 수 있습니까?"

목숨을 건 약속, "돈 구해서 꼭 돌아올게요"

정말 전혀 생각치도 못한 상황이었다.

나는 선장의 말을 듣고 너무 당황스러워서 한동안 뭐라고 대꾸조차 할 수 없었다. 그러면서도 한편으로 얼마나 절박하면 나에게 이런 부탁을 다 하나 싶었다.

나는 일단 들고 와야 하는 돈이 얼마 정도냐고 물었다. 선장은 80만 달러 정도라고 말했다.

'80만 달러······.'

눈앞이 아득했다. 무장 강도떼가 수시로 출몰하는 소말리아에서 현찰 80만 달러를 들고 다닌다는 것은 죽기로 작정한 것과 다름이 없는 일이었다. 한마디로 죽기로 작정하지 않으면 불가능한 일이었다.

힘들지만 못 하겠다는 말을 해야만 했다. 그러나 차마 입이 떨어지지 않았다. 그래도 그들에게 헛된 희망을 줄 수는 없는 일이었다. 떨어지는 않는 입을 겨우 열고, 못 할 것 같다고, 미안하다고 말했다. 그렇게 말해야만 하는 상황이 너무 너무 괴롭고, 정말 미칠 것만 같았다.

고민 끝에 나는 D에게 가서 조언을 구했다. D는 사정을 듣더니 "넌 한국 사람이잖아. 그렇다면 한국인을 살릴 수 있는 모든 방법을 강구해봐야 되지 않겠어?"라고 말했다. 그는 모가디슈에서 하라데레까지 비행기를 빌려서 돈을 들고 오면 된다며, 배가 떠나는 것을 보고 해적들에게 돈을 주면 되지 않겠느냐고 했다.

사실 D는 아직 반란에 대해서는 모르는 상황이었다. 말을 해야 하나 말아야 하나 고민을 하다 D에게 물었다.

"D, 나를 믿어?"

D는 나를 똑바로 바라보며 대답했다.

"물론 너를 믿어."

그의 눈빛이 나에 대한 신뢰를 말해주고 있었다.

나는 그에게 솔직하게 선원들의 반란 모의에 대해서 이야기해주었다. 안 좋은 일이 일어날지도 모르며, 네가 위험에 처할 수도 있다고. D는 내 말을 듣고도 나에 대한 굳은 신뢰를 표현해주었다.

"만약 싸우게 되는 상황이 발생하게 되면, 그때 나는 당연히 네 편이 되어 싸울 거야."

그러면서 D는 싸우는 것보다는 선장의 말대로 돈을 가지고 다시 여기로 오는 것이 더 나은 방법일 거라고 충고했다.

나는 다시 선원들이 모여 있는 식당으로 갔다. 항해사가 나에게 당장 걱정되는 게 기관실 문제라고 말했다. 장기간 배를 수리를 못 해서 기관 사고가 날 수도 있다는 것이었다.

지금 제가 제일 걱정 되는 게 기관실 문제에요. 작업 도중에도 기관 사고가 날 수 있거든요. 그런데 쟤들은 그걸 이해를 못 하는 거예요. (중략) 동원호가 한국에서 출항한지 벌써 칠 개월이 넘었어요. 중간중간 이걸 수리도 해주고 손도 봐주고 해야 하는데. 일단은 인명피해가 없어서 그런지 계속 협상도 늦어지고 있고. 하여튼 제 생각은 그래요. 기관실 문제도 제일 큰 문제고.

항해사(김진국)와의 인터뷰에서

시간이 하루하루 지날수록 여러 가지가 문제였다. 식량은 떨어져가고 배도 점검이 제대로 안 된 상태라서 잘못하면 기관 사고가 날 위험도 있었다. 게다가 선원들의 인내심도 바닥이 나 있는 상태였다. 정말 '하루라도 빨리 풀려나지 않으면 무슨 일이 일어날지 모르겠다'라는 생각이 들 정도였다.

협상기간이 길어지면서 해적들과 선원들 사이에 무력충돌이 벌어질 수 있는 위험 또한 계속 높아져가고 있었다.

기관장이 자진해서 육지로 나가고 기관사와 실습 기관사가 교대로 당직을 서고 있었어요. 그런데 오후 네시경에 발전기 멈췄어요. 발전기는 배에 전기를 공급하는 기계이기 때문에 엔진보다도 중요한 기계거든요. 실내등까지 다 나가니까 해적 두 놈이 들어와서 전등을 가리키면서 너 이제 죽었다는 식으로 욕을 해댔더라고요. "제너레이터 트러블"이라고 설명을 해줬지만 알아듣지도 못하고. 그래서 나는 모르니까 기관실로 가보라고 했어요. 해적들이 기관실로 들어갔고 곧 발전기가 고쳐졌어요. 그런데 새벽 세네시경에 다시 발전기가 멈춘 거예요. (그걸 고치려고) 기관사와 실습 기관사가 손을 보고 있으니까 (해적들이) 일부러 고장냈다고 오해를 하고선 실습 기관사를 묶었어요. 그리고 기관사를 총으로 위협하면서 나무 막대로 어깨며 등짝을 때렸어요. 그때 기관사가 정말 큰 충격을 받았죠.
항해사(김진국)와의 인터뷰에서

선원들이 식당에 모두 모여 있었다. 그 모습을 보고 결심을 했다. 나는 선원들에게 간곡하게 부탁했다.

"돈을 가지고 올 테니 싸움은 포기하세요. 제 목숨이 아까워서 그런 게 아니라 분명히 희생이 따를 겁니다. 여기서 한 명이라도 죽게 되면 한국에 있는 국민들이 얼마나 상심하겠어요. 회사가 돈을 주면 내가 어떻게든 돈을 운반해올게요."

나는 항해사에게 지금 남은 식량으로 얼마나 더 버틸 수 있느냐고 물었다. 항해사가 부식 중에 김치는 다 떨어지고 장아지 종류로만 버티고 있다고 말했다. 쌀은 20일 정도 버틸 수 있는 상황이었다. 해적두목이 떨어지면 실어준다고 했다지만 그 쌀이 먹을 수 있는 상태일지 의심스러웠다.

나는 선원들에게 "지금 쌀이 이십 일 치 남아 있다고 하니까, 반드시 그 안에 돈을 가지고 돌아올게요"라고 말했다. 무엇보다도 식량 상황이 걱정이었다. 내가 과연 돈을 구해서 20일 안에 돌아올 수 있을까, 선원들이 그때까지 잘 참고 버틸 수 있을까.

말을 마치고 선원들을 바라보았다. 다들 나를 믿는다는 눈빛으로 바라보고 있었다.

"김 피디님, 모금을 해서라도 꼭 다시 와주세요"

선원들 앞에서 일단 말은 그렇게 했지만 솔직히 아득했다. 회사가 나를 믿고 내게 돈을 맡기려고 할 것인지, 만약 회사에서 돈을 주지 않는다면 그 돈을 어떻게 마련할 것인지 아무런 대책도 없었다. 게다가 돈을 구한다고 해도 이 길을 다시 와야 하는데, 그걸 생각하니 정말 말 그대로 눈앞이 캄캄했다. 그러나 다른 방법이 없었다. 소요사태가 나면 내가 죽는 것이 문제가 아니라 선원들에게도 피해가 클 것 같았다. 한국에서 선원들을 기다리는 가족들은 얼마나 마음이 아플까, 라는 생각도 들었다.

항해사는 나에게 간절하게 말했다.

"만약 회사가 돈을 주지 않으면 모금이라도 해서 꼭 다시 와주세요. 부탁입니다."

항해사의 그 말을 듣는 순간, 내가 어떻게 해서든 돈을 구해 와야 하는 운명이구나 싶었다. 나는 다시 한번 "무슨 수를 써서든 돈을 꼭 구해올게요"라고 말했다.

그제야 선원들은 안심해서 선실로 돌아갔다.

나날이 험악해지는 상황 속에서 김영미 피디가 왔다. 김영미 피디가 우리가 처한 상황을 알리게 되면 금방 풀려나리라고 생각했다. 한편으로는 안 될지도 모른다고 반신반의했다. 어쨌든 희망이 보일 것 같았다. (김영미 피디가) 가는 모습을 보려고 했는데 차마 그 뒷모습을 볼 수가 없었다. 우리의 많은 이야기를 가지고 가는 상황이니만큼 기대가 되면서 한편으로 허전함과 정신적 공황이 몰려왔다. (중략) (김영미 피디가) 돈을 가지고 올 거라고 믿었다. 믿어야 했고 믿을 수밖에 없는 상황이었다. 나는 만약 정부와 회사가 계속 미온적인 태도를 보인다면, 우리의 사정을 널리 알려서 국민의 모금이라도 해서라도 우리를 살려달라고 김영미 피디에게 부탁했다.

항해사(김진국)와의 인터뷰에서

잠자리로 돌아와 잠을 청했지만 도저히 잠이 오지 않았다. D를 불러 결정된 상황을 알려주었다. 너도 도와야한다고 말했더니 D가 걱정하지 말라며 네가 다시 오면, 최대한 안전한 길을 다시 한번 생각해보겠다고 했다. 그러면서 "경비행기도 빌릴 수 있고, 만약 육로로 온다면 셰이크 하산에게 부탁해서 병력을 더 많이 보강해서 올 수도 있을 거야"라며 나를 위로했다.

그러면서 D는 만일 회사에서 돈을 주지 않으면 그 큰돈을 어떻게 마련할 생각이냐고 물었다. 나는 "사람 목숨이 달린 일인데 어떻게 해서든 마련해야 하지 않겠어"라고 말했다.

그러나 사실 회사가 나에게 돈을 맡기지 않는다면, 돈을 구할 방법이 막막한 상태였다. 그 큰돈을 혼자 힘으로 어디서 구한단 말인가. 항해사 말대로 정말 모금이라도 해야 하는 건인지, 모금을 하더라도 한두 푼도 아닌 큰돈이 제때 모일는지, 도무지 해결책이 보이질 않았다. D는 일단 모가디슈에 가서 생각해보자며 "선원들이 진정한 것만도 다행이야. 정말 붙었으면 다 죽을 수도 있었어"라고 말했다. 정말 이 정도로 수습돼서 다행이라는 표정이었다.

나름대로 소말리아 전문가인 D가 그런 말을 하니, 그제야 우리가 하려던 일이 얼마나 위험한 일이었나 깨닫게 되었다. 내가 "위험한 걸 알면서 왜 안 말렸어"라고 묻자 D는 내가 너무 진실된 표정이어서 도저히 말릴 수가 없었다며, 자기는 그럴 자격이 없다고 말했다. 한국 사람들을 납치한 해적과 같은 소말리아 사람인 내가 어떻게 너희들을 말릴 수 있겠느냐는 거였다.

잠자리에 들었지만 어깨에 무거운 짐을 얹고 있는 것처럼 도무지 잠이 오지 않았다. 돈을 구할 일도 캄캄하고, 다시 올 일도 그렇고.

얼마 전까지만 해도 돌아갈 일이 고민이었는데, 그보다 더한 고민을 떠안게 됐으니 잠이 올 리가 만무했다.

그날 밤 나는 이런 저런 고민으로 결국 한잠도 자지 못했다.

살아서 나가는 사람과 언제 죽을지 모르는 사람

다시 아침이 되었다. 전날과 분위기가 너무나 달랐다. 선원들은 묵묵히 밥을 먹을 뿐 아무 말도 하지 않았다. 벌써 나와 헤어진다는 생각을 하는 것 같았다. 나는 그런 선원들의 모습에서 나는 떠나고 자신들은 다시 포로로 남는다는 생각을 읽을 수 있었다.

그때 밖에서 갑자기 모터보트 소리가 들렸다. 나를 데려가기 위해 해적들이 도착한 것이었다. 그 모터보트 소리가 어찌나 원망스러웠는지 모른다. 나는 조금이라도 촬영을 더 하기 위해 선원들 뒤를 쫓아다니고 있었다.

D가 지금 나가야 한다고 나를 채근했다. 내가 못 들은 척하고 촬영을 계속하자 이번에는 해적이 빨리 떠나야 한다며 나를 다그쳤다. 선원들이 내가 동원호에 도착했을 때 바닷물에 홀딱 젖었던 것을 기억하고 해적 몰래 숨겨두었던 우비를 주었다. 그 우비를 보니 이제 정말로 선원들과 헤어져야 한다는 생각에 눈물이 앞을 가렸다. 한 중국 선원은 나에게 모자를 주었다. 기관장도 숨겨놓았던 거라며 아주 깨끗한 노란색 티셔츠를 건넸다. 차마 어느 것도 받을 수가 없었다.

선원들이 모두 갑판에 나와 있었다. 나는 선원들을 보며 마지막으로 꼭 쌀 떨어지기 전까지 돌아올 테니 조금만 참고, 싸울 생각 말고 기다려달라고 호소했다. 선장도 나와 같이 보트를 타고 동원호를 나왔다.

보트에 타서 동원 628호를 올려다 보니 선원들이 뱃머리에서 나를 쳐다보며 손을 흔들고 있었다. 나는 살아서 나가는 사람, 자신들은 언제 죽을지 모르는 사람이라는 눈빛이었다.

인질로 남겨진 사람과 자유롭게 풀려나는 사람…….

이틀을 함께 한 우리는 그렇게 두 편으로 갈려서 헤어졌다.

2006년 7월 14일

오전 9시 소말리아 보트 2척 선박에 왔다. 기자 선생님이 육지로 가는 보트에 올랐다. 선생님은 아주 지친 모습. 보트에 오른 기자 선생님의 눈가에 눈물이 고였다. (중략) 소말리아 무장인 보트는 재촉하고 있었다. 선생님께서 나오시기에 나는 모자를 쓰고 가시라고. 선생님은 괜찮으시다. 오전 정각 9시. 여기자 선생님은 보트에 올랐다. 구명조끼 그의 지친 얼굴 모습, 정작 떠난다고 하니 너무 가슴이 아프다. 선생님은 보트에 올라 몸을 가누지 못했다. 하지만 촬영은 계속 하는 것이었다. 보트가 움직이기에 나는 손을 흔들어주었다. 사실 나는 마음속으로 울고 있었다. 생명의 위험 무릅 쓰고 우리 선박 찾아주신 선생님 너무 선생님이 너무 고마웠다. 나는 떠나는 모습을 더 보려고 포드 쪽으로 건너왔다. 보트가 멈추었다. 선생님은 계속 촬영하는 것이었다. 나는 오래도록 손을 흔들었다. 선생님께서도 손을 흔들고 계셨다.

나는 눈시울이 뜨거워졌다. 정말로 마음껏 울고 싶었다. 보트는 배 선미를 에돌아 스타포드로 나는 또 다시 스타포드로 왔다. 선생님의 지친 모습이 너무나 가슴 아프다. 나 어찌 도와줄 수 없는 것. 심장이 튀어나올 것만 같았다. 선생님, 당신은 정말로 위대한 분이십니다. 보트는 점점 멀어지고 나는 계속 손을 흔들어주었다. 선생님, 안전하게 몸 건강하게 가십시오. 우리를 하루빨리 구해주십시오. 진실로 사랑하는 연인을 떠나보낸들 이보다 더 가슴이 아플까. 선생님, 나는 언젠가 풀려나는 날로 선생님을 찾아뵙겠습니다. 나는 정말 울었다. 우리를 내버리고 간 선생님 마음도 아프겠지만 선생님을 떠나보내는 저의 마음 한없이 아프고 아프답니다. 선생님 언제쯤 우리를 구하러 오시겠습니다. 나의 인생 영원토록 잊을 수 없는 용감한 여기자 선생님 당신의 건강과 가족의 평화를 위하여 두 손 모아 하나님 아버지께 기도드립니다. 소말리아에서.

조선족 선원 김홍길의 일기에서

그렇게 나는 동원 628호를 떠나왔다. 보트가 배에서 멀어지며 동원호가 내 시야에서 점점 작아졌다. 바닷물과 섞여서 아무도 내가 울었는지 몰랐겠지만, 정말 내 눈에서는 눈물이 비오듯 쏟아졌다.

나는 보트를 타고 오는 내내 하나님에게 원망의 기도를 했다. 왜 나에게 이런 힘든 일을 겪게 하는지, 다시는 이런 슬픈 경험을 하고 싶지 않다고 수없이 외쳤다.

지금도 가끔씩 꿈속에 그 장면이 보인다. 꿈속에서 나는 바다 위에 떠 있고 배가 점점 나에게서 멀어져간다. 그런 악몽을 꾸게 되면 깨고 나서도 너무 괴롭다.

지금은 선원들이 석방이 됐지만 그 당시에는 선원들을 지옥에 놔두고 오는 것만 같았다. 나는 가슴이 찢어진다는 말이 어떤 뜻인지 그때야 알았다.

누군가는 피 한 방울 섞이지 않은 사람들을 두고 어떻게 그런 느낌을 받을 수 있을까 의아해할지도 모른다. 그러나 우리는 짧은 시간이지만 같은 공간에서 함께 고통을 나눴다. 언제 어떻게 될지도 모르는 사람들을 마지막으로 보는 그 느낌은 정말 가슴이 찢어진다는 말로도 표현할 수 없는 그런 고통이었다.

동원호에서의 이틀은 인생에 딱 한 번이면 족한 그런 경험이었다.

해적마을에서 1시간 반을 달려 동원호가 나포되어 있는 해안에 도착했다. 나는 카메라를 비닐로 싸고 구명조끼를 입은 후 보트에 올라탔다. 흔들리는 보트 위에서 눈을 질끈 감고 있다 떠보니, '제628 동원'이라는 글자가 바로 눈앞에 보였다. 사다리를 타고 배에 오르니 초췌하고 피곤한 모습으로 배 뒤쪽에 모여 있는 선원들이 보였다.

해적들은 탑 브리지에 안전대를 설치하고 그 위에 방어용 캘리버50, 대공총 등 각종 무기를 장착했다. 식료품 창고로 쓰이던 곳에는 해적들의 무기가 가득했고, 배 구석구석에는 나포 당시 해적들이 쏜 총 자국들이 마치 상흔처럼 남아 있었다.

해적 행동대장 그렉. 항해사 김진국 씨는 미군 군함이 동원호를 막아설 때 우연히 그의 왼쪽 어깨에 깊이 패인 총탄 자국을 보고 더더욱 탈출해야겠다는 결심을 했다고 했다.

기관실에서 앉아 있는 항해사 김진국 씨와 해적. 해적들은 항상 브리지에서 선원들의 일거수일투족을 감시했다.

통신장 전종원 씨가 해적들의 폭력 행위와 선원들이 당한 고초를 증언하고 있다. 전종원 씨는 뒤에 있는 해적이 자신을 폭행했다고 말했다.

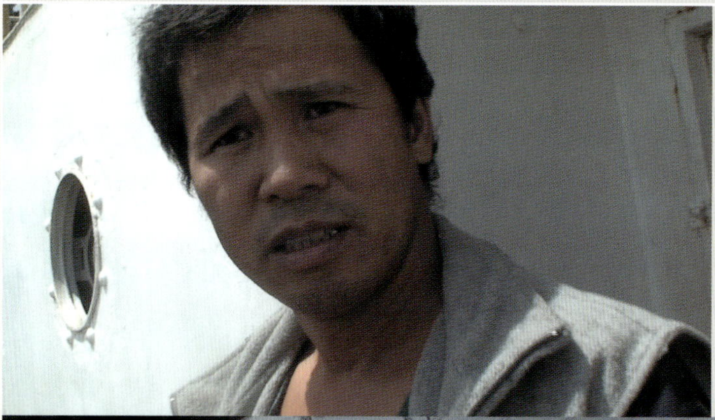

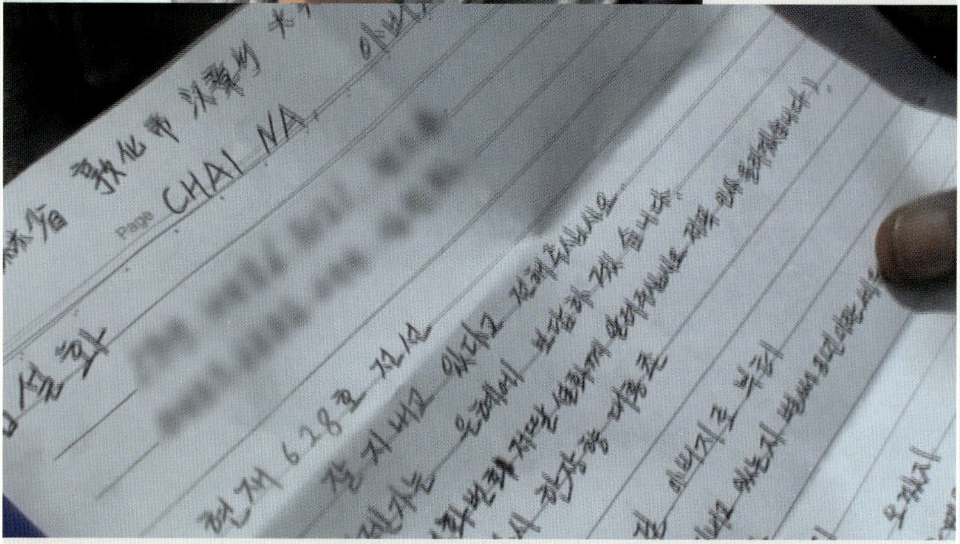

조선족 선원 김홍길 씨. 그는 가족들에게 무사히 잘 있다는 소식을 전하고 싶다며, 두 딸에게 보내는 편지를 나에게 부탁했다. 편지는 물에 젖지 않도록 수술용 장갑으로 싼 후 테이프로 칭칭 동여매져 있었다.

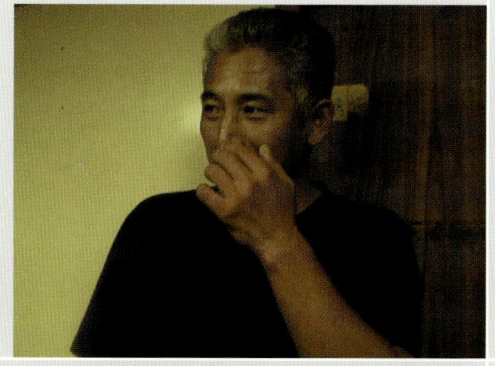

갑판장 위신환 씨. 그는 귀국 후 억류기간의 공포와 불면증으로 고통 받다가, 생계 문제로 치료도 다 마치지 못한 채 다시 배를 타고 남태평양으로 떠났다.

선원들이 그동안 모은 해적들의 탄피를 보여주고 있다. 해적들은 나포 직후부터 계속 이유도 없이 총부리를 겨누며 선원들을 위협했고, 억류기간이 길어지면서 점점 그 위협 정도가 심해졌다.(위)

선장 최성식 씨가 해적들 몰래 기관실 계기판 문 안쪽에 숨겨놓은 결혼반지를 보여주고 있다. 해적들은 옷, 이불, 생필품, 식량 등 배 안의 모든 것을 약탈해갔다.(가운데)

선원들의 침실. 해적들이 이불까지 전부 빼앗아가는 바람에 선원들은 밤마다 좁은 침상에서 잔뜩 웅크린 채 추위에 떨어야 했다.(아래)

해적들은 배 안에서 늘 엄청난 양의 마약풀을 씹어댔다. 그 때문에 선원들은 혹시 해적들이 혹시 마약에 취해 총을 난사하지는 않을까 극심한 공포에 시달렸다. 특히 근처에 있던 두바이 유조선 소속 필리핀 선원 1명을 해적이 총으로 쏴 죽였다는 소문을 듣고 나서부터는 더더욱 죽음의 공포에 떨었다.

10살 남짓한 어린아이까지 해적의 일원으로 활동했다. '뽀글이'라고 불리던 어린 해적은 심심하면 선원들을 때리고 묶는 등 나이 든 해적들 못지않게 악랄하게 선원들을 괴롭혔다. 어린 해적에게 당할 때마다 선원들은 모멸감에 시달려야 했다.

브리지에서 내려다 본 동원호의 모습. 오랜 억류기간의 흔적이 곳곳에 보인다.

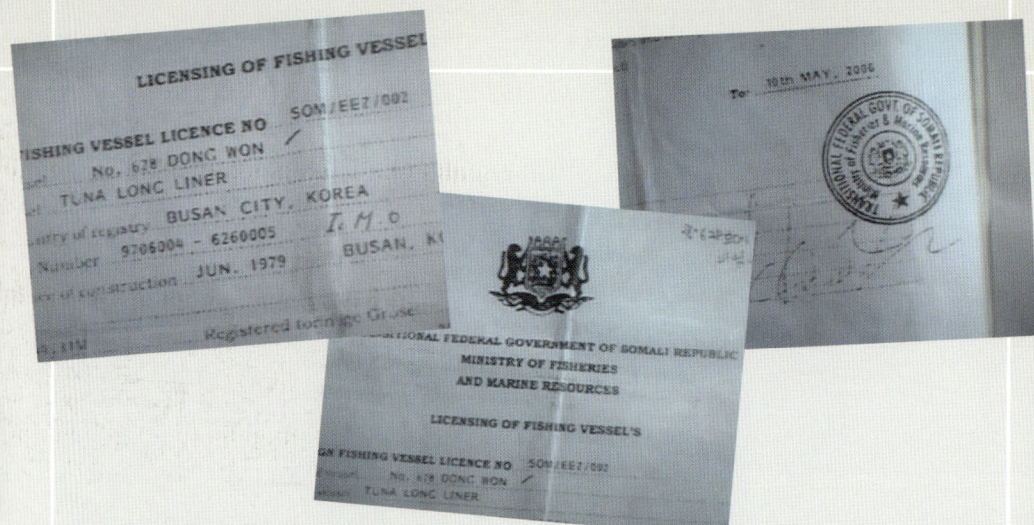

동원호가 소말리아 과도정부로부터 발급받은 '소말리아 근해 조업허가증'. 문서에 소말리아 과도정부 수산부장관의 직인이 찍혀 있다. 그러나 믿었던 과도정부는 소말리아 내에서 유명무실했고, 조업허가증도 알고 보니 아무 효력이 없었다.

2006년 7월 14일, 2박 3일의 취재를 마치고 나는 동원호를 떠났다. 해적들의 보트에 타서 배를 올려다 보니 선원들이 뱃머리에서 나를 쳐다보며 손을 흔들고 있었다. 나는 "꼭 돈을 가지고 다시 돌아오겠다"는 약속을 하고 선원들과 헤어졌다.

7장 무장 강도의 습격,
내가 죽으면 누가 그들을

몸값협상이 난항을 겪다

김영미 7월 14일, 나는 동원호를 떠나 육지로 돌아왔다. 바닷물이 무릎 정도 내려오는 곳에 해적들의 보트가 섰다. 선장은 신발이 젖는다며 나를 해변까지 업어주었다. 그런데 땅에 내리자 땅멀미가 시작되었다. 뱃멀미 안 했다고 좋아했는데, 땅멀미가 시작돼서 제대로 걸을 수가 없었다.

겨우 정신을 차리고 주변을 살펴보니 우리 보디가드 대장이 해변 저쪽 끝에 있었다. 날 지켜줄 사람이 있다는 생각에 안심이 됐다. 배 안에 있는 동안 무장을 하지 않아서 불안했던 감정이, 땅을 딛고 나니 사라졌다.

나는 선장과 차를 타고 해적두목의 집으로 이동했다. 도착하자마자 선장은 소말리아인처럼 능수능란하게 씻고, 짐을 내려놓고, 라면을 끓였다. 사람들과 간단한 소말리아 말로 안부를 주고받으며 인사까지 했다. 소말리아의 육지 생활이 하루이틀이 아니므로 선장도 생존을 위해 적응을 한 모양이었다. 소말리아어로 간단한 단어나 인사말, 숫자 정도는 아는 듯했다.

해적마을로 돌아온 후 선장은 D와 나에게 통역을 부탁했다.

천막에 D, 나, 선장, 해적두목 넷이 모였다. 선장이 한국말을 하면 내가 영어로 D에게 얘기해주고, D가 해적두목에게 다시 얘기하는 식이었다.

나포되면서부터 선장은 해적두목과 협상을 계속 진행해왔다고 했다. 그러나 언어소통이 자유롭지 못해서 별 진척이 없었던 듯했다. 선장도 영어가 능통한 사람이 아닌 데다 해적두목은 영어를 한 마디도 못하고 통역 담당인 압둘라마저 영어가 시원치 않았다. 그런 상황에 마침 나와 D가 온 것이었다. 넷이 모여 한국어-영어-소말리아어를 거치는 복잡한 과정을 통해 비로소 제대로 된 소통을 할 수 있게 되었다.

통역하기 전에 나는 내가 협상에 관여할 수 있는 사람이 아니라고 못박아두었다. 그러면서 단순히 통역만 할 것이라고 다시 강조했다. 나는 그 점을 선장에게 확실히 알렸고 해적두목에게도 말했다.

그러고 나서 통역을 시작했다. 주 내용은 돈에 관한 것이었다. 해적두목이 먼저 운을 뗐다. 해적두목은 너희 배가 우리 땅에서 불법 조업을 했으니 벌금을 내야 한다며, 돈을 달라고 말했다. 그런데 금액을 협상할 때 선장과 해적두목 사이의 의견 차이가 심했다. 통역을 하면서 협상 내용을 들어보니, 해적 쪽 얘기는 선원들을 오래 데리고 있는 동안 든 유지비가 있으니 협상금을 올려야 한다는 주장이었다. 그러나 선장 측은 억류 기간이 길어질수록 해적들이 지칠 거라고 생각했는지 해적들이 금액을 깎을 거라고 기대하는 것 같았다. 그냥 듣기에도 의견 차가 너무 컸다.

해적들은 선원들에게 물이라도 하나 줄 때마다 그런 걸 다 유지비로 생각했고, 그걸 이유로 협상금을 더 올리려고 했다. 해적들은 어떻게든 협상금을 올리려고 하고, 선장은 어떻게든 깎으려고 하고. 그러니 의견이 합치될 리가 없었다. 도무지 해결이 날 것 같지가 않았다. 지켜보는 내가 더 답답할 정도였다.

그렇게 답답한 마음으로 통역을 하다, 어느 순간 D가 전해주는 해적두목의 말에 발끈하기에 이르렀다. D는 해적두목의 얘기를 그대로 통역하는 거였지만, 어쨌거나 말도 안 되는 억지주장에 나도 모르게 화가 치솟았다. 결국 나와 D는 서로 언성을 높이고 싸우게 되었다. 내가 너무 흥분을 하자, 선장까지 나서서 저 사람은 통역만 하는 걸로 생각하라며 나를 말렸다.

해적두목과 선장도 협상금에 의견 차이를 좁히지 못하고 도중에 이야기가 끊겼다. D와 나는 아직도 서로에 대한 화가 풀리지 않은 상태였다.

해적두목은 화가 나서 씩씩거리고 나가더니 그물을 들고 와서는 우리 앞에 내보였다. 대체 뭐라는 거냐고 묻자, D는 해적두목이 "배를 타고 이렇게 촘촘한 그물로 고기를 싹쓸이하는 게 범법자가 아니냐" 하고 소리를 질렀다고 했다. 나는 그 얘기를 그대로 선장에게 전해주었다. 그러자 선장은 "그건 고기를 잡을 때 쓰는 게 아니라 고기를 담는 어망"이라고 말했다. 나는 D에게 그대로 설명하면서 소리를 질렀다. D도 해적두목에게 소말리아어로 소리를 질렀다.

순간 분위기가 싸늘해졌다. 이 상태로 통역을 했다가는 감정의 골이 깊어서 제대로 이야기가 진행되지 않을 것 같았다.

나는 D를 밖으로 불러내서 말을 건넸다.

"넌 여기까지 날 데려다준 고마운 사람인데, 왜 우리가 싸워야 하는지 모르겠어. 내 동포가 잡혀 있는 비참한 모습을 너도 봤지? 그러니 날 좀 이해해줘."

D는 자기도 소말리아 사람이지만 해적두목의 말이 너무 억지라서

창피해서 언성을 높였다며, "저놈들 정말 나쁜 놈들이야. 내가 나중에 셰이크 하산이 오면 해적들이 몰살당하는 걸 카메라로 찍어서 너한테 보내줄게"라며 단단히 약속을 했다.

그는 화를 주체하지 못했다. 그가 화가 난 것은 나 때문이 아니라 같은 소말리아 국적의 해적들 때문이었다.

현장 협상은 결국 그렇게 끝이 나고, 우리는 그날 밤 하라데레를 떠나 모가디슈로 출발하기로 했다.

그런데 보디가드 한 명이 와서 밤에 움직이는 게 아무래도 위험하니, 내일 아침 일찍 출발하자고 제안했다. D와 파자르도 그 의견에 동의했다. 우리는 아침 일찍 해적마을을 떠나기로 했다.

그런데 그날 밤 무슨 일인지 해적들이 모두 왔다갔다하면서 부산했다. 왜 저러느냐고 D에게 물어보니, 이틀에 한 번 이 마을에 오는 마약풀 도매상이 아직 오지 않아서 그런다고 했다. 원래는 저녁 5, 6시면 도매상이 오는데 오늘은 아직 도착하지 않았다는 것이었다. 그래서 마약을 씹지 못해 금단현상이 나타난 모양이었다. 해적들은 모두 우왕좌왕하면서 날카로웠다. 저렇게 마약에 찌들어 사니 돈이 필요할 거고, 그래서 해서는 안 될 해적질까지 하는구나 하는 생각이 들었다.

마약풀은 싼 가격이 아니었다. 시금치 반 다발 정도 되는 적은 양에 20달러나 된다. 모가디슈 호텔에 근무하는 직원의 월급이 고작해야 4~5달러 정도니 20달러면 어마어마한 돈이다.

그래서 그들은 해적질에 나선 것이다. 염소나 삶아먹고 물고기 잡아먹고 하면 그렇게 큰돈이 필요치 않은데 마약풀 때문에 거금이 필요했던 것이다. 소말리아가 제대로 돌아가려면 무엇보다도 마약풀을 근절해야 한다는 생각이 들었다.

해적들의 금단현상은 심각해 보였다. 온 마을사람들이 마약풀이 오지 않아 잠들지 못한 채 도매상을 기다렸다. 마을 어귀로 사람을 보내 확인까지 했다. 마약풀 도매상은 다음날 새벽이 되어서야 왔다. 해적 일당은 잠도 자지 않고 전부 마약풀을 기다렸다.

나는 밤에 잠들기 전에 선장과 인터뷰를 했다. 선장은 "다시 조업을 하고 싶어요. 빨리 풀려나서 조업을 해야 먹고살 게 아닙니까"라고 답답함을 호소했다.

그렇게 하라데레에서의 마지막 밤이 지나갔다.

무장강도의 기습, '아, 납치되는구나'

다음날 새벽 5시, 우리는 전부 무장하고 해적마을을 떠났다. 나는 떠나기 전에 선장에게 말했다.

"금방 풀려나실 테니까 걱정하지 마세요. 쌀 떨어지기 전에 꼭 돈 갖고 다시 올게요. 약속해요."

선장은 나에게 풀려나면, 정말 좋고 멋있고 비싼 데 가서 식구들과 같이 밥 먹자고, 화풀이하듯이 그런 데 가서 밥 먹자고 했다. 전날 밤을 지새우면서 많은 얘기를 한 탓인지, 남이 아니라 정말 식구들 중 한 사람을 떼놓고 오는 듯한 느낌에 더욱 마음이 아팠다.

우리 일행은 하라데레 마을을 출발해서, 끝없는 사막 같은 황무지를 달렸다.

그런데 출발한 지 1시간 정도 됐을까, 갑자기 앞에 해적두목 집에서 봤던 해적 한 놈이 나타났다. 카메라로 자기를 찍어달라고 했던 해적이었다. 차를 세우라고 손짓하기에 우리는 별생각 없이 차를 세웠다. 나는 선장이 알려줄 게 있어서 보낸 거라고만 생각했다.

나는 대체 무슨 일인가 싶어 차를 세우고 유리창을 내렸다(당시 나는 뒷좌석에 있었다). 그런데 "뭔데?" 하고 말을 꺼냄과 동시에 해적이 나에게 총을 들이댔다. 무슨 영문인지 알 수가 없었다.

당황해서 뒤를 돌아보니 갑자기 수풀 속에서 무장강도들이 나타나서는 하늘로 총을 쏴대면서 소말리아 어로 마구 소리를 질렀다. 무기를 버리지 않으면 나를 죽이겠다는 말이었다. 우리 쪽 보디가드 대장도 무장강도들에게 소말리아 말로 소리쳤다. 무장강도들은 진짜 우리를 죽일 것처럼 총을 마구 쏴댔다. 나는 영문을 몰라 계속 무슨 일이냐고 물었지만, D도 정신이 없는지 답이 없었다.

그러다가 우리 쪽 보디가드들이 수풀 쪽으로 총을 던져버렸다. 무장강도들은 나에게 내리라고 명령했다. 그러고는 수풀 쪽으로 걸어가라며 총을 들이댔다. 그제야 나는 사태를 정확하게 파악할 수 있었다.

'아, 납치되는구나!'

순간 머릿속에 폭탄이 터지는 것 같은 충격이 가해지면서 눈앞이 아득해졌다.

나를 납치한 무장강도들은 곧이어 보디가드들을 수풀 쪽으로 몰고, D와 나, 파자르 셋을 따로 떨어뜨려놓았다. 정말 막막했다.

　잠시 후 D가 나에게 테이프와 돈을 어디에 두었느냐고 물었다. 나는 가방에 있다고 답했다.

　그러자 D는 납치범 한 놈과 잠시 얘기하더니 나에게 "화장실 간다고 얘기했어. 화장실 가려면 가방에서 뭘 꺼내야 한다고 말했으니 가자"라고 말했다. 나는 D와 함께 차에 가서 가방에서 돈과 테이프를 꺼냈다.

　D는 무장강도들이 우리를 납치한 이유는 돈 아니면 테이프라고 말했다. 혹시 내가 취재한 테이프 때문에 자기 얼굴이 알려질까봐 해적두목이 잡으라고 보냈거나, 아니면 그저 돈 때문에 우리를 납치했을 거라는 얘기였다. D는 돈은 자기가 가지고 있는 게 안전할 거라고 했다. 그때 나에게는 2천2백 달러가 있었다. 나는 D에게 돈을 건네주었다. 그리고 동원호를 취재한 테이프는 차 앞좌석 밑바닥에 안전하게 숨겼다. 돈가방을 건네받으면서 D는 나에게 말했다.

　"지금은 네가 도망갈 상황이 아닌 것 같아. 길도 모르고 도망가봤자 이 사막에서 어떻게 할 수도 없으니 일단 상황을 지켜보자."

　D는 정말 얼굴이 새까만 흑인이었는데 벌써 눈가에 눈물이 글썽글썽했다. 내가 왜 우느냐고 몇 번이나 물어봐도 대답이 없었다. 결국 D의 눈가에서 굵은 눈물방울이 뚝뚝 떨어졌.

　그렇게 강단 있던 D가 눈물을 흘리는 모습을 보자 '아, 나한테 정말 어마어마한 일이 닥쳤구나'라는 생각이 들었다.

　이제 끝장이라는 생각까지 들 정도였다.

　그 뒤 D와 파자르, 보디가드 대장이 나를 납치한 무장강도들과 마치 싸우는 것처럼 한참을 얘기했다. 30분쯤 지나니 납치범들이 나에게 차에 타라고 했다. 나는 아까 테이프를 숨겨둔 차에 올라탔다. 내가 가운데 앉고, 옆에 D, 그리고 반대편에 총 든 납치범 한 놈이 앉았다.

다시 차를 타고 4시간 정도를 달렸다. 나는 D에게 아까 무슨 얘기를 한 거냐고 물었다. D는 납치범들이 돈과 여자만 남겨두고 가라고 명령했다고 말했다. 그렇지만 자기들이 우리는 절대 이 여자를 버리고 갈 수 없고, 저 여자를 데려가려면 자기를 죽여서 묻고 가라고 말했다며 걱정 말라고 나를 안심시켰다. 돈도 아까 보디가드 대장, 파자르와 함께 나눴다고 했다.

우리는 목적지가 어딘지도 모른 채 계속 끌려갔다. 파자르는 운전석을 뺏겨 조수석에 앉고, 그 대신 납치범 한 놈이 운전을 했다. 나는 파자르에게 대체 지금 어디로 가고 있는 거냐고 물었다. 영어를 잘 못하는 그는 더듬더듬 영어로 "난 모른다"라고만 말했다.

파자르도 모르는 길이라니……

정말 앞으로 무슨 일이 벌어질지 눈앞이 캄캄했다. 어디로 가는지도 모른 채 끌려가는 게 너무도 두렵고 막막했다. 그 느낌은 정말 납치된 경험이 없는 사람은 절대 모를 것이다.

나는 돈은 문제가 아닌데 혹시 테이프를 뺏길까봐 초조했다. 만약 내가 여기서 죽는다면, 선원들 소식은 누가 전한단 말인가. 그 와중에 문득 "호랑이 굴에 물려가도 정신만 차리면 산다"라는 말이 떠올랐다. 나를 기다리는 선원들을 위해서라도 일단 정신을 차리고 살아야 했다.

나는 '정신만 차리면 산다'라는 말을 주문 외우듯 마음속으로 계속 중얼거렸다.

"저 여자를 죽이려면 나를 먼저 묻어라"

그렇게 우리는 차를 타고 4시간쯤 끌려갔다. 그러다가 납치범들이 갑자기 내리라고 소리를 쳤다. 차에서 내리자 마치 사막 같은 곳에 공터 비슷한 장소가 있었다.

D와 파자르, 보디가드 대장이 다시 납치범들과 싸우기 시작했다. 납치범들이 나를 놔두고 가라고 한 모양이었다. 셋은 나만 남겨두고는 절대 못 간다며 납치범들과 싸웠다. 얘기가 결론나지 않은 채 시간만 자꾸 흘렀다.

그러다가 점심 때가 되었다. D와 파자르가 담요 같은 걸 들고 가더니, 알라한테 기도를 하면서 울었다. 나도 속으로 기도했다. 이 상황에서 내가 해줄 수 있는 건 그들과 함께 기도하는 것밖엔 없었다. 내가 할 수 있는 건 아무것도 없었으니까. D와 파자르가 기도하는 걸 보며 나도 하느님에게 기도를 했다.

D는 기도를 끝내고 와서 내 손을 꼭 잡더니, 내가 너를 꼭 지켜줄 테니 걱정하지 말라고 했다. D는 납치범들에게 "저 여자를 죽이려면 나를 먼저 묻어라"라고 말했다면서, "꼭 지켜줄 거야, 난 여기서 죽으면 죽었지 널 놔두고는 못 가"라고 계속 말했다. 그것만은 믿어

달라며, 파자르도 '나도 똑같아' 라는 눈빛이었다.

납치되고 나서 10시간쯤 흘렀을까, 갑자기 얘기가 진척되는 분위기가 느껴졌다. 납치범들은 우리를 빼놓고 자기들끼리 회의를 하더니, 한 놈이 소리를 질렀다. D가 그쪽으로 가서 납치범 중 대장격인 놈과 얘기를 했다. 잠시 후 갑자기 그놈이 D의 이마에 뽀뽀를 했다.

대체 무슨 일인가 싶었다. 이어 파자르가 그쪽으로 달려가서 서로 뭐라고 막 얘기를 했다. 그러더니 D가 나에게 급히 뛰어와서는 소리쳤다.

"김, 우리 풀렸으니 빨리 가자!"

나는 영문을 몰라 어떻게 된 거냐고 계속 물었다. D는 말이 필요 없다며 그저 빨리 여길 뜨자고 재촉했다. 납치범들이 우리 보디가드들에게 총을 돌려주었다. D가 빨리 타라고 성화를 해서 나는 일단 차에 올라탔다.

차를 타서 뒤를 돌아보니 납치범들이 우리 차를 향해 손을 흔들고 있었다. 대체 무슨 일이 벌어진 것인지, 이젠 안전한 건지 알 수가 없었다.

그러다 우리 차 네 대 중 맨 뒤에 있는 차가 갑자기 납치범들을 향해 RPG-7을 쏘기 시작했다. 그들도 맞받아서 우리에게 총을 쐈다. 도무지 정신을 차릴 수가 없었다. D는 나에게 차 밑바닥에 숨으라고 소리를 쳤다. 나는 억지로 몸을 구겨 의자 밑에 바싹 붙어 몸을 숨겼다.

한참을 달리니 총소리가 잠잠해졌다.

D가 내게 "이제 안전해. 나와도 돼"라고 말하고 물을 건네줬다. 나는 나도 모르게 눈물 콧물 범벅이 되어 덜덜 떨고 있었다. 정말로

무서웠다.

겨우 진정이 된 후, 뭐가 어떻게 된 거냐고 물어보았다. D는 납치범 두목이 우연히도 자기 어머니와 같은 씨족이라서 우리를 풀어준 거라고 했다. 자기 어머니 풀 네임을 대는 도중에 알고 보니, 그 두목과 자기 어머니가 정말 가까운 씨족이었던 것이다. 소말리아는 풀 네임이 정말 길다. 이름 안에 자기 고조할아버지 증조할아버지까지 다 나온다. 그렇게 거슬러 올라가다 보니 D와 납치범 두목의 증조할아버지가 같았다. 정말 운이 좋았던 것이다. 소말리아는 어찌나 단순한 나라인지 혈통이나 씨족이 제일 중요했다.

D는 처음에 납치범들에게 제발 나를 살려달라며 사정을 했다고 했다.

"김은 프리랜스 피디라 돈도 얼마 없고, 엄마 아빠도 안 계시고, 정부도 내놓은 애다."

그러면서 가진 돈을 다 줄 테니 풀어달라고 사정을 했다는 것이었다. D는 납치범들에게 돈을 몽땅 내던지고 왔다고 하면서, "네가 그 장면을 봤어야 했어"라고 말했다.

D는 파자르에게 일단 쉬지 말고 달리라고 당부했다. 내가 왜 우리 쪽 보디가드들이 납치범들게 총을 쐈냐고 물었더니, 그렇게 당하고 그대로 곱게 돌아오면 보디가드들도 셰이크 하산에게 추궁을 당할 것이고, 피해가 있을 거라고 말했다. 그러면서 보디가드들 역시 화가 나지 않았겠느냐고 추측했다.

D도 드디어 마약풀을 씹었다. 얼마나 긴장했으면 마약풀을 씹을까.

D는 납치범한테 풀려났으니 이제 그만 자라고 했다. 그러나 그런 일을 겪고 잠이 올 리가 없었다. D는 자기네 종족이 있는 곳까지는 가야 된다고 했다. 6시간은 더 달려야 하는 거리였다.

"거기까지 가기 전에는 안심하면 안 돼. 우리는 계속 무조건 달릴 테니 넌 뒤에서 자."

그러나 나는 도저히 잘 수가 없었다. 맨 정신으로 차 안에서 6시간을 버텼다. 또 다시 납치를 당하지는 않을까 잔뜩 긴장한 채로.

"화이트 피플에게 소말리아는 정말 위험해"

6시간 정도 달리다 보니 한 마을이 나왔다. D는 여기부터는 안전한 지역이고, 납치범들도 여기까지는 못 쫓아온다고 했다.

그 마을은 셰이크 하산이 최종적으로 잡아놓은 전선이었다. 이곳에 도착하니 비로소 생각할 여유가 생겼다. 그런데 차에서 내리자마자 D가 보디가드 대장에게 달려가더니 둘이 막 싸우기 시작했다. 나는 두 사람을 말리기 위해 뛰어갔다. D는 위험한 상황인데 왜 총을 쐈느냐며 보디가드 대장에게 화를 냈다. 그러자 보디가드 대장은 너 같으면 안 쏘겠느냐고 하면서, "다 죽이고 왔어야 했는데 안타깝다"라고 말했다.

납치범들은 그 길목에서 밤새 나를 기다린 것 같았다. 해적마을에서 나가는 길이 그 길 하나밖에 없다고 했다. D는 해적마을에서 봤던 해적 한 놈이 무장강도들과 결탁해서 일을 꾸몄던 것 같다고 했다. 보디가드 대장은 그런 일을 예상해야 했는데, 자기 실수라며 정말 미안하다고 사과했다. 그러면서 일단 셰이크 하산에게는 보고할 거라고 했다.

D는 내 팔을 주물러주면서 "너 같은 화이트 피플에게 소말리아는 정말 위험해"라고 말했다. 그제야 긴장이 조금 풀리면서 나는 속으로 중얼거렸다.

'난 화이트 피플이 아니라 옐로우 피플인데……'

D가 어딘가에서 계란을 구해가지고 왔다. 그러고는 불을 지펴서 계란을 삶았다. 나는 어찌나 놀랐던지 배가 하나도 안 고팠다. 배가 고픈 건 둘째 치고 화장실도 한 번 안 가고 물도 한 방울 안 마시고 계속 온 것이었다. 우리는 간단히 요기를 하고, 셰이크 하산 본부로 향했다. 한 번도 쉬지 않고 계속 달렸다. 우리는 새벽 지나 아침 무렵 셰이크 하산의 본부에 도착했다.

우리 쪽 보디가드들이 본부에 들어가 한참을 있었다. 그러더니 보디가드 한 명이 나와 셰이크 하산이 보고 싶어한다며 나를 안으로 데리고 들어갔다.

셰이크 하산은 이미 노기등등해서 길길이 뛰고 있었다. 보디가드 대장은 고개조차 들지 못하고, 다른 보디가드들은 마당에 집합해 있는 상태였다. 셰이크 하산은 당장 자기들 병력을 데리고 가서 해적들을 소탕하겠다고 선포했다. 나는 놀라서 일단 그를 진정시켰다. 우리 선원들도 거기 있는데, 지금 당장은 무리라며 무조건 말렸다.

정글의 법칙대로 사는 사람들은 인내심을 가지고 무엇을 한다는 게 어려운 것 같았다. 셰이크 하산은 정말로 화를 참지 못했다. 이슬람 전사들은 평소에 저런 모습을 여자들에게 잘 보여주지 않는데, 셰이크 하산뿐만 아니라 전사들 모두 흥분해 있었다. 셰이크 하산은 한국인들이 소말리아를 얼마나 비웃고, 관계가 안 좋아지겠냐며 화를 냈다. 그 모습을 보며 나는 속으로 생각했다.

'이런 사건에서 국제관계까지 생각하다니…… 저 사람도 범상치 않은 사람이구나.'

나와 D는 셰이크 하산의 집에서 하룻밤을 잤다. 그리고 다음날 유엔기를 타기 위해 보디가드들과 함께 공항으로 향했다. 그곳까지 가는 데도 4시간이 걸렸다. 그곳에서 셰이크 하산의 전사인 보디가드들과 작별인사를 나눴다. 파자르도 나를 마중나왔다.

유엔기를 보는 순간, 비로소 '아 정말 살았구나' 하는 생각이 들었다.

만약 계속 납치범들에게 붙잡혀 있었다면, 유엔기를 타야 할 시간에 여기 도착하지 못했을 것이고, 이런 기분도 느끼지 못했을 것이다. 안전한 비행기 안에 앉아 있는 대신 그 끔찍한 수풀에서 죽을 수도 있었다.

비행기를 타니 식은땀이 났다. 긴장이 풀려서인 것 같았다. 지금도 납치됐을 때를 생각하면, 눈물을 흘리던 D의 얼굴이 떠오른다. 그 새까만 흑인이 눈물을 그렁그렁 흘리는 게 정말로 슬퍼 보였고, 나를 살려준 은인이었기에 더욱 가슴에 남는 눈물이었다.

7월 15일 나는 다시 모가디슈로 돌아왔다. 호텔에 도착하니, 언제 그렇게 빨리 소문이 퍼졌는지 외신 기자들이 잔뜩 와 있었다. 『뉴스위크』 런던 지사에서 영국인 기자가 한 명 와 있었고, 친구 마지드와 AFP의 알리도 나를 기다리고 있었다. 그 외에도 BBC 아랍어판 기자와 다른 아랍인, 그리고 『Voice of America』 기자가 막 도착한 참이었다.

일단 AFP의 알리와 먼저 인터뷰를 했다. 그에게 도움을 많이 받았기 때문에 인터뷰를 뿌리칠 수 없었다. 알리는 해적들의 상황과 납치됐을 때의 정황을 물었다. 그리고 한국인으로서 선원들을 본 심정도 물었다. 마지드는 납치 소식 들었을 때 정말 놀랐다며, 알라가 널 보호해준 거라고 말했다. BBC 기자는 같은 저널리스트로서 남의 일이 아니라는 생각이 든다고 말했다. 다른 외신 기자들도 살아 돌아와서 정말 다행이라고, 고생 많았다고 위로해주었다.

그제야 내가 살아 돌아왔다는 감격에 젖게 되었다. 나는 테이프를 가지고 무사히 살아 돌아온 것에 대해 하늘에 감사했다.

인터뷰를 모두 마치고 『뉴스위크』지 기자가 농담처럼 나에게 말했다.

"당신, 다시는 이런 데 안 오겠어요?"

"아니요. 그래도 나는 소말리아에 다시 와야 해요."

나는 약간은 허탈하게 웃으며 말했다.

앞으로 취재를 다니면서 이런 일이 나에게 또 다시 벌어질지 모르겠다. 해적들에게 납치됐을 때 정말 겁도 많이 났고, 다시는 겪고 싶지 않은 기억이지만, 그렇다고 나의 일을 그만두겠다는 생각은 들지 않았다.

게다가 나는 이곳에 다시 와야 했다.

동원수산이 돈을 주면 그 돈을 들고, 아니면 모금을 해서라도 돈을 가지고 다시 그 길을 가야 했다. 쉽지는 않겠지만 내가 돌아오기만을 기다리는 선원들을 위해서라도 힘을 내야 했다.

2006년 7월 15일

아침 4시 기상. 샤워. 식당 도인술. 어쩐지 전과는 다른 기분. 나는 오늘부터 20까지 세가며 살련다. 선생님 오기만을…… 7시 아침식사. 귀국하면 설화, 애화 기자 선생님께 문안드리도록. 상장 대사관을 통해 전달. 너무너무 고마운 분이시다. 11시 40분 점심식사 후 선미 소말리아 놈들 말하기를 6시에 기름배 출항. 과연. 4시 25분 선박 주기 시동. 기름배 출항. 놈들은 유압유 3통 기름배에서 내렸다. 3명의 소말리아 놈 총 들고 우리 선박으로 올랐다. 기름배 떠나는 모습 손을 흔들면서 필리핀 사람들 기뻐 고함지른다. 우리는 언제쯤. 기자 선생님 떠난 지 1일. 언제쯤 오시겠는지.

2006년 7월 18일

아침 4시 30분 기상. 샤워 식당 도인술. 7시 20분 아침식사. 11시 40분 점심. 식사 후 비디오. 소말리아 5명 비디오 시청. 기관장 놈들 죽여버리자고. 기관사 못 그러겠다고. 기관장 인상 말이 아니다. 식당 들어온 놈들을 죽여버리고. 총진 놈은 어떻게 하려고 그러는지 도저히 이해 안 된다. 기자 선생님, 하루 빨리 오십시오. 선생님 떠난 지 4일 된다. 언제쯤 오시겠는지요. 소말리아.

2006년 7월 19일

꿈은 꼭 이루어진다. 오늘도 기관장 기관실에서 칼을 갈고 있었다. 그대만을 기다릴 수 없다. 5일. 기회가 되면 한 번 붙는다. 항상 기회를 노린다. 한 명 있으면 곁에 보조인 한 명만 있으면 된다. 총만 손에 쥐면 된다. 놈들 현재 탑 브리지에서 이동. 창고 옆에서 잔다. 기회 만점. 손만 맞으면 한번 붙는다. 언제라도 좋으니까. 도저히 참고 견딜 수가 없다. 아침 기관사하고 상의 둘만의 비밀. 기회가 되면 기회 없으면 철수. 수시로 관찰한다. 칼 한 자루. 침실에서 도인술 하다 9시가 되어 당직 교대하러 나갔다. 정남이와 인도네시아 당직자 같이 선미로 갔다. 인도네시아 선원이 말하기를 선장님께서 전화를 하셨다는 것. 5일 후면 우리 선박 풀려난다고. 사실인지 과연. 나와 정남이 선미에서 얘기 나누었다. 10시 25분 소말리아 놈 위에서 무얼 하고 있었다. 나와 정남이 침실로. 당직 교대. 기자 선생님 하루 빨리. 소말리아.

조선족 선원 김홍길의 일기에서

"소말리아에서 총알은 눈이 없다"

다음날, 모가디슈는 거의 혁명적인 날이었다. 그날은 이슬람 법정 연대가 모가디슈 전 지역을 장악한 날이었다. 그 전에도 부분적으로 장악했었지만, 계속 전투가 벌어지고 해서 일부 세력들이 물러나지 않은 상황이었는데, 그 세력을 물리치고 모가디슈 전 지역을 장악한 것이었다.

이슬람 법정연대는 모가디슈에서 경축행사를 했다. 셰이크 하산은 먼 곳에 있어서 오지 못했고, 그 밑에 부지도자급 핵심인물 5~6명이 그 자리에 나왔다. 모가디슈 시민들 모두 길거리에 나와서 이슬람 법정연대가 온 것을 환영했다. 이슬람 법정연대의 부지도자는 "이제 여러분들이 더 이상 위험하지 않게 우리가 이 모가디슈를 지킬 것이다."라고 말했다. 그리고 식이 끝날 무렵 공식적으로, 우리는 하라데레에 진격해서 잡혀 있는 한국 사람들을 구해올 것이라고 선언했다.

나는 모든 식이 끝난 후, 이슬람 법정연대의 부지도자 1명과 인터뷰를 했다.

한국인들이 선원들에 대해서 걱정이 큰데 그들에게 해줄 말이 있나요? 당신이 하는 말이 한국으로 방송될 겁니다.

알라가 세상을 준비시키는 가장 안전한 방법은 이슬람입니다. (우리는) 알라가 한국 사람들을 안전하게 지켜줄 것이라 보장합니다. 그리고 소말리아와 한국 간의 관계가 단절되지 않기 위해서 하루빨리 한국의 인질이 풀려나기를 바랍니다. 우리는 한국인들과 서로 형제처럼 지내고 싶습니다. 그러니 인내심을 가지고 소말리아와 계속 관계를 이어갔으면 합니다. 이슬람 법정연대는 한국인들의 납치 사건에 대해서 소말리아 국민들을 대표해 사과합니다.

선원들이 풀려나길 기다리는 한국인들에게 어떤 말을 해주고 싶나요?
  우리가 그들에게 해줄 말은, 잡혀 있는 한국인들이 용기를 가졌으면 좋겠다는 것입니다. 우리는 한국과 깊은 관계를 맺고자 합니다. 좀더 인내심을 가지고 우리가 하라데레에 갈 때까지 기다려주었으면 좋겠습니다.

이슬람 법정연대 부지도자와의 인터뷰에서

  공식 인터뷰를 마치고, 그는 나에게 정말 미안하다고, 소말리아 사람들은 모두 해적을 나쁘게 생각하고 있고, 그들을 소탕하는 것이 소말리아에도 좋을 것이라 생각한다고 말했다.

  나는 소말리아인들이 해적들에 대해서 어떻게 생각하는지, 행사장에 모여 있는 군중들과도 인터뷰를 했다.
  한 소말리아 여성은 해적들은 정말 나쁜 사람들이라며, 특히 사람 몸을 돈으로 거래하는 건 정말 나쁜 거라고 생각한다고 말했다. 다른 소말리아 남성도 모가디슈 내에 동원호에 관한 소문이 쫙 퍼져 있다면서, 나도 내 가족이 납치되면 힘들 텐데 지금 선원들의 가족들이 힘들어 할 거라며 위로의 말을 전했다. 또 해적들이 돈을 요구하다니 이슬람에서는 이것을 단호히 거부한다며, 당장 이슬람 법정연대가 해적들을 쓸어버려야 한다고도 했다.
  D는 내가 인터뷰하는 내내 많이 긴장해서 근접경호를 했다. 나는 총을 든 보디가드들에게 둘러싸인 채 취재를 해야만 했다. 그럴 수밖에 없었던 게, 모가디슈로 돌아오면서 이미 한 번 납치를 당했고, 또

마크가 시장 옆 공터에서 촬영하다가 총에 맞아 죽었기 때문이었다.

D는 내가 여자고 외국인이어서 눈에 더 잘 띄니 무슨 일이 있을지도 모른다면서 더욱더 근접경호를 해야 한다고 했다. 어찌나 근접경호를 하는지 인터뷰하기가 힘들 정도였다. 갑갑하기도 하고 사람들을 만나기도 힘들어서 보디가드에게 좀 물러나주면 안 되느냐고 했더니, 보디가드 대장이 절대 안 된다면서 단호하게 말했다.

"너한테 어디서 총알이 날아올지 모른다. 소말리아에서 총알은 눈이 없다."

그 말을 들으니 참으로 섬뜩했다.

"〈피디수첩〉 최승호 부장입니다"

MBC〈피디수첩〉으로부터 전화가 걸려온 것은 7월 16일 밤이었다. 전화 속의 목소리는 "〈피디수첩〉 최승호 부장입니다"라고 자신을 소개했다. 최승호 부장은 "동원호에 관한 방송을 했으면 하는데, 어떻게 생각하세요?"라고 물었다. 낯선 전화가 약간 당황스러웠던 나는 일단 내 전화번호를 어떻게 알았느냐고 물었다. 프리랜스지만 나에게는 매니지먼트 회사가 있는데, 그곳을 통해 알아냈다고 했다. 그러면서 내가 소말리아에서 취재를 하고 있다는 말을 들었다면서 동원호 선원들은 만났느냐고 물었다. 내가 선원들을 만났다고 하자, 그는 대뜸 자기 프로에서 방송을 했으면 좋겠다고 말했다. 나는 그냥 "알겠습니다"라고만 말하고 전화를 끊었다.

〈피디수첩〉의 전화를 받고 그날 밤 많은 고민을 했다. 솔직히 말하자면 한국에서 떠나올 때 어디에 방송하자고 마음먹은 것은 아니었다. 일단 갔다 와서 안 되면 인터넷 방송이라도 해야겠다고 마음먹고 떠난 것이었다. 그래도 용기 있게 나와 방송을 하자고 얘기한 〈피디수첩〉이 고맙다는 생각이 들었다. 또 그 전에 황우석 사태를 지켜보면서, 피디 저널리즘에 대해서 존경하는 마음도 들었기에 여기서 방송을 해야겠다고 그날 밤 결심을 굳혔다.

다음날 최승호 부장이 다시 전화를 했다. 그는 방송 날짜가 7월 25일로 잡혔다면서 하루빨리 한국에 들어와서 방송을 하자고 했다. 그러면서 그동안 찍은 내용을 설명해달라고 했다. 나는 그동안 있었던 일들을 대강 설명해주고, 곧 한국으로 돌아가겠지만, 비행기 스케줄이 불규칙해서 며칠에 들어갈지 정확한 날짜는 모르겠다고 말했다.

나는 7월 18일에 소말리아를 떠나게 되었다. D가 모가디슈에서 바로 두바이로 가는 비행기 티켓을 사가지고 왔다. 먼저 내렸던 곳이 아니라 원래 군사 비행장이었던 곳에 가서, 보디가드들과 작별인사를 했다. 모가디슈의 보디가드 대장이 또 오라고 말해서, 다시 올 거라고 말해주었다. 그들은 참으로 섭섭해했다. 그들이 모가디슈에 남아 있는 동안 해적들에게 납치당한 것에 대해서 미안해하는 것 같았다. 마음이 참 아팠다.

이슬람 법정연대는 모가디슈 전체를 장악했고 국제공항까지 개항

했지만, 과도정부와 큰 전투를 앞두고 있었다. 에티오피아 군도 내려온다고 하니 저들은 또다시 싸워야 할 것이다.

　나를 지켜준 보디가드들은 셰이크 하산의 전사들과 합쳐서 40~50명에 이른다. 나에겐 정말 고마운 사람들이었고 내 목숨을 위해 위험을 무릅쓴 사람들이었다. 소말리아의 앞날은 어떻게 될지 모른다. 동원호 선원들이 아니면 내가 언제 여기에 와볼 것인가. 그들은 죽을 때까지 내가 잊지 못할 사람들이다.

"소말리아에 있는 동안 행복했습니까?"

　나는 D와 함께 비행기가 오기를 기다렸다. 입출국 도장도 없는 곳이었다. D는 나와 헤어지는 것을 너무 서운해했다. D는 "넌 어차피 돈 가지고 다시 여기에 와야 하니까 그때 다시 보자. 넌 다시 올 사람이야. 네가 여기 오고 지금까지 쭉 같이 있으면서 정말 많은 경험을 하고 많은 생각을 했어"라고 말하면서 웃었다. 그 경험들 속에 납치 사건도 있었으니 잊힐 리가 없을 것이다. D는 소말리아가 더이상 이런 창피한 일을 하지 않았으면 하는 마음에서 그동안 나와 함께했다며, "꼭 방송하고 다시 와"라고 말했다.

　두바이에서 오는 비행기가 연착되고 있었다. 나는 이 나라는 처음부터 끝까지 뭐가 제대로 되는 게 없다고 속으로 투덜댔다. 예정된 시간에서 2시간쯤 지나서야 비행기가 도착했다. 비행기가 착륙하자 외신 기자들이 우르르 내렸다. 아는 얼굴들도 몇 보였다. 그들은 이슬람 법정연대가 모가디슈를 장악했기에 안전하다고 판단되어 왔다고 했다.

언제 소문을 들었는지 한 기자가 "당신 납치됐었다면서요?"라고 물으며 웃었다. 내가 그렇다고 대답하자 그 기자는 "우리 같은 저널리스트들은 일하다 보면 그런 일도 있고 저런 일도 있는 법이죠"라고 말하며 나를 위로해주었다. 외신 기자 중에 독일 기자가 한 명 있었다. 독일 신문사에 있다가 프리랜스로 전향해서 다큐멘터리를 찍고 있는 친구였다. 그는 나에게 한국 사람이 납치된 것에 대해서 우리도 안타깝게 생각하고 있고, 선원들이 빨리 풀려났으면 좋겠다고 말했다.

마지막으로 한 외신 기자가 "소말리아에 있는 동안 행복했습니까?"라고 나에게 물었다. 나는 행복하진 않았지만, 의미 있는 시간이었다고 말해주었다.

비행기 계단에 오르기 전, 나는 D와 마지막 작별인사를 했다. 나는 파자르에게 고맙다고 전해달라고 당부하고, D에게 널 정말 잊지 못할 거라고 말해주었다. 마지막 포옹을 하고 돌아서려는데, D는 벌써 눈가에 눈물이 글썽거렸다. 나는 그에게 아프리카 전사 운운하더니 울보였다고 놀리면서 잘 있으라고 말한 뒤 비행기에 올랐다. 그렇게 농담이라도 하지 않으면 D가 계속 울 것만 같았다.

비행기가 이륙하고, 구름 위에 비행기가 뜰 때까지 D는 자리에서 움직이지 않고 서 있었다.

그렇게 헤어지고 D와는 종종 서로 연락을 하며 안부를 주고받았다. 그러다가 다시 소말리아에서 전쟁이 심하게 일어난 후, 2월 초부터 전화가 되지 않는다.

지금 그 친구가 살았는지 죽었는지조차 알 수 없지만, 꼭 살아 있어서 언젠가 다시 한번 만났으면 좋겠다. 지금까지 취재를 하고 다니면서 많은 사람을 만났고 가슴에 묻은 사람도 많지만 D, 그는 나에게 잊지 못할 생명의 은인이라고 생각한다. 그는 나를 진심으로 도와주고, 한국 선원들이 풀려나는 것을 도와주었다. 그의 진심 어린 마음과 우정은 영원히 잊을 수 없다.

8장 '일개 프리랜스' 피디 대
대한민국 외교부

'일개 프리랜스' 피디의 취재를 MBC가 믿느냐

김영미 7월 22일 저녁, 나는 한국에 도착했다. 한국 땅을 밟으니 배에 두고 온 선원들 생각이 더욱 간절했다. 버스 타는 사람들, 지나가는 사람들, 이들이 누리는 것이 바로 대한민국 국민으로서 누리는 자유인데, 전혀 다른 세상에 그들을 놔두고 왔다는 큰 죄책감이 들었다.

아무렇지도 않게 버스에 카드를 대고 들어가는 사람들의 모습이 나에게는 이상하게만 느껴졌다. 우리에게는 너무도 당연한 일이지만 소말리아인들은 상상도 하지 못할 모습이다. 그런 나라에 우리 국민들이 붙잡혀 있다는 것, 그게 그토록 가슴이 아팠다. 그래서 별것 아닌 그 버스카드 대는 작은 동작이 나에게 너무나도 아프게 다가왔다.

도착하자마자 테이프의 번역작업을 맡기고, 〈피디수첩〉의 피디들, 작가들과 앉아서 어떻게 방송을 할 것인지, 구성을 어떻게 할 것인지 회의를 시작했다. 토요일에 한국에 도착했고, 바로 3일 후면 방송 예정이었다. 우리에게 주어진 시간은 고작 3일뿐이었다. 그때부터 방송시간에 맞추기 위한 싸움이 시작됐다.

토요일과 일요일까지는 괜찮았지만, 월요일이 되니 그야말로 난리가 났다. 기자들부터 외교부에 이르기까지 너무 소란스러웠다. 나 개인적으로는 이런 상황이 감당하기 힘들었다. 성격이 내성적이어서인지, 취재하고 방송밖에 모르는 사람이 인터뷰 대상이 되어야 하는 상황이 너무 불편했다. 피디가 언론에 직접 노출되는 상황도 적응하기 참으로 힘들었다.

그 와중에 동원수산 측에서 내가 해적과 연계가 되었다느니, 돈을 요구했다느니 하는 터무니없는 억지 주장을 공문으로 각 방송사에 발송하는 일이 발생했다. 외교부는 외교부대로 '일개 프리랜서'의 취재를 MBC가 믿느냐는 요지의 공문을 보내왔다.

정말 방송을 그만두고 싶을 정도로 힘든 상황이었다.

저널리스트라는 직업은 북한의 김정일도 만날 수 있고, 사담 후세인도 만날 수 있고, 어떤 반군 지도자든지 만날 수 있는 직업이다. 그런데 내가 왜 해적과 연계되었다는 소리를 들어야 하는 건지 답답했다.

게다가 나 때문에 협상이 지연됐다고 하는 외교부의 주장은 더욱 황당했다. 외교부는 사건이 발생한 직후부터(나포될 당시부터) 석방된다, 곧 풀려난다는 말만 계속 반복했을 뿐이었다. 때문에 협상이 어떻게 진행되는지 아는 국민은 거의 없었다. 심지어 선원들의 가족들도 자세한 상황을 몰랐다.

나 또한 그걸 믿지 못했고 그래서 취재를 가게 된 것이다. 그런데 나 때문에 협상이 지연되었다는 말을 하다니, 말도 못 하고 당하는 입장에서 너무 억울했다. 외교부의 논리대로라면, 앞으로 어떤 협상이든 관련되어 있기만 한다면 대한민국의 언론인들은 취재할 수 없는 게 아닌가. FTA도 마찬가지고, 6자회담도 마찬가지로 협상 아닌가. 그런 것들은 취재가 되는데, 소말리아에는 어째서 다른 잣대를 대는 것인지 이해가 되질 않았다.

내가 프리랜스 피디이기 때문에 더욱더 궁지에 몰리지 않았나 하는 생각이 들었다. '일개 프리랜스'가 무슨 자격으로 국가의 일에 취재를 했는가 하는 주장인데, 나는 단 한 번도 프리랜스로서 언론인의 양심에 벗어난 일을 한 적이 없다. 내 능력껏 취재를 할 수 있어야 선진국이 아닌가. 우리나라가 선진국이 되었다는 말들을 많이 하는데, 이런 일들은 참으로 마음 아픈 것이다. 그 때문에 소말리아에서도 힘들었지만, 한국에 와서 더욱 힘들었다.

나는 사실 외교부에 대해서 그렇게 감정이 있는 사람은 아니다. 처음에 취재를 떠날 때도 그랬지만 내가 소말리아에서 알게 된 이런저런 정보들이 동원수산 측이나 외교부에 도움이 될 거라고 생각했다. 그래서 방송을 통해 그런 정보를 주면 협상에 많은 도움이 되지 않을까 하는 생각에서 취재를 했던 것이지, 외교부나 동원수산을 고발하고자 하는 생각은 추호도 없었다.

내가 다시 돈을 들고 소말리아에 가고자 했던 것도 동원수산과 선원들을 돕고자 하는 마음에서 그랬던 것이다. 저널리스트라는 내 직업의 영역에서 벗어난 일이라도 사람을 살리기 위해서는 어쩔 수 없다고 생각한 것이었다. 물론 외교부와 동원수산 측의 입장도 이해가 가지 않는 것은 아니었다. 나는 외교부 쪽에서 '일개 프리랜스' 운운하는 말을 듣고 화도 많이 났지만, 그런 말들이 튀어나올 정도로 저 사람들 입장에서는 나의 취재가 당황스러운 일인가 보다 하는 생각도 들었다.

하지만 이제는 한국 언론인도 전 세계 어디나 취재할 수 있는 인프라를 구축하는 중이고, 나는 그 중 한 사람일 뿐이다.

나는 동원호와 관련된 일련의 사태들을 겪으면서 내가 지금 그 과도기에 있는 것이 아닌가 하는 생각을 하게 되었다. 민주화는 하루 아침에 이루어진 게 아니라는 말이 다시 한번 실감이 났다. 수많은 사람의 희생이 있은 다음에야 민주화가 된 게 아닌가. 세월이 좀더 흘러서, 먼 훗날의 언론인들이 내가 겪은 일을 회상하면서 예전엔 이런 시대도 있었구나 하는 생각을 할지도 모른다. 그리고 나 같은 사람들이 있어야 먼 훗날 더 나은 언론인들이 있을 수 있지 않나 하는 생각도 들었다. 그러면서 나는 운 나쁘게 우리 언론이 세계로 뻗어나가는 시기에 활동했기 때문에 이런 일을 겪은 것이 아닌가 하는 생각을 했다.

아마 지금 현재 나와 외교부 그리고 동원 628호가 처한 상황이, '옛날엔 그런 일도 있었지'라고 기록될 만큼 좋은 시대가 올 것이다. 그래서 앞으로도 이런 일이 있다면 나는 또다시 외교부와 맞설 자신이 있다.

비록 '일개 프리랜스' 피디이지만.

"진실을 믿고 한번 덤벼봐"

방송을 하루 앞두고도 주변은 잠잠해질 기미가 보이지 않았다. 방송 준비는 해야 했고, 전화는 쉴 새 없이 울리고…… 나는 점점 자신이 없어졌다. 다시 돈을 가지고 소말리아에 가야 되는데, 동원수산 측에서 나에게 돈을 맡길 것 같지도 않았다. 그렇다면 내가 돈을 만들어서 가야 하는데 그 걱정이 너무 컸다. 나만 믿고, 내가 다시 오기만을 기다리고 있을 선원들을 생각하면 정말로 미치기 일보 직전이었다.

혼자 그렇게 고민하다가, 도저히 안 되겠다 싶어서 월요일 저녁에 소말리아에 있는 D에게 전화를 걸었다. D는 전화를 받자마자 내 속도 모르고 물었다.

"한국 정부에서 너한테 고마워하지 않아?"

"아니, 동원수산에서 나보고 해적들이랑 내통했대. 나 너무 힘들거든."

D는 그제야 생활을 대강 짐작하고 나를 위로했다.

"나는 이슬람 신자고, 너는 가톨릭 신자잖아. 하늘이 알 거야. 우리가 취재한 내용은 다 진실이잖아. 모두 진실인데 뭐가 겁나? 설마 한국이 소말리아에서처럼 총 들고 덤비겠어? 죽이진 않을 테니까 진실을 믿고 한번 덤벼봐. 싸워봐."

나는 답답했다. 소말리아만큼은 아니지만 한국도 나름대로 복잡한 사정이 있는데 D는 그걸 너무 모르고 있었다. 그래서 한탄처럼 중얼거렸다.

"여기는 총으로 위협하는 사회는 아니지만 잘못하면 사회적으로 죽는단 말야."

그랬더니, D는 내게 힘내라며 이렇게 말해주었다.

"너는 진실을 말할 거고, 우리는 진실을 취재했잖아. 진실을 말하면 돼. 힘내. 오늘밤 널 위해서 기도할게. 소말리아에서 널 위해 기도하는 사람이 많아. 셰이크 하산도 기도할 거고, 파자르도 기도할 거야. 널 위해 기도하는 사람이 이렇게 많은데 뭐가 걱정이야. 걱정하지 마."

통화를 끝내고 나니 용기가 났다. 나한테는 정말 큰 무기인 진실이 있다는 것을 깨달았다. 나는 내가 본 그대로, 선원들이 보여준 그대로 방송으로 모든 걸 얘기할 수 있는 사람인데 두려울 것이 무엇인가.

D와의 통화가 끝나자, 나는 찔릴 것도 하나 없고, 아쉬울 것도 하나 없다는 생각이 들었다.

있는 사실 그대로 방송을 하면 된다!

나는 D의 힘찬 응원을 등에 업고 용기백배하여 방송을 하기로, 그대로 밀고 나가기로 결심했다.

때마침 베트남 통신사 지사장에게서 전화가 왔다. 그는 날 만나서 인터뷰를 하고 싶다고 했다. 방송 때문에 눈코 뜰 새 없이 바빴지만, 동원호의 베트남 선원 얼굴이 떠올라 승낙했다.

베트남 통신사 지사장이 방송국으로 나를 찾아왔다. 그는 인터뷰 전에, 많은 베트남 사람이 동원호에 있는 베트남 선원들을 걱정했다고 했다. 신문에도 엄청나게 기사화되었고, 가족들이 슬퍼하는 모습도 많이 방송이 되었다고 했다. 그러나 베트남이 협상 주체국이 아니다 보니 마냥 기다릴 수밖에 없었다고 말했다.

그는 베트남 신문에 난 동원호 기사 스크랩을 나에게 보여주었다. 베트남어는 몰랐지만 사진이나 기사 양으로 보았을 때 베트남에서도 동원호 사건이 엄청나게 큰 이슈가 된 듯했다. 그는 빨리 기사를 작성해서 원고를 보내겠다며, 베트남 국민들을 대신해 나에게 몇 번이나 절을 했다.

가슴 졸이면서 기다렸던 사람들은 한국뿐만 아니라 베트남이나 인도네시아, 중국에도 있었던 것이다. '우리가 참 많은 시간을 우리나라뿐만 아니라 그들의 가족들까지 마음 졸이게 했구나' 하는 생각이 들었다.

나는 더욱더 방송을 해야겠다는 용기를 낼 수 있었다.

방송을 준비하는 3일 동안 제대로 먹지도 못했고, 잠도 거의 자지 못했고, 씻을 시간도 없었다. 항상 그랬듯이 방송이 나가기 직전까지 긴장을 늦출 수가 없었다.

〈피디수첩〉의 다른 피디들이 동원호 선원의 가족들을 취재해 왔다. 나는 그 영상을 통해 갑판장의 어머니, 기관사의 형 등의 선원 가족들을 볼 수 있었다. 그들을 보니 억류되어 있는 선원들의 얼굴이 뚜렷하게 떠올랐다. 그동안 제대로 된 소식도 듣지 못한 채 아들, 동생과 형, 남편의 안부를 궁금해하면서 가족들은 얼마나 마음을 졸였을까.

갑판장의 어머니는 갑판장이 돌아오면 주려고 닭을 키우고 있었는데, 그 닭을 바라보며 하염없이 울고 있었다. 키 작은 갑판장이 항상 우울한 모습으로 동원호 안을 돌아다니던 기억이 떠올랐다. 비록 영상이었지만 선원들의 가족 모습을 접하고, 사지에 두고 온 동원호 선원들을 보고 싶다는 생각이 한층 더 들었다.

〈피디수첩〉을 방송할 때 날 도와준 사람은 여럿 있지만, 그 중 최승호 부장은 정말 나로서는 잊을 수 사람이다. 방송국에서 최승호 부장을 처음 봤을 때 정말 '눈이 큰 사람'이라고 생각했다. 그는 내가 방송할 때 불편하지 않게 일거수일투족을 항상 챙겨주었다. 그냥 피디가 아니라 대선배 같은 사람으로서 많은 도움을 주었고, 방송을 하면서도 많은 것을 의지할 수 있었다.

〈피디수첩〉에서 방송한 경험은 단순한 방송경력이 아니라 대선배와 같은 피디와 작업할 수 있었던 좋은 기회였고, 최승호 부장이 여러 가지 힘든 상황에 대처하는 법을 보면서 배운 것도 많았다. 처음 만난 낯선 사람들과 함께 한 방송 작업이었지만, 진실을 알린다는 사명감을 함께 공유하고 방송 하나만을 위해 질주한 경험은 오래도록 내 기억에 남을 것이다.

〈피디수첩〉에서 방송을 한 것도 처음이었고, 그때 처음 만난 피디들도 많았지만, 그들 모두 나의 진실을 믿어주었고, 그 진실을 지키기 위해서 너무 많은 사람들이 노력해주었다. 동원호 방송은 절대 나 혼자만 한 것이 아니다. 동원 628호 선원들과 양심을 지니고 있던 소말리아인들, 소말리아 언론인들, 많은 정보를 준 외신 기자들과 〈피디수첩〉의 피디들, 그 많은 사람이 옆에서 받쳐주었기 때문에 방송을 할 수 있었던 것이다. 정말 나 혼자서는 절대로 할 수 없는 방송이었다.

당시 선원들은 〈피디수첩〉에 자신들을 취재한 내용이 방송된 것을 모르고 있었다. 그리고 어디에서 흘러들어간 정보인지는 모르겠지만, 내가 가져간 필름이 정부에 압수됐다는 소문이 선원들 사이에 파다했다.

당시 막판 협상이 진행 중이었지만 선원들은 풀려날 것을 확신하지 못하고 있었다. 그동안 "내일이면 나간다"라는 말이 계속 반복됐기 때문에, 그 내일이 과연 석방일이 될지는 아무도 확신할 수 없었던 것이다.

2006년 7월 29일

아침 4시 기상해서 샤워를 하고 도인술을 했다. 식당에서 비디오를 보았다. 해적두목이 선박으로 건너왔다. 선장 말에 의하면 협상이 몇 분 전에 끝났다고 했다. 그러나 놈들이 놓아주지 않는다. 저번에 기자가 취재한 필름도 정부에서 압수했다고 한다. 기자가 몸에 지닌 돈도 모두 빼앗았다고 한다. 소말리아 기자가 두목에게 5만 달러를 내놓으라고 했다.* 아직까지 언제 풀려나리라는 것을 확실히 모르는 상태다. 상어꼬리를 해적놈보고 돌려달라고 하니 전에는 준다고 하더니 지금은 자기네 바다에서 잡은 것이니 못 준다고 했다. 기자 선생님은 지금 어디서 무엇을 하고 있는지…… 내가 너무 믿고 있는 것은 아닌지. 12시 15분 정남이 소말리아로 선장님이 가져갈 짐을 챙겨왔다. 소말리아에서 건너온 4명과 두목은 돌아가고 다들 내일이면 풀려난다고 했다. 미국 군함에 있던 한국인이 도와줄 것이 있느냐고 물었다. 해적들은 아주 기분 좋은 모양이다. 선장님 말에 의하면 놈들이 어찌할지 모르니 저녁식사 후에 침실에서 나오지 말라고 했다. 놈들이 식당에 모여 마약풀을 씹고 있었다. 저녁식사 5시 40분. 식사 후 기관사가 나오

---

* 필름은 압수당하지 않았고 방송도 무사히 나갔다. 나는 모가디슈에 도착한 후 선장과 통화하면서 내가 납치됐던 상황을 알렸다. 아마 그 얘기가 선원들 사이에 퍼지면서 내가 돈을 빼앗겼다는 소문이 돈 모양이었다. 소말리아 기자(D)가 해적두목에게 5만 달러를 내놓으라고 한 것은 해적들이 지어낸 거짓말이었다. D는 이 말을 듣고 펄쩍 뛰었다.

더니 빨리 침실로 들어가서 쉬자고 했다. 놈들이 밤에는 나올지 모르니 피하자고. 잘못 서두르다가는 한 방 갈길지 모른다는 것이다. 어쩐지 놈들도 보트 끌어다 엔진을 달고 밤에 서두르는 것을 보니 도망갈 것 같기도 하다. 왜냐하면 내일 우리가 나가게 되면 미군의 공격을 받을 가능성이 있기 때문이다. 어쨌든 풀려난다고 생각하니 마음은 기쁘다. 너무나 시달린 것 같다. 정말로 내일 풀려나는지. 그분이 떠난 지 15일. 과연 내일은 소말리아에서 풀려날 수 있을지……

조선족 선원 김홍길의 일기에서

"여기는 미 군함입니다. 동원 628호는 응답하십시오"

항해사 김진국 7월 29일, 당직실 나가니까 해적들이 "돈이 왔다. 너희들 내일 나간다"라고 했다. 해적도 우리도 들떠서 잔칫집 같은 분위기였다. 해적들이 소 한 마리를 잡아주겠다고 하더니 정말 소를 잡아주었다. 내일 풀려난다는 말이 정말인 것 같았다. 한편으로 두바이 유조선처럼 놔주지 않는 것은 아닌지, 미국 군함이 와서 일이 복잡해지진 않을지 걱정이 됐다. 그때 우리가 한국 방송에 나왔다는 소식을 들었다. 그 소식을 듣고서야 비로소 풀려날 수 있을 거라는 믿음이 생겼다.

그런데 해적들이 캘리버50을 철거하지 않았다. 영 찜찜했다. 해적들은 선장이 아침에 회사에서 돈을 부쳤다는데 왜 캘리버50을 철거

하지 않느냐고 따지자 그제야 총을 떼어냈다. 그제야 완전히 안심할 수 있었다.

그때 해적두목과 전화를 하던 행동대장이 갑자기 언성을 높이면서 화를 냈다. 뭔가 일이 잘못되어가고 있다는 생각이 들었다. 해적두목 집에 인질로 잡혀 있으면서 짧은 소말리아어를 익힌 선장이 금액 분배 때문에 싸움이 난 것을 알고 회사와 통화하게 해달라고 요청했다. 선장은 꽤 오랫동안 회사 사람과 통화를 했다.

117일보다 더 긴 4시간이 흘렀다.

해적들은 떠나면서 마지막까지 배에 있는 것을 약탈해갔다. 선장은 그 모습을 보고 가만 놔두지 않겠다며 분통을 터뜨렸다. 나는 선장을 말렸다. 끝까지 이성을 잃지 말고 풀려나는 것이 확실해질 때까지 저들을 자극하지 말자고 했다.

떠나면서 해적 한 놈이 기어이 우리 배를 향해 총을 쐈다.

2006년 7월 30일

어젯밤 11시 당직을 서고 돌아오니 (모포) 담요 놈들이 통째 가져가고 없었다. 감기에 걸린 데다 담요까지 없으니 도저히 잠을 잘 수가 없었다. (중략) 9시 30분 전체 선원이 데끼 청소를 했다. 소말리아 놈들 소 한 마리를 잡아서 다리 한 개와 내장을 자기들이 먹고 머리와 몸뚱이를 선박으로 가져왔다. 놈들은 낚시. 브리지엔 나엔(나이론 줄), 세밖시(아마추어 햄) 한 박스를 보트에 실었다. 선장님이 (말려보려고) 놈들의 대장을 데리고 나왔다. 하지만 소용이 없었다. 놈들 말에 의하면 3시에서 4시경에 배를 보내준다는 것이다. 놈들은 배에서 물건이란 물건은 다 실어간 상태. 사람과 무기, 총만 남았다. 기관사 말에 의하면 지난번 기자 선생님이 취재해간 것이 MBC에 방송되었다고 한다. 그래서 628호 풀려난다고. 과연 오늘은…….
조선족 선원 김홍길의 일기에서

우리 배는 케냐 몸바사로 향했다. 정상적으로 항해를 하면 3일이면 도착하는 거리였다. 미국 군함이 우리 배로부터 24마일 밖에 있다고 알려왔다.

레이더로 군함의 위치를 확인하고, 풀려나면서 "아메리칸 네이비"라고 호출을 했다. 그런데 저쪽에서 대답이 없었다. 정작 레이더로 확인된 배는 화물선이었다. 24마일 밖에 있다는 미국 군함은 어디에도 없었다. 속력을 높이려고 했지만 배를 너무 오래 방치해둔 탓에 속력이 나지 않았다.

어둠이 내리고 나서야 어눌한 한국 사람의 목소리가 들려왔다. "동원 육백이십팔 호, 여기는 미 군함입니다. 동원 육백이십팔 호는 응답하십시오."

그 목소리를 들었을 때의 감격은 지금도 잊을 수가 없다.

2006년 7월 30일

3시 20분 해적들이 브리지에 설치했던 중기관총을 철수하고 갑판에 내렸다. 곧 놈들이 물러날 것 같다. 4시 20분 우리 선박이 풀려난다는 소식을 들었다. 5시 40분 저녁식사. 식사 후 옷을 빨고 있는데 기관사가 오더니 군함이 떴다고 한다. 나가보니 군함이 우리 배 가까이에서 따라오고 포드 쪽에 또 한척의 불빛이 보였다. 선장님은 식당에서 나보고 "홍길아, 우리 살아서 나간다"라며 기뻐했다. 정말로 불행 중의 다행. 나 역시도 믿어지지가 않는다. 여기서 끝난 줄로만 알았었는데, 이렇게 멀쩡한 몸으로 가족 곁으로 떠나게 되니…… 이 기쁨, 말로 표현할 수가 없다. 우리는 몸바사로 향하고 있다. 선장님께서 말씀하시기를 3일 정도 걸리는 거리라고 한다. 정말 기쁘다. 대한민국 정부와 국민들께 진심으로 감사드립니다. 우리는 오늘까지 117일, 소말리아에 잡혀 있었다. 이 기나긴 시간 하루같이 긴장 속에서, 총부리 앞에서 생활했으니 당해보지 않고는 모를 것이다. 정말로 미칠 것만 같았던 순간들, 몇 번이고 놈들을 죽이려고 시도했던 나날들. 정말로 하나님 아버지께 감사하고 감사합니다. 2006년 7월 30일 종료. 인질극 종료. 해방.

조선족 선원 김홍길의 일기에서

호출을 받고 우리 배에 연락을 취한 사람은 미국 군함에 타고 있는 한국인인 것 같았다. 어눌한 한국어 음성과 함께 저 멀리 미국 군함의 실루엣이 보였다.

그런데 어찌된 일인지 당시 미군들 사이에 우리 배 안에 아직 해적이 있다는 소문이 돌았다. 미군이 조사를 위해 보트를 타고 우리 배로 건너왔다. 미군 4명이 한국인 통역병을 데리고 와서, 선박을 샅샅이 점검했다. 한참 뒤에 해적이 없다는 것을 확인하고, 그들은 배에 타고 있는 인원을 확인했다.

아침에 식사를 하고 청소를 하는데 무기창고 안에 RPG 탄두 3개,

캘리버50, 기관총 500발 정도가 남아 있었다. 해적들이 두고 간 것이었다. 통역병을 통해서 배안에 폭발물이 있다는 통보를 했더니, 완전무장한 미군의 폭발물 처리반 12명 정도가 우리 배로 올라왔다. 선장과 통신장은 브리지에 있고, 나머지는 갑판에 있는 상태에서 인원을 확인하고 미군이 갑판 위에 있는 창고부터 샅샅이 수색했다. 침실만은 예외로 내가 입회한 상태에서 점검했다.

그때까지 미군과 우리는 다소 서먹서먹한 상태였다. 모든 점검이 끝나고 나서야 긴장이 풀렸다. 미군들은 안전한 영역까지 우리 배를 호위해주었다.

2006년 8월 1일

새벽 3시 기상. 샤워와 도인술. 식당에서 비디오를 보고 아침 7시 40분에 식사. 탑 브리지 청소. 아침식사 후 배 앞쪽부터 청소. 10시 20분 미군 보트가 건너왔다. 그때 미군 말에 의하면 미군이 소말리아를 폭격한다는 것이다. 두목 둘의 집의 위치를 물어갔다. 미군 역시 소말리아를 폭격한다고 알려주었다. 점심에 미군이 준 빵과 콜라를 먹었다. 12시 점심식사 끝난 후 역시 청소. 저녁 식사 6시 20분. 식사할 때 미군들이 김치를 요구해서 주방장이 준비해서 주었다. 소말리아 폭격도 하루빨리 진행됐으면 좋겠다.

조선족 선원 김홍길의 일기에서

소위 정도 되어 보이는 미군이 와서 우리가 잡혀 있던 위치를 아느냐고 물었다. 미군은 상세한 위치를 원했다. 해도를 꺼내놓고 우리가 잡혀 있던 해적마을과 하라데레의 위치를 설명했다. 나는 해적마을에 있던 런던빌라의 위치를 설명했다.

당시 미군들은 우리가 117일이라는 긴 시간 동안 해적들에게 붙잡혀 있었다는 사실을 몰랐다. 우리는 미군에게 그간의 일들을 전해주었다. 부하들에게서 그 사실을 보고받은 미군 상관은 굉장히 놀랐고, 그래서 그뒤 해적 본거지를 폭격할 계획을 세웠다고 한다.

2006년 8월 2일

아침 4시 기상해서 도인술을 했다. 5시에 기관실 옆 식당으로 내려갔다. 배 전체의 전깃불을 끈 상태였다. 문 역시 다 닫혀 있었다. 어쩐지 매우 불안했다. 식당에 가니 기관사가 혼자 손전지를 곁에 두고 앉아 있었다. 그리고는 나보고 불 켜지 않았냐고 물었다. 밤에 또다른 해적선이 나타났다는 것이다. 2.5마일 거리. 미군 헬기까지 떴다고 한다.

조선족 선원 김홍길의 일기에서

소말리아에서 풀려나 케냐 몸바사로 항해하는 동안에 당직을 서는 문제를 논의했다. 선장은 쉬게 하고 나와 통신장이 교대로 당직을 서기로 했다. 12시에 나는 당직을 서기 위해 위로 올라갔다. 그런데 웬일인지 배의 불이 전부 다 꺼져 있었다. 브리지에 올라가 보니 당직을 서야 할 사람이 없었다. 그때 갑자기 문이 쓱 열리면서 통신장이 안으로 들어왔다. 통신장은 어제 당직을 서는데 2.5마일 거리에 점 하나가 잡혔다고 했다.

나는 아직 안심지역이 아니고 우리 배의 속력이 너무 느리니까 주

야간으로 탑 브리지에 당직을 세우는 것이 좋겠다고 선장에게 건의했다. 그때부터 선원들 두 사람씩 짝을 지어 당직을 서게 되었다. 전날 밤의 사태로 긴장한 우리는 안전을 위해 정상적으로라면 3일이면 도착할 거리를 좀더 돌아서가게 되었다.

우리는 예정일보다 이틀이나 늦게 케냐 몸바사에 도착했다.

2006년 8월 6일

나는 다행히도 오늘 무사히 풀려나게 되었다. 곧 조국 친지들의 품으로 돌아가게 되었다. 대단히 감사하고 감사합니다. 정부와 중화민족께 진심으로 감사하고 감사합니다. 김홍길.

조선족 선원 김홍길의 일기에서

협상 완료, '모두 살아서 풀려나는구나!'

김영미 7월 29일 토요일 저녁, 갑자기 소말리아에 있는 D에게서 전화가 왔다. 내가 전화를 받자마자 D는 소리치듯 말했다.

"한국 배가 풀려났어. 지금 모가디슈 라디오에서 전부 그 얘기가 나오고 있어. 사람들이 너에게 빨리 알려주라고 해서 전화한 거야."

너무도 기다리던 소식이었다. 순간 정신이 얼얼해지면서 내가 들은 게 정말 진짜인가 싶었다.

나는 D에게 정확하게 배가 풀렸는지 알아보려면 어떻게 해야 하는지 물었다. D는 자기가 무선으로 하라데레에 물어보겠다고 했다. 한참 뒤에 D에게 다시 전화가 왔다. 방송에서는 막 떠들어댔지만, 한국 배는 아직 그 자리에 있는 것 같다며, 하지만 돈을 받았으니 곧 풀려날 거 같다고 했다. D는 AFP와 AP 두 통신사 쪽으로도 기사가 나갈 것 같다고 말했다.

잠시 뒤 AP에 정말 기사가 떴다. 한국 선원과 선박이 소말리아 해적들에게서 풀려났고 80만 달러에 협상이 완료되었다는 기사였다.

그리고 나서 D에게 다시 전화가 왔는데, 해적들이 거의 다 바닷가에 있고, 해적 넷이 아직도 배에서 철수를 안 했다고 했다. 그리고 해적들이 소 한 마리와 야채를 배에 싣기 위해 준비하고 있다고 말했다.

해적들이 '소 한 마리'를 배에 싣고 있다는 얘기를 듣자 선원들을 풀어주는 게 진짜라는 생각이 들었다. 왜냐하면 그 전에 해적두목이 "풀어줄 때 소 한 마리를 주겠다"라고 말했기 때문이다. 선원들 역시 똑같은 말을 한 적이 있다. 그제야 정말로 풀려났나보다, 하는 생각이 들었다.

그런데 그 밤이 지나도록 아무 소식이 없었다(당시 소말리아는 낮이었지만 한국은 밤이었다). 그때 나는 MBC 〈피디수첩〉 사무실에 있었는데, 정말로 피가 마르는 기분이었다.

'선원들이 정말로 풀려났을까?' '또 해적들에게 속는 건 아닐까?'

나는 풀려나는 와중에 무슨 일이 벌어질지 몰라서 긴장을 늦추지 못한 채 선원들의 소식만을 기다렸다.

드디어 새벽 2시가 조금 넘은 시각에 동원호 선장에게서 전화가 왔다.

"우리 풀려났습니다. 지금 케냐 몸바사로 가는 중이에요. 배 속력이 안 나서 사흘 후 정도로 예상하지만, 정확히 언제 도착할지 모르겠어요. 정말 나쁜 놈들이에요. 풀어주는 와중에도 배에 있는 거 싹 다 쓸어갔어요."

풀려났다는 소식을 들으니 정말로 눈물이 앞을 가렸다.

'모두 살아서 풀려나는구나…….'

보트를 타고 배를 떠날 때 보았던, 뱃전에서 손을 흔들던 선원들의 모습이 선명하게 떠올랐다. 그리고 흐르는 눈물 속에 그때 가졌던 죄책감이 조금씩 씻겨내려갔다.

동원 628호 취재는 처음 시작할 때부터 끝날 때까지 한시도 마음을 놓지 못했던 취재였다. 항상 불안했고, 늘 가슴을 졸였다. 정말 속이 새까맣게 타들어간다는 것을 느낄 정도로 힘들었다.

선원들이 무사히 풀려났다는 소식을 듣고 가장 안심했던 것은 다시 돈을 들고 그곳을 가지 않아도 된다는 것, 그 부담으로부터의 해방이었다. 떠나오면서 셰이크 하산에게 병력을 몇 배 더 충원하고, 연발 기관총(테크니컬 건)도 준비해달라고 말했는데, 이제 그런 일을 할 필요가 없었다. 그 큰돈도 구할 길이 막막했는데, 선원들이 모금이라도 해서 와야 된다고 신신당부했었는데, 그 모든 것으로부터 해방된 것이었다. 그것이 정말 나의 솔직한 심정이었다. 모두 살아 돌아와주어서 다행이고, 다시 그 사지로 들어가지 않아도 된다는 게 무엇보다도 다행이고.

그날 밤, 나는 소말리아 취재 이후 처음으로 푹 잘 수 있었다.

한국땅을 밟아야만 진짜로 산 것

항해사 김진국 우리 동원 628호는 오후에 케냐 몸바사 항에 도착했다. 해적 출몰 사건으로 안전한 길로 멀리 돌고, 예상외로 조류가 세서 배가 뒤로 밀리는 바람에 더 늦게 도착하게 됐다. 예정시간보다 늦게 도착한 탓에 우리는 관제소의 지시를 받고 대기해야 했다. 그제야 비로소 '이젠 정말 살았구나'라는 실감이 났다.

취재진이 어마어마하게 몰려왔다는 소식을 들었다. 들어가보니 사람들이 새까맣게 몰려와 있었다. 그 사람들을 보는 순간 이제 모든 악몽이 끝났다는 실감이 확 밀려왔다. 그러면서 그리운 사람들의 얼굴이 떠올랐다.

'혹시 가족들이 저기 있을까, 김영미 피디도 와 있을까…….'

배를 부두에 대자 케냐 보건담당자들이 올라와서 선원들의 피를 뽑고 혈압을 쟀다. 다음으로 세관에서 나와서 배를 검색했다. 기자들은 밖에서 대기하고 있었다. 기자회견장을 설치하는 것이 보였다. 드디어 육지에 도착했다는 사실에 선원들도 흥분하고 있었다.

한국 대사관에서 나온 직원이 기자회견을 부탁했다. 나는 처음에는 촬영에 응할 생각이 없었다. 그동안 쌓인 회사와 국가에 대한 원망은 그리 쉽게 사라질 수 있는 게 아니었다. 하지만 가족들에게 무사히 돌아왔다는 것을 보여주고 싶은 마음에 카메라 앞에 섰다.

선장이 선원들을 대표해서 인터뷰를 했다. 무엇보다 무사하게 돌아오게 돼서 감격스럽고, 관심을 가져주신 분들에게도 고맙다고 말했다. 기자회견 내내 다른 선원들은 별말이 없었다. 대사와 대사관 직원들, 회사 임원들이 얼핏 보였다. 중국 대사관에서는 그동안 고생했다며 선원들에게 줄 시계와 위스키 세트를 선물로 가져왔다. 아무도 나오지 않은 베트남 선원들은 기가 죽은 표정이었다. 기자회견이 끝나고 선장과 기관장만 회사 임원들과 저녁식사를 하러 갔다.

조선족 선원들은 다음날 중국으로 돌아간다고 했다. 이별주라도 사줘야겠다는 생각에 해적들 몰래 숨겨놓았던 돈 1백 달러를 찾아서 시내로 향했다. 우리는 조선족 선원들이 성과급으로 받은 돈과 내 돈을 탈탈 털어서 그간 함께 고생한 회포를 풀며 이별주를 마셨다.

다음날 아침 중국 선원들이 먼저 떠났다. 그들이 너무 일찍 떠나는 바람에 중국 선원들이 떠나는 것도 보지 못했다. 한국 선원과 베트남 선원, 그리고 인도네시아 선원만 남게 됐다. 배는 수리해서 계속 조업을 하고 한국 선원들만 귀국하기로 결정됐다. 베트남 선원 4명과 인도네시아 선원 1명도 고국으로 귀국을 결정했다. 그리고 베트남 선원 1명과 인도네시아 선원 8명은 그대로 배에 남기로 했다. 귀국하면 다시 배를 타러 나오기가 힘들 거라는 생각에 생계를 위해 어쩔 수 없이 남기로 결정한 것 같았다.

부두에 자전거에 위스키를 싣고 다니면서 파는 장사꾼이 있었다. 인도네시아 선원들이 위스키를 사달라기에 사주고, 밖에서 볼일을 마친 후 배로 돌아갔다. 그런데 그새 배 안이 난장판이 되어 있었다. 인도네시아 선원들은 술에 잔뜩 취해서 나를 붙잡고 울었다. '그동안 말도 못 하고 속으로 맺혔던 한이 이제 폭발했구나' 하는 생각에 나도 같이 그들을 부여잡고 울었다.

다음날 나는 귀국하는 외국 선원들을 데리고 쇼핑을 나갔다. 귀국하는 인도네시아 선원 1명과 베트남 선원 4명에게 가방과 전화카드를 사주었다. 떠나기 전에 인도네시아 선원들이 나를 껴안고 고맙다며 인사를 했다. 우리는 또다시 껴안고 울 수밖에 없었다.

그 고생을 하고 별다른 치료도 받지 못한 채 다시 배를 탄 선원들을 생각하면 지금도 가슴이 너무 아프다. 한국으로 돌아와 치료를 받고 있는 나도 악몽과 불면증에 시달리는데 그들의 상태는 더 말할 필요도 없을 것이다.

몸바사에서의 마지막 날, 전체 회식이 있다기에 선원들 모두 한국 식당으로 갔다. 무사히 풀려난 것을 자축하며 술이 여러 잔 돌았다. 나는 배에 남아 있는 외국 선원들이 생각났다.

'그들도 이 기쁨을 함께 누려야 하는데……'

영 마음이 편하질 않았다.

대사관 직원과 회사 임원들은 남은 선원들을 전혀 신경 쓰지 않는 눈치였다. 참다못한 내가 옆에 앉아 있던 대사관 직원에게 한마디 했다.

"당신들, 선원 침실에 들어가봤습니까? 우리 선원들은 해적들한테 풀려난 상태 그대로 이불도 없이 이틀을 잤습니다."

내 말에 대사관 직원들은 미처 몰랐다며 사과를 한 후 그제야 필요한 물품을 배 안에 넣어주었다.

우리가 몸바사에 도착한 후, 선원들의 상태를 확인하러 배에 온 사람은 아무도 없었다. 대사관 직원도 회사 직원도 찾아오지 않았다.

우리는 해적에게 납치당했을 때와 마찬가지로 그저 배에서 한국으로 돌아갈 날만을 기다려야 했다. 죽을 고비를 넘기고 겨우 풀려 났지만, 누구도 우리에게 관심을 기울이지 않는 것은 그때나 지금이 나 마찬가지라는 생각이 들었다. 그 오랜 시간 동안 우리가 무엇 때문에 그런 고통을 당해야 했는지 정말 아무라도 붙잡고 이 답답한 심정을 토해내고, 그 이유를 묻고 싶은 심정이었다.

밤에 배로 돌아가보니, 선원들이 브리지와 기관실 안에 모여서 〈피디수첩〉을 보고 있었다. 김영미 피디가 찍어간 동원호의 모습과 선원들 인터뷰가 나왔다. 그걸 보고 있자니 원망, 분노, 기쁨 같은 주체할 수 없는 감정들이 솟구쳐 올랐다. 하루라도 빨리 이곳을 벗어나고 싶었다.

나는 부랴부랴 짐을 싸서 배를 빠져나왔다.

다음날 아침에 잠시 시간이 남아서 몸바사에 있는 동안 기념사진이라도 찍으라고 외국 선원들에게 사진기를 사주었다. 그리고 나에게 지급됐던 생필품도 모두 건네주었다.

공항에 도착하니 KBS 특파원과 인턴 기자가 환송 나와 있었다. 말끔해진 내 모습을 보고 인턴 기자가 "항해사님 옷 멋지게 입으셨어요. 다들 다른 사람 같아요"라고 말했다.

일전에 몸바사 항에 입항할 때 '언론과 접촉하지 말라'는 회사의 지시가 있었다. 한국에 도착한 후에는 어떻게 해야 할까 고민이 됐다. 우리는 회사의 지시도 있고 해서 언론과 인터뷰하지 않기로 했다. 몸바사 항 도착할 때나 비행기 타고 오는 동안 순간순간 살아있다는 느낌은 들었다.

그러나 나는 한국 땅을 밟아야만 진짜로 산 것이라고 생각했다.

귀국, 그러나 봉합되지 않는 상처들

김영미 8월 9일, 드디어 동원호 선원들이 인천공항에 도착했다.

방송 나가고 나는 선원의 가족들에게 고맙다는 전화를 참 많이 받았다. 막내 실기사 이동현은 카메라만 보면 너무 피해 다녀서 많이 찍지 못했는데, 그 부모님은 우리 애는 왜 많이 안 보이느냐고 묻기도 했다. 그밖에도 갑판장의 누님이나, 여러 사람과 가족들에게 고맙다는 전화를 많이 받았다. 동원호 선원들이 귀국하는 날 공항 로비에서 그 가족들을 처음 보았다. 처음 본 가족은 갑판장의 누님이었다. 누님은 정말 고맙다고, 우리 동생 살아 돌아와서 정말 고맙다고, 그러면서 나의 손을 꼭 잡아주었다.

나는 내 두 눈으로 선원들이 무사히 다 도착하는 걸 직접 보기 전까지는 그들이 살아 돌아왔다는 것을 믿을 수 없었다. 그때의 솔직한 심정이 그랬다. 내가 직접 보기 전까지는 안심이 되질 않았다.

이미 기자들이 공항에 엄청나게 나와 있었다. 나는 한 구석에 숨어서 선원들이 나오기만을 기다렸다. 선원들이 한국 땅을 밟는 모습만 보고 조용히 돌아갈 생각이었다.

잠시 뒤 선원들이 나왔다. 그런데 다 함께 나오는 것이 아니라 각자 흩어져서 나오는 것이었다. 기자들은 선원들의 얼굴을 잘 모르는지 우왕좌왕했다.

기관사가 맨 처음 나왔다. 내가 다가가서 "기관사님, 살아 돌아오셔서 참 고마워요" 하고 얘기하는 순간 기자들이 우리 쪽으로 우르르 몰려왔다. 그들을 피해서 노란 티셔츠를 입은 통신사과 해후를 하고, 공항 곳곳에 흩어진 선원들을 만나 얘기를 나누었다. 선장과도 만나 악수를 했다.

선원들에게는 가족과 회사 측 사람들이 나와 있었으니 그쪽이 우선이었지만 하나도 서운하지 않았다. 나는 이미 그들 한 사람 한 사람이 한국 땅을 밟는 모습을 다 확인했기 때문이다. 다만 외국 선원들의 안부를 알 수 없어 답답했다. 그래서 항해사를 만났을 때 다른 외국 선원들은 어떻게 되었느냐고 물어보았다. 인도네시아 선원 8명과 베트남 선원 1명은 배에 남고 나머지는 고향으로 떠났다고 했다. 그리고 중국인 선원들은 모두 고향으로 돌아갔다고 말해주었다.

얼굴도 못 보고 헤어졌지만, 외국 선원들에게는 아직도 가슴에 남아 있는 것이 많았다. 그 고통을 당하고도 배에 잔류한 선원들이 있다는 얘기를 들으니 참으로 가슴이 아팠다. 납치를 당한 동안에도 공포에 떨고 굉장히 힘들었을 텐데, 돈 때문에 다시 배를 탈 수밖에 없는 상황, 휴식시간도 없이 바로 배를 타야 했다고 생각하니 참으로 안타까웠다. 해적들에게 당한 고통과 충격을 어떻게 극복하고 조업을 할지, 그게 걱정이 되었다.

나는 원망 섞인 목소리로 항해사에게 모두 고향으로 가게 도와주지 그랬느냐고 했다. 그랬더니 항해사는 어쩔 수 없었다며, 그들도 빈손으로 고향으로 가는 게 더욱 힘들었을 거라면서 이해해 달라고 말했다.

항해사 김진국 씨와 나중에 함께 식사를 하기로 하고 헤어지는데, 한 기자가 나에게 오더니 중국 선원이 전해달라고 부탁했다며 편지를 건네주었다. 조선족 선원 김홍길 씨의 편지였다. 내가 언제 돌아올지 기다렸다고, 정말 고맙다고 하는 감사의 내용이 적혀 있었다. 그 편지를 읽고 나는 참아왔던 눈물을 쏟을 수밖에 없었다. 그 편지를 읽으니 정말 모두 다 돌아왔구나, 소말리아에 아무도 남지 않고 모두 돌아왔구나 하는 안도감이 들었다. 그리고 그때야 모두 끝났다는 것이 실감 나면서 제정신을 차릴 수 있었다.

그날 밤 선원들과 선원 가족들을 만나 함께 삼겹살에 소주를 마셨다. 만나면 해주고 싶은 말, 사주고 싶은 음식도 굉장히 많았지만, 삼겹살과 소주로 차려진 조촐한 상이면 족했다. 이렇게 살아서 모두 한자리에 모이는 것, 그게 얼마나 우리가 그리던 만남이었는지, 정말 소말리아에 있을 때부터 가슴속으로 바라던 장면이었다.

우리는 비로소 웃고 떠들면서 같이 밥을 먹을 수 있었다. 정말로 행복했고, 보람도 있었다. 나는 단지 그것 하나로 만족할 수 있었다. 내가 엄청난 취재를 해서 유명해지는 건 필요도 없고, 중요하지도 않다. 선원들과 선원 가족들과 함께 만나 삼겹살과 소주를 먹는 바로 그 작은 자리가 내게는 최고의 보상이었다.

나는 그때, 선원들이 모두 무사히 돌아왔으니 모든 것이 잘 되고 좋아질 거라고 생각했다. 이젠 아무 문제도 없을 거라고 믿었다. 그런데 그게 아니었다. 소말리아는 단지 1차전일 뿐이었고, 다시 한국에서의 새로운 싸움이 시작됐다.

그들의 싸움은 그렇게 간단히 끝날 것이 아니었다.

9장 살아남은 자의 슬픔과
대답 없는 목소리

"난 정신병자가 아닙니다!"

항해사 김진국 나는 출항하기 전에 사귀던 아가씨를 만나기 위해 부산에 내려갔다. 무엇보다 그동안 전화 한 통 하지 못한 미안함을 전하고 싶었다. 그녀가 살고 있는 동네로 갔다가 우연히 거리에서 그녀와 마주치게 되었다. 그녀는 그동안 홀로 가슴 졸인 날들과 전화 한 통 하지 않은 나에 대한 원망 때문인지 그대로 나를 외면했다.

소말리아에서 전화를 하지 않은 건, 상황이 너무 안 좋았기 때문이었다. 혹시 내게 나쁜 일이라도 생기면, 그게 그녀에게 평생 상처가 될까봐 차마 전화를 할 수 없었다. 사정이 어찌되었던 그동안 내색도 하지 못하고 가슴앓이를 했을 그녀에게 너무도 미안했다. 나는 한참동안 그녀를 달래야 했다. 그렇게 나포당했던 기간의 상처들이 하나둘씩 봉합되리라 믿었다. 그런데 그게 아니었다.

한국에 돌아와서 3~4일이 지날 때까지는 몰랐는데, 시간이 지나자 잠만 자면 당시의 상황이 재현되면서 악몽을 꿨다. 계속 잠을 설치고 잘 먹지도 못했다. 일시적인 증상인 줄만 알았는데 상태가 점점 나빠졌다.

동료 선원들을 만나서 물어보니, 다들 비슷한 증상을 겪고 있었다. 우리는 일단 병원에 가서 건강검진을 받아보기로 했다. 소말리아에서 말라리아에 걸렸던 일도 있고, 감금 기간 동안 받은 정신적 스트레스도 문제였다.

검진 결과 나는 위장 장애와 최소 6개월 치료를 요하는 PTSD(외상 후 스트레스성 장애) 판정을 받았다. 나는 2주 정도 입원치료를 받고 정신과 외 치료는 끝났다는 통보를 받았다. 입원치료를 받은 병원에서는 정신과 치료를 받을 수 없었다.

나는 퇴원을 하고 인근 종합병원의 정신과 클리닉을 찾았다. 의사에게 해적들에게 납치당했던 얘기와 현재 겪고 있는 고통을 말하니, 어디론가 나를 데리고 갔다. 철문이 있는 격리수용이 가능한 정신병동이었다. 한눈에도 장애가 심해 보이는 환자들이 모여 있었다. 순간 '내가 이 정도 상태인가' 싶어서 서글픈 마음이 절로 들었다. 나는 "난 정신병자가 아닙니다"라고 소리치고 그대로 병원을 뛰쳐나왔다.

그길로 회사에 전화를 하니 직원들이 달려왔다. 회사와 상의를 하고 현재 치료받고 있는 병원으로 옮겼다. 치아 치료와 정신과 치료를 병행했다. 갑판장, 조리사, 기관사, 그리고 나까지 총 4명이 입원하게 되었다.

선원들은 입원을 해서 치료를 받는 동안에도 마음의 안정을 찾지 못하고, 자꾸 술에 의지하려는 약한 모습을 보였다. 두 달 가까이 치료를 받는 과정에서 기관사는 통원치료를 받겠다며 퇴원을 하고, 세 명만 입원치료를 계속했다. 선원들 모두 뭔가 일을 해야 생계가 유지되는 상황이었기 때문에 스스로 병원 치료를 종료할 수밖에 없었다.

그 뒤 조리사가 다시 배를 탄다는 소식을 듣고 배웅을 하러 나갔다. 조리사는 뭔가 일을 하면서 바쁘게 살면 나을 줄 알았는데 아직도 끔찍한 악몽에 시달리고 있다고 고통을 호소했다. 그러면서 이번에 배 타러 나가기 전에 병원에 가서 미리 한 달치 약을 지어왔다고 말했다.

그런 고통을 겪고도 생계를 위해서 다시 배를 타야 한다는 현실이 너무 참담하고 서글퍼서 아무 말도 할 수 없었다. 갑판장과 기관사도 한국에 돌아온 후 잠시 병원에 입원했다가 생활고 때문에 스스로 퇴원을 요청하고 배를 타러 나갔다.

생사를 같이했던 동료들이 하나둘씩 떠나고 외로움과 허무함 때문에 견디기 힘든 날들이 이어졌다. 사랑하는 사람도 생겼지만, 그때의 악몽은 잊히지 않고 내 안에서 되풀이되었다.

소말리아에서 해적들에게 나포될 당시 나는 배를 떠나 있는 선장을 대신해 선원들을 책임져야 했다. 그 때문에 두려워도 두렵다고 말하지 못하고 그저 안으로 삭혀야 했다. 선원들이 동요하지 않도록 의연한 태도를 보여야 했기 때문이다.

그런데 동료들이 모두 떠나가고 한순간 긴장이 풀리면서 그때 참기만 하고 토해내지 못한 것들이 마음속에 응어리로 남아 밖으로 표출되기 시작했다.

참고 견뎌야 했던 몇 달간의 억류생활과 그 악몽 같은 경험이 내 마음속의 병이 된 것이었다.

PTSD(외상 후 스트레스성 장애)와 악몽의 나날

김영미 선원들이 석방되고 일주일쯤 지난 후, 나는 부산에 내려가서 기관사, 갑판장, 항해사, 조리사를 만났다. 농담 삼아 바캉스라고 하면서, 선원들과 함께 식사를 했다. 기관사의 부인, 갑판장과 조리사의 결혼 상대자도 함께 나왔다. 갑판장이나 조리사의 결혼 상대자들은 가족이 아니라, 소식이 궁금해도 나서지 못하고 억류기간 내내 많이 힘들었던 모양이었다. 갑판장의 약혼녀는 어디에 물어봐야 할지, 어떻게 하면 연락할 수 있는지 몰라서 정말 많이 힘들었다고 말했다. 빨리 풀려나지 않았다면 둘 사이가 어떻게 됐을지 모를 정도로 고통에 시달렸다고도 했다.

선원들이 해적에게 잡혀 있는 동안 선원들뿐만 아니라 한국에서도 힘든 사람들이 알게 모르게 참 많았다는 생각이 들었다. 기관사 부인은 "회사 측에서는 금방 풀려난다고만 하고, 저한테 직접 연락이 없으니 제일 답답했어요"라며 당시의 심경을 설명했다. 그러고는 말라리아 걸렸다는 얘기를 듣고 약과 옷 등을 구해서 보냈는데 받았느냐고 기관사에게 물어보았다. 기관사는 잡혀 있는 와중에 어떻게 그걸 받을 수 있겠느냐며 허탈한 웃음을 지었다. 가족들이 뭔가 보낸다고 해서 선원들이 받을 수 있는 상황이 전혀 아니었는데도, 가족들은 그런 기본적인 사정조차 모르고 있었던 것이다. 한국처럼 보내면 바로 전달이 되는 곳인 줄로만 알고 있던 모양이었다.

우리는 송도 해수욕장으로 자리를 옮겼다. 해변에 소말리아에서 봤던 것과 비슷한 모양의 보트가 있었다. 그걸 보자마자 갑판장이 소스라치게 놀랐다. 나는 "여기는 한국이에요, 그렇게 놀라지 않으셔도 돼요. 자꾸 한국이라고 생각하세요"라며 그를 진정시켰다. 갑판장은 그게 어떻게 쉽게 잊히겠냐며, 요즘 계속 그때의 기억 때문에 많이 힘들다고 말했다.

선원들의 이상 증상은 계속 이어졌다. 다 같이 술을 마시러 갔는데, 조리사가 갑자기 사이다를 숟가락으로 땄다. 뻥 하는 소리가 들리자 거기 있는 네 사람 모두 깜짝 놀라는 것이었다. 항해사 김진국 씨는 버럭 소리를 지르기까지 했다. 그는 가뜩이나 총소리 때문에 노이로제에 걸렸는데 그걸 그렇게 따느냐면서 마구 화를 냈다.

그들의 얼굴 표정은 소말리아에 있을 때나 지금이나 별반 다르지 않아 보였다. 조그만 자극에도 금세 겁에 질린 표정이 되었다. 그때 나는 그저 '오랜 억류기간 동안에 좋지 않은 일들을 너무 많이 겪어서 힘들구나' 하는 생각만 했다. 설마 그 사고가 두고두고 선원들에게 그렇게 심각한 증상을 일으키리라고는 전혀 생각지도 못했다.

그 후 선원들은 거의 모두 병원에 입원했다. 그들의 증상은 이른바 PTSD(외상 후 스트레스성 장애). 병원에서는 최소 6개월의 치료가 필요하다는 판정을 내렸다. 선원들은 특히 잠을 못 자는 것을 제일 힘들어했고, 지켜보는 가족들도 많이 힘들어했다. 그때 소말리아의 악몽이 아직 끝나지 않았구나, 앞으로 살아가는 동안 117일간의 기억이 그들의 평생을 좌우할 수도 있겠구나 하는 생각이 들었다. 그러면서 나는 선원들의 진술이나 증상 같은 것들도 기록을 남겨야겠다는 생각을 했다. 선원들도 기꺼이 인터뷰에 응해주었고, 기다렸다는 듯이 본인들의 충격과 증상을 나에게 호소하기 시작했다.

그때 나온 선원들의 얘기는, 정신적인 충격이 아주 크다는 것이었다. 처음에 한국에 돌아와서는 잘 몰랐는데, 시간이 지나면서 많이 힘들다고 했다. 어떤 증세들이 나타나느냐고 물었더니, 술이 없으면 밤에 거의 잘 수 없다고 말했다. 까만색만 봐도 그때 소말리아 흑인들이 연상되어서 까만색에 심한 거부감이 든다고 했다. 주 증상은 악몽이었다. 꿈속에 포도송이가 가까이 다가오는 걸 보고 소스라치게 놀라서 깼는데, 포도가 까만색 비슷했기 때문인 것 같다는 얘기도 했다. 그들의 증세는 심각했다.

부산에서 선원들을 만난 8월 중순 이후 한 달 동안 나는 아프가니스탄 취재를 떠났다. 그 취재 도중에, 약간의 교통사고가 나서 나는 꼬리뼈를 다쳤다. 일어나는 것은 물론 앉는 것도 힘든 상황이었다. 그러나 현지에서는 치료가 불가능했고 취재도 끝나지 않았기 때문에 버텨야 했다. 그 몸으로 취재를 마치고 한국에 와서 9월 중순에 방송을 내보내고 병원에 가보니, 의사가 꼬리뼈가 다 부러졌다며 뼈가 붙을 때까지 절대 안정하고 누워만 있으라고 말했다. 내가 병원에서 치료를 받는 동안에도 선원들은 거의 매일같이 전화를 해서 나에게 고통을 호소했다.

"기자 선생님, 한번 꼭 뵙고 싶습니다"

그때쯤 나는 우리 한국 선원들이야 병원에 입원이라도 할 수 있지만, 그렇지 못한 중국, 베트남, 인도네시아 선원들은 어떻게 지내고 있을지 걱정이 되었다. 그러던 차에 항해사가 나에게 조선족 선원 김홍길을 기억하느냐고 물었다. 나에게 편지를 준 조선족 선원이었다.

항해사는 배에 조선족 동포가 3명 있었는데, 그 중 한 선원이 납치됐을 때부터 풀려날 때까지 일기를 썼고, 그걸 나에게 보여주고 싶어한다고 말했다. 나는 중국의 김홍길 씨에게 전화를 걸었다. 김홍길 씨는 내 전화를 받자마자 꼭 나를 한번 보고 싶다고 말했다.

"기자 선생님, 한번 꼭 뵙고 싶습니다."

"항해사님께 일기를 쓰셨다는 얘기를 들었어요. 혹시 저에게 그 일기를 보여주실 수 있나요?"

"네, 그럼요. 제 일기를 복사해드리겠습니다. 그리고 배에서 하지 못했던 말들을 다 하고 싶습니다. 안하면 제가 정말 미칠 것 같습니다. 그러니까 꼭 한번 중국으로 찾아와주세요. 정말 부탁입니다."

나는 곧 중국으로 찾아가겠다는 얘기를 하고 전화를 끊었다. 그의 목소리가 어찌나 애절했던지 전화를 끊고 나서도 한참동안 그의 목소리가 계속 귓가에 들리는 듯했다.

나는 〈피디수첩〉의 박건식 피디에게 귀국한 선원들의 고통을 얘기했다. 소말리아에서 돌아온 한국 선원들과 중국 선원들이 그때의 충격 때문에 무척 힘들어하고 있고, 중국에 있는 김홍길이라는 선원이

9장 살아남은 자의 슬픔과 대답 없는 목소리

납치됐을 때의 일기도 썼다고 말해주었다. 나는 이미 동원호 1편을 〈피디수첩〉에서 방송했고, 〈피디수첩〉이 이후의 선원들의 삶도 추적할 필요가 있다고 생각했다. 나는 박건식 피디와 함께 부산에 내려가서 선원들을 만났다.

그러나 문제는 또다시 시간이었다. 박건식 피디는 당시 다른 취재에 바빴고, 방송을 하게 될 경우 열흘 안에 취재를 끝마쳐야 하는 급박한 상황이었다. 자신의 일이 바쁨에도 불구하고 박건식 피디는 나의 의견에 공감해주었고 함께 방송을 해보자고 했다. 그래서 부산 취재는 박건식 피디가 맡기로 하고, 나는 중국으로 가서 김홍길 씨를 취재하게 됐다.

당시 김홍길 씨는 마음의 상처가 커서 낯선 사람들을 만나는 걸 두려워했다. 그러나 나는 만나보고 싶다고 했기 때문에 김홍길 씨가 내 취재에는 응해줄 것 같았다. 어찌됐든 내가 직접 취재를 가야만 하는 상황이었다.

방송이 결정되고 9월 20일, 나는 조연출을 데리고 중국으로 향했다. 중국을 갈 때는 꼬리뼈를 다친 일 때문에 항상 베개를 들고 다녔다. 딱딱한 데에는 앉을 수 없어서, 베게를 깔고 앉아야만 간신히 앉을 수 있었다. 심지어 일어날 때도 누군가가 일으켜주어야만 했다.

의사는 아픈데 참고 자꾸 움직이면 꼬리뼈가 붙지를 않아서 고생할뿐더러, 만성통증으로 나타날 수 있다고 취재를 만류했다. 나는 의사에게 내 일 때문이 아니라 다른 이들의 일 때문에 갈 수밖에 없다고 말했다. 의사는 할 수 없다는 듯 진통제를 잔뜩 지어주면서 절대 딱딱한 데에는 앉지 말라고 주의를 주었다.

비행기에 몇 시간 동안 앉아 있는 것도 곤욕이었지만, 앞으로 어떻게 취재를 해야 할 지가 더 걱정이었다. 몸 상태가 좋지 않은 데다 앉았다 일어나는 것조차 힘든 상황이었으니…… 그 고통은 정말 당해본 사람이 아니면 모를 것이다.

누가 그들의 고통을 책임져야 하는가

김홍길 씨는 옌지에서 6시간 정도 차를 타고 가면 나오는 둔화 시라는 곳에 살고 있었다. 옌지에 도착해서 공항을 나서는데, 한 중년 남자가 양복에 꽃다발까지 들고 서서 울고 있었다. 김홍길 씨였다. 그는 내가 소말리아에서 보디가드들을 데리고 다녔다는 말을 들었는지, 보디가드 1명을 데리고 나왔다. 둔화 시 무술대회에서 1등을 한 사람이라면서, 중국도 소말리아 못지않게 위험하기에 불렀다고 말했다. 내가 취재할 때 항상 보디가드를 대동하고 다니는 줄 안 모양이었다.

옌지에서 둔화 시까지 가는 데 차로 6시간이 걸렸다. 김홍길 씨는 이미 나를 위해 둔화 시에서 제일 좋은 호텔을 잡아놓았다. 거기에 짐을 풀고 식당에서 김홍길 씨의 두 딸을 만났다. 이름이 설화, 애화라고 했다. 큰딸 설화는 창춘 대학 1학년이었는데, 지린 성에서 1등을 해서 입학할 정도로 수재였다. 둔화 시에서 장춘까지도 차로 8시간이 걸리는 거리인데, 설화는 나를 보기 위해 일부러 내려와주었다. 마침 학교에 군사 수업이 있어서 며칠 동안 교육을 받으러 가야 했는데, 지도 선생님에게 사정을 말했더니 흔쾌히 빼주었다고 했다.

둘째 딸 애화는 둔화 시 5중학생이었는데, 몸이 약해 보였고, 얼굴이 하얀 것이 꼭 애기 같았다. 홍길 씨는 딸이 아빠 걱정을 많이 해서 이런 게 아닌가 싶다고 말했다. 그러면서 나에게는 이 딸 둘이 보물이라고, 자신이 소말리아에서 살아 돌아온 이유 중 하나는 이 두 딸 때문이라고 얘기했다.

그때 알게 된 사실이었는데, 김홍길 씨는 대가족을 이끌어야 하는 가장이었다. 자식들뿐만 아니라 집에서도 장남이었다. 몸이 아픈 남동생과 그 남동생의 아이들은 장애인이었고, 동생의 부인은 헤어진 지 오래됐다고 했다. 게다가 연로하신 부모님까지 모시고 있었다. 홍길 씨가 이 모든 가족을 혼자서 책임지고 있었다.

홍길 씨는 소말리아에 억류된 동안 식구들이 어떻게 먹고살았는지 그 생각에 너무 힘들었다면서, 그래서 그때 싸우려고 앞장섰었는지도 모르겠다고 말했다. 편지에 적힌 절절한 심정이 그제야 이해가 됐다. 두 딸과 동생, 동생의 아이들, 연로하신 부모님까지 있으니 마음만은 얼마나 중국에 매여 있었을까.

그날 홍길 씨, 그리고 두 딸과 식사를 같이 하면서 큰딸 설화 얘기를 들을 기회가 있었다. 설화는 자기 아버지가 왜 그토록 오래 억류되어 있어야만 했는지 그때까지도 이해하지 못하고 있었다. 설화는 나에게 따지듯 물었다.

"선생님, 도대체 뭐가 문제여서 우리 아빠가 그렇게 힘든 시간을 가졌습니까? 저도 알 권리가 있잖습니까. 우리가 중국에서 살더라도 피는 같으니까 한국 사람 누구라도 설명해줘야 되는 거 아닙니까?"
 수재 아니랄까봐 조목조목 따지는 게 나를 정말 당황하게 만들었다. 나는 더욱 할 말이 없었다. 그저 아버지가 이국 땅에서 정말 큰 고생을 하셨으니, 네가 더욱 잘 해야 한다는 말을 해줄 수밖에 없었다.

 다음날 나는 홍길 씨 집을 찾아갔다. 전형적인 중국의 농촌 마을이었는데, 한눈에도 가난해 보이는 살림이었다. 홍길 씨는 이미 중국의 각종 방송국에 나와 유명세를 타고 있었다. 소말리아에서 억류되었다가 살아 돌아온 선원으로 여러 방송사와 인터뷰도 했다고 했다. 그날 아침에도 홍길 씨의 집에서 기자회견이 있었다.
 기자회견을 하기 전에 홍길 씨는 그날 공개하기로 한 자신의 일기장을 나에게 보여주었다. 노트 두 권이었다. 일기장은 표지부터 온통 너덜너덜한 상태였다.
 홍길 씨는 그 너덜너덜한 일기장이 꼭 자신의 인생처럼 우여곡절이 많다고 말했다. 해적이나 한국 선원에게 들킬까봐 몰래 숨어서 일기를 썼다고 했다. 일기장을 침대 밑에 테이프로 붙여 숨겨놓았다고도 했다. 쓸 내용을 잊어버릴까봐 시간이 없으면 요점만 적어놓았다가 나중에 풀어서 쓰고, 지면이 부족해서 일기장의 여백에 간신히 끼워 써놓은 것도 있었다.
 그는 일기를 쓰면서 '이 한 권이 끝나기 전에 빨리 풀려났으면' 하는 생각을 많이 했다고 말했다.

일기를 어디 밑에다 감춰놓았다고요?

침대 밑에다 붙여놓는단 말입니다. 밑에다 붙여놓게 되면 이렇게 봐서는 모르거든요. 모르는 사람은 모릅니다. 제가 알고서 테이프 뜯어야만이 그거 꺼내올 수 있지 그것도 항상 위험적으로 씁니다. 항상 누구 잘 때 쓰거나 혹시 안 그러면 문을 잠궈놓고 쓰든가.

일기 쓰는 건 아무도 몰랐어요?

기관사님이나 항해사님은 알고 있었지만 그 일기책이 어디 있는지 모릅니다. 항상 감춰놓으니까. 그 일기가 나만 알아야지 남 알게 되면 일기가 필요 없고, 그 또 일기 그 사람들(해적들)이 다른 맘먹고 버릴 수도 있지 않겠습니까. 항상 저는 감추고 있었습니다.

조선족 선원 김홍길과의 인터뷰에서

시간이 없어서 일기장 내용을 당시에 세세하게 확인하지는 못했지만, 언뜻 보기에도 해적에게 나포된 후 힘들었던 일들이 세세하게 다 적혀 있는 듯했다.

내용 중에는 그가 직접 쓴 유서도 있었다. 혹시나 자신이 죽을 때를 대비해서 딸들에게 남길 유서를 썼다고 했다.

사람이 태어나서 자의가 아닌 타의에 의해서 정말로 죽을지도 모른다고 생각하고 유서를 남기는 심정…… 그것도 예쁜 두 딸을 떠올리며 유서를 써야만 했던 홍길 씨의 심정은 과연 어땠을까.

홍길 씨는 나에게 신문 스크랩 한 것도 보여주었다. 홍길 씨가 돌아온 후 중국 언론에 난 기사들이었다.

나는 해적에게 117일 동안 감금 되어 있었다.
죽음의 갈림길: 해적을 만난 25명의 선원들 피랍.
그동안의 고통과 걱정: 유서를 준비하여 좌초 경우를 준비하다.
다시 밝은 태양을 보다: 조국의 품으로 돌아와 따뜻한 환영을 받다.
김홍길 씨가 말하길 자신이 피랍되어 있을 때, 중국 대사관에서 전화를 하여 중국 선원들과 전화통화를 시도하였다.
8월 8월 16시 40분에 중국 푸둥 국제공항에 도착하였다.

중국 언론의 동원호 관련 신문 스크랩에서

스크랩 중에는 공항에서 중국 선원 3명이 부둥켜안고 있는 사진도 있었다. 그 중에서도 특히 "조국의 품으로 돌아와 따뜻한 환영을 받다"라는 문구가 가슴에 와 닿았다.

그는 인터뷰 때마다 중국 정부에 감사한다는 말을 빠뜨리지 않았는데, 그건 바로 이런 작은 노력과 행동들에 대한 것이었다. 그는 이런 일들이 가장 고맙고 감사했던 것이었다.

나는 우선 유서에 대해서 물었다. 선상 반란을 일으키기 전에 유서를 쓴 거냐고 물었더니, 홍길 씨는 신문기사를 가리켰다. 그러면서 기사에 나온 대로 배가 좌초할 때를 대비해서 쓴 것이라고 했다. 내가 배가 좌초할 뻔했냐고 물었더니, 그는 다시 일기장을 펴서 내게 보여주었다.

2006년 6월 14일에 쓴 일기였다.

거기에는 선장이 항해사에게 보낸 쪽지를 몰래 엿보았다는 얘기와 함께 '죽어서 무덤에 가는 날까지 비밀에 부칠 것. 앵커(닻) 자르고 배를 침몰시킬 것'이라는 쪽지 내용이 적혀 있었다.

죽어서 무덤 가는 날까지 지켜야 할 비밀

홍길 씨와 내가 얘기를 나누고 있는 와중에 중국 기자들이 홍길 씨의 집으로 몰려왔다. 연변TV, 신문화보사 등등 여러 신문 방송사에서 와서 홍길 씨와 인터뷰를 시작했다.

중국어로 인터뷰가 진행되어서 당시에는 홍길 씨와 중국 기자들이 나누는 말이 무슨 내용인지 몰랐지만, 홍길 씨가 갑자기 말문이 막히는지 눈물까지 흘리는 것을 보고는 뭔가 심상치 않은 일이라는 것을 짐작할 수 있었다.

그게(담뱃갑에 선장님이) 써온 게 이렇게 썼더란 말입니다. 죽어서 무덤가는 날까지 비밀에 붙이자고. 그때 한국 선원들은 똘똘 뭉쳤거든요. 그래갖고 말이 맞아야 된다고 그런 뒤에 말이 맞아야 한국 가서도 그렇게 된다고(무사하다고). (담뱃갑) 위에 제목에다 이렇게 썼습디다. 죽어서 무덤 가는 날까지 비밀에 붙이자고. 그러니까 저는 그때 급히 생각했거든요. '아 이 사람들 무슨 일인가.' 그런데 기관사님에게 물어 봤더니 저한테 안 알려 줍디다. 저는 그거 일단 일기에 써 놓았습니다. 그런데 6월 14일에 (일기) 써놓고 며칠 후에 물어봤는데 다 안 알려줍디다. 비밀에 붙이자는데 나한테 알려주면 안 되거든요. 그래

기관사님이 제가 그 글을 못 봤나 보다 했지만 저는 한국 글을 잘 보거든요. 그래서 제가 기관사님께 말했습니다. "기관사님, 저 한국말 읽고 쓸 줄 압니다."

중국 언론과 조선족 선원 김홍길 씨의 인터뷰에서

홍길 씨는 눈물을 흘리고 말문이 막혀가면서 힘겹게 얘기를 이어 갔다.

그 배를 침몰시킨다는 게 무슨 얘기예요?

배를 침몰시킨다는 그날도 한 아침 아홉시나 열시 정도가 되었다고 생각합니다. 소말리아 애들이 배 안에 항상 있는데 애들이 둘 있거든요, 나이 어린 애가. 우리 선박에서 제가 비디오 보고 있을 때 그애가 보트에서 흠뻑 젖어서 들어와갖고 항해사님 찾습디다. 그래 선박에서는 보통 한국 선원들이 중국 선원들, 기타 선원들하고 얘기가 없으니깐 항상 눈치로 나는 상황을 알아채는데 보니깐 뭔가 불안한 그게…… 들어와서 항해사님 찾고 그러니깐은 그리고 애가 주머니에서 담뱃갑 꺼내는데 담뱃갑이 보트 타고 와서 흠뻑 젖었습디다. 그래 그 담뱃값에서 꺼낸 게…… 거기다 글을 썼읍디다. 그래서 내가 기관사님 의자에 제가 앉고 저는 기관사님 뒤에 앉아서 봤지요. 봤는데 그 우(위)에다가 쓴 게 '항해사님' 쓰고 그 다음에 쓴 게 '우리가 죽어서 무덤 가는 날까지 비밀에 붙입시다' 하고…… 그래…… 내…… 그래 그때까지도 생각한 게 이렇게 중요한 일이 있는데 선원들하고 얘기 해갔고 다 짜고 한국 사람들끼리 하는가 그래서 죽어서 무덤 가는 날까지 자기들 비밀 지키자 그래가지고 그 다음부터는 자기들끼리 뭉치고…… 그래서 저는 그때 생각했습니다. 아 이렇게도 이리 큰 중요한 일 가지고도 어째서 우리 언어 통하는 사람들끼리만 이야기를 하는가. 그 다음 밖에 나와서 저도 얘기했습니다. 배를 침몰시킨다 할 때는 우리가 보통 당연히 여기서 다 끝난다고 생각했습니다. (중략) 기관사님하고 제가 각별히 친하거든요, 다른 한국 선원하고. 그래 얘기를 합디다. 제가 글 봤지만 모르는 거 또 물어봤거든요, 무슨 내용인가. 근데 안 알려주데요. 사실을 얘기했지. 아 나도 한국글 안다고 나도 봤다고. 죽어서 무덤 가는 날까지 비밀로 부치자. 동원 육백이십팔 호는 물길에 밀려가지 않습니까. 밀려가서 바닷가에 가게 되면 자연적으로 넘어지게 되어 있단 말입니다. 그렇게 되면 해적들도 다 희생하게 된다는 거라고 말했어요. 해적들도 머리가 있는데 그렇게 되겠냐고 이야기했습니다. 아 선장님도 그렇지 어떻게 스물다섯 명 목숨 가지고 이렇게 장난을 칠 수 있는가 하고.

그래서 선장이 요구한 것을 사람들이 거부했나요?

그때는 선장님이 혼자 소말리아 두목 집에 있었거든요. 그게 너무나 경제적으로도 부담이 되니까 선장의 결론은 배를 좌초시키자고 했는데, 한국 사람들이 그렇게는 할 수 없다. 나중엔 한국 가서도 자기들은 조사도 받고 그래야 되니까는 후까진 감당 못 한다 해서 취소되어버렸죠.

한국 사람들 말고 다른 사람들도 그거 알았나요? 배를 좌초시키려고 했다는 거요.

다른 외국 선원들은 거의 다 모릅니다. 이 사실은 중국 선원들한테

만 제가 얘기했거든요. 각별히 친하고 하니까는 제가 얘기했습니다. 너희들 어떡하든 누구한테 얘기하지 말라. 지금 선박이 잘못 돌아가고 있으니깐은 니만 알고 있으라고. 그렇게 얘기했습니다.

좌초시킨다는 얘기 듣고 다른 중국 사람들은 어떻게 얘기하던가요?

그때는 회사 측에서도 아무 소식도 없고, 그러니깐은 뭐 그것은 좋은 방법일 수도 있다고. 배를 좌초시키면 사람을 빨리 보낼 수도 있다 그렇게 얘기합디다. 사람만 남게 되면 해적들도 저들은 자기네 집에 데리고 있을 수 없잖아요. 그러니깐 회사 측에서 돈 빨리 주고 풀려날 수도 있다고 그렇게 그냥…….

그게 선장 혼자서 내린 결정이라고 생각하셨나요?

저 생각은 그렇습니다. 선장님 혼자 결론이라고는 생각하지 않고 회사하고 무슨 연관이 있다고 생각합니다. 회사 측에서 뭐 말도 많이 나옵디다, 배는 이렇게 억류되어 있으면 경제적으로도 그렇고, 보험에 들어 있어서 배가 좌초되면 보험회사로부터 회사가 돈을 받을 수 있다, 이렇게 얘기 나옵디다.

그럼, 선장님 혼자 결론 내린 것 같지는 않다는 말인가요?

네, 그리고 그때도 고기 톤수를 세어 갔거든요, 고기 몇 톤 된다 그래가지고 아마 고기 따지고 배 값 따져가지고 아마 그렇게 한 걸로 저는 생각하고 있습니다.

중국언론과 조선족 선원 김홍길과의 인터뷰에서

홍길 씨는 선장이 배를 좌초시키려고 했다는 사실을 쪽지를 보고 알게 된 것이었다. 그러나 그것이 과연 선장 단독의 결정이었을까,

그것은 지금까지도 의구심이 많이 드는 부분이다. 중국 기자들과 좌초 부분에 대해서 인터뷰하는 동안 홍길 씨는 손으로 뒷목을 잡고 힘들어하면서 인터뷰를 계속했다. 한숨도 무척 많이 쉬었고, 그의 손은 가늘게 떨리고 있었다. 아마도 그는 그 당시의 상황을 다시는 생각하고 싶지 않았던 것이리라.

왜 선장이 배를 좌초시키자고 메모를 써서 보냈는지, 그것이 정말로 선장 단독의 결정이었는지, 아니면 또다른 배후가 있는 것인지, 그것은 아직도 풀리지 않은 미스터리로 남아 있다. 다행히 배가 좌초되지 않고 무사히 돌아왔지만, 그 당시 홍길 씨나 다른 선원들은 적지 않은 충격을 받았을 것이다.

아마 시간 속에 이 사건이 묻힌 후에도, 선원들이 받은 충격은 영원히 없어지지 않고 남아 있을 것이다. 그렇다고 누가 그 충격을 보상해줄 수 있는 것도 아니고, 적절한 보상을 받은 것도 아니다.

그들의 고통은 과연 누가 책임져야 하는가. 아무도 책임질 사람이 없다는 것이 사실이고 현실이었다.

중국 기자들의 인터뷰는 4시간 가량 진행되었다. 주로 어떻게 납치가 되었는지, 그리고 왜 한국인 선장이 배를 좌초시키려 했는지, 그리고 풀려난 지금 심정은 어떤가에 초점을 맞추고 있었다.

인터뷰가 모두 끝나고, 나는 취재 나온 중국 기자들을 인터뷰했다. 왜 홍길 씨에 대해 관심을 갖고 있는지를 알고 싶었기 때문이다.

옌볜 텔레비전 방송국의 제1시선 프로그램의 기자인 나화평 씨는 왜 이 사건에 관심을 가졌느냐고 물으니 "중국 동포니까 아주 관심을 많이 가지고 있어요"라고 말하면서 이야기를 시작했다.

우리 중국 사람들은 이런 전통미덕이 있어요. 사람이 곤란에 부딪치면 적극적으로 도와주고 그래요. 우리 김홍길 씨가 해외에서 이런 일이 생기니까 우리 독자와 시청자들이 특별히 이 일에 대해 관심을 갖고 있고, 그의 근황을 알고 싶어해서 여기 이렇게 오게 되었어요.

중국 언론들의 관심이 어느 정도인가요?

김홍길 씨가 납치된 이후 귀국해서 돌아온 날까지 우리 방송국에서도 아주 많은 관심을 가지고 있어서 우리 기자들을 조직하여 여기 와서 취재하도록 했어요. 우리 방송국에서는 김홍길 씨가 다시 해외로 일하러 나간다면 일부분의 자금이라도 도울 수 있을까 해서 이 방송을 준비하고 있어요.

지린 성 신문화보사의 뤼촹 기자는 김홍길 씨를 취재 나온 이유에 대해 이렇게 말했다.

이런 사건들은 우리가 전혀 경험하지 못한 일이고 우리 신문사의 중역들이 이 일을 아주 중요하게 생각해서 우리더러 이쪽에 빨리 연락하라고 했어요.

처음 이 사건이 신문에 났을 때 중국 시민들은 어떤 반응을 보였나요?

이 사건이 알려진 이후에 우리 지린 성의 독자들은 이 일에 아주 관심을 많이 보이고 있어요. (독자들이) 우리 신문사에 전화해서 김홍길 씨의 구체적인 상황을 알고 싶다고 했어요.

9장 살아남은 자의 슬픔과 대답 없는 목소리 251

"우리 아버지가 왜 이래 변했음까?"

그날 밤 홍길 씨는 중국의 그 독한 술을 많이도 마셨다. 낮에 기자회견을 하면서 잊고 싶었던 기억을 몇 시간에 걸쳐서 진술을 했고, 아직까지 그때의 충격이 남아 있어서였는지 무척이나 괴로워했다.

홍길 씨는 풀려나서 중국에 돌아온 후에 거의 매일 밤 독한 술을 마시지 않고는 잠을 이룰 수 없다고 했다. 한국에 있는 우리 선원들과 유사한 증상이었다. 옆에 있던 설화는 너무 힘들어했다. 아버지는 매일같이 술에 취해 있고, 딸이 그 아버지를 말리는 풍경이 늘 벌어졌던 것이다.

홍길 씨는 갑자기 비닐봉지 안에 든 것을 딸에게 주면서 "이건 아버지 목숨과 같은 거다. 네 잊지 말고 잘 간수해라"라고 말했다. 홍길 씨가 자러 들어간 뒤에 열어보니, 그것은 홍길 씨가 나포 당시에 쓴 일기였다. 그는 억류 상태에서 풀려난 지금도 누군가가 자신을 해칠지도 모른다는 생각에서 벗어나지 못하고 있는 것 같았다.

그렇게 변해버린 아버지의 모습을 바라보는 설화는 답답해 보였다. 자꾸만 내게 "우리 아버지가 왜 이래 변했슴까" 하고 물어보는데, 나로서는 해줄 말이 없었다.

홍길 씨가 117일간 당했던 그 비참하고 절망적인 상황을 어떻게 그의 딸에게 다 설명해줄 수 있단 말인가. 내가 말할 수 있는 건 "아버지는 괜찮아질 테니 너는 공부 열심히 해서 집안을 일으켜 세워야지"라는 게 고작이었다. 설화는 "저는 공부 열심히 해서 아버지와 같은 인생을 살지 않을 겁니다"라고 당돌하게 대답했다.

　아마 설화도 마음속으로 아버지를 사랑하고 이해하려고 많이 노력했겠지만, 당해보지 않고는 공포를 이해하기 힘들지도 모른다. 설화가 똑똑하다고는 하지만, 그동안 홍길 씨가 겪은 파란만장한 일들을 이해하기에는 너무 어린, 갓 스물 넘은 여자아이에 불과한 것일까. 내가 아버지를 이해해야 하지 않느냐고 말했을 때, 설화는 이렇게 대답했다.

　"물론 사람들이 어떤 일을 겪고 나서 그럴 수도 있다고 생각해요. 아빠가 그러시는 것은 너무 무섭고 두려운 기억 때문인 거 같아요. 또 아빠가 돌아오지 못해 저희를 다시 못 만날지 모른다는 생각도 하신 거 같아요. 물론 전 아빠를 이해해요. 하지만 아빠가 하루 빨리 회복하셔서 행복하게 웃으면서 살았으면 좋겠어요."

　중국 취재는 4박 5일 일정이었다. 그 기간 내내 홍길 씨가 힘들어하는 모습이나 그걸 지켜보는 가족들의 괴로워하는 모습만을 봐서 마음이 아팠고, 누구라도 붙잡고 물어보고 싶었다. 이곳에 있는 중국 선원들만이라도 어떻게 도와줄 수 있을지. 이렇게 된 근본적인 책임은 누구에게 있는 것인가. 참으로 안타까웠다.

　떠나는 날 아침에 옌지로 가기 전, 설화는 나에게 창춘에 있는 학교로 간다고 이야기하러 왔다. 설화에게 나는 "공부 열심히 해서 아버지 편하게 해드려라"라고밖에 말해줄 수 없었다. 설화는 "나는 아버지하고 아버지에게 생긴 일들을 이해는 할 수 없지만, 이 모든 책임이 나와 아버지에게 있다는 건 알고 있어요. 그게 현실 아닌가요?"

라고 말했다. 나는 마지막으로 설화를 꼭 안아주었다. 헤어지려고 하는 순간, 설화는 중국 돈 100위안(한국 돈으로 1만 2천 원 정도)을 나에게 쥐여주면서, 한국 갈 때 음료수라도 사 드시라고 했다. 설화 생각에 자기를 찾아온 손님에게 해줄 수 있는 건 이 정도라고 생각했던 모양이었다. 학비나 생활비 문제가 만만치 않을 텐데. 그럼에도 돈을 100위안이나마(아마 설화에게는 큰돈이었을 것이다) 준비해서 주려고 했던 순박한 마음이 내게는 참으로 감동적으로 다가왔다.

공항이 있는 옌지로 가서, 아침식사를 했다. 홍길 씨는 들를 데가 있다면서 우리에게 먼저 가라고 했던 참이었다. 조연출과 나는 한참이 지나도 돌아오지 않는 홍길 씨를 공항 로비에서 기다렸다.

몇 시간 뒤에 돌아온 홍길 씨는 양손에 가득 보따리를 들고 있었다. 거기에는 약초, 표고버섯 말린 것, 나물 같은 것들이 보따리마다 들어 있었다. 이게 웬 거냐고 물으니 홍길 씨는 "한국 가시는데 해 드릴 건 없고, 이거라도 좀 싸가지고 가셨으면 좋겠습니다"라고 말했다. 조연출은 그 많은 짐을 들고 갈 일이 벌써부터 걱정인 모양이었다.

"선배, 이거 어떻게 다 들고 가요?"

나는 홍길 씨에게 이야기했다.

"홍길 씨, 제가 사실 대한민국 사람으로서 미안한 마음이 더 많이 들지, 이런 선물을 받아가지고 갈 만큼 염치없는 사람은 아니에요. 마음만 잘 받아가지고 갈게요."

그래서 그 많은 짐 중 일부만 추리고, 나머지 물건들은 집에 가지고 돌아가도록 했다. 그리고 집에 돌아가시는 길에 차비 및 출연료로 1천 위안 정도를 드렸다. 그런데 홍길 씨는 한사코 거절하는 것이었다. 그는 손사래를 치면서 눈물을 글썽글썽하며 헤어짐을 못내 아쉬워했다. 나는 홍길 씨의 그 아쉬워하는 모습을 뒤로 하고 한국으로 돌아왔다.

지금도 공항에서 마지막으로 헤어질 때 홍길 씨의 모습이 선명히 떠오른다. 언제 다시 만날 수 있을지는 모르겠지만, 설화, 애화 공부 열심히 시키시고, 힘든 시간 잘 견뎌냈으면 하는 마음뿐이다.

"우리가 어떻게 살아나왔는데!"

중국에서 홍길 씨를 만나고 귀국한 뒤, 한국 선원들의 상태를 알아보니 홍길 씨와 별반 차이가 없었다. 그 당시에 항해사, 갑판장, 기관사, 통신장, 조리사가 병원에 입원을 한 상태였고, 그들 모두 항상 악몽에 시달리고 있었다. 소위 말하는 PTSD(외상 후 스트레스 장애)가 시작된 것이다. 영화에서나 볼 수 있는 줄로만 알았던 증상들, 현실에서 겪으리라 생각도 못 했던 것들을 오랜 억류생활로 인해 겪게 된 것이었다.

선원들의 상태는 생각보다 심했다. 부산에 살고 있는 갑판장의 경우, 평소에도 외국인들이 많이 다니는 지역이라 골목길에서 흑인을 만났는데, 그 사람을 보자마자 거의 혼비백산해서 도망갔다고 했다.

흑인이 지나가다 내 눈에 보였을 경우 저 새끼가 소말리아 놈이 아닌가 그런 생각이 먼저 들죠. 그러니까 걔네들 딱 보면 총, 그거 생각밖에 안 나요. 항상 총을 갖고 있는 걸 우리가 접촉하고 그러니까는 저 놈 총 갖고 있는 거 아닌가, 혼자 속으로 그랬죠 뭐. (중략) (흑인들을) 딱 마주치면 식은땀부터 나고. 그리고 덩치라도 크면 소말리아에 있었던 (기억 때문에) 더 위축되죠. 그래서 피해버리고.

갑판장(위신환)과의 인터뷰에서

선원들은 정신과에서 준 신경안정제를 먹지 않으면 하루하루 사는 게 힘든 지경이었다. 밤에 잠이 오지 않기 때문에 수면제를 먹지 않으면 잠을 잘 수도 없는 상태였다. 계속되는 악몽과 극도의 불면증에도 시달리고 있었다.

꿈속에서도 계속 꿈을 꾸게 되면 상대방이 총을 잡거나 내가 총을 잡고 분노해야 될 상대방이 바뀔 뿐이지, 그 총 드는 사람들은 저하고 같이 대치하거나 항상 저희가 납치되거나 항상 패배하는 꿈. 그런 걸 꾸게 되고 나니까 저희도 풀려나가지고 사나흘 동안 해방이라고 그럴까, 풀려났다는 기분 때문에 설마 이랬는데 이렇게까지 후유증이 남을 줄은 몰랐거든요.

항해사(김진국)와의 인터뷰에서

(꿈을 꾼 지) 한 사흘 됐습니다. (꿈속에서) 자동차 사고 나가지고, 접촉사고가 났는데 내 차가 받은 게 아니라 뒤차가 받았는데, 내가 머

리가 떵하더라고요. 그래서 가만히 앉아 있는데 (한 놈이) 뒤에 총을 들고 들어와가지고, (총을) 대가지고 왜 차를 멈춰가지고 접촉사고 내게 만드냐, 위협하려고 하는 상황에서 총을 한방 빵 쏘더라고요. 내가 그걸 맞아가지고 바로 잠을 깼거든요. 그 상태에서 바로 꿈이 깨고 이상하다 해가지고. 부산역 갔다 와서 잠깐 잠을 자는데 또 꿈에 나타나데요. 교통사고 나가지고 총 보이고 총소리가 나고, 마지막엔 총소리 때문에 결국은 꿈도 못 꾸고 일어났고, 밖에 나가지고 담배 한 대 피웠어요.

조리사(이기만)와의 인터뷰에서

기관사의 경우에는 특히 심각했다. 다른 사람들도 많은 고통 속에서 힘들어했지만, 기관사의 경우에는 밤중에 술 마시고 죽는다고 해서 항해사가 몇 번씩이나 쫓아 나가야 하는 상황이었다.

너무 뭐라고 해야 되나 안타까운 게 저 친군데. 본인이 못 느끼고 주위의 친구들도 있고 이러니까 자꾸 그쪽(술)에 의존해가지고. 저도 처음에 설득도 많이 하고 진짜 창피하게 병원 앞에서 그 사람들 많은데서 껴안고서는 진짜 눈물 흘리면서 "이 새끼야 우리가 어떻게 살아왔는데 이딴 행동을 하냐"고, 앞으로 한 번만 이딴 행동 하면 내가 널 죽일 거라고 제가 막 뭐라 그랬던 적도 있는데⋯⋯ 제가, 저 친구 때문에 밤에 쫓아나간 게 네 번이에요.

항해사(김진국)와의 인터뷰에서

어떤 사람들은 과거 기억은 잊어버리면 되지 뭐 그리 힘들어하느냐고 말할지도 모른다. 그러나 그걸 직접 겪은 사람들의 경우는 달랐다. 이들은 PTSD의 전형적인 증상을 보였다.

사실 선원들 모두 자기들이 이런 힘든 일을 당하리라고 예상하지 못했고, 이런 상황이 닥쳤을 때 충격을 받으리라고 예상하는 사람은 없었다. 그래서 갑작스레 이런 충격적인 상황을 당하면 정상적인 생활이 불가능하게 되는 것이다. 그러다 결국 술과 수면제, 신경안정제가 아니면 정상적으로 살아갈 수 없게 된다.

요즘은 정신과 치료가 많이 발달했다고 하지만 한국은 PTSD에 대한 인식이 외국처럼 확고하게 자리 잡히지 않았으므로 선원들은 더 힘들어했다. 귀국 후 이들의 고통을 감당해줄 수 있는 프로그램이나 여건이 전혀 마련되어 있지 않았기 때문이었다.

물론 회사에서 보험처리가 되어 병원에는 입원할 수 있었지만, 가족과 함께 안정을 취하면서 치료를 받을 수가 없는 상황이었다. 선원들 고향이 전국 각지에 흩어져 있는데, 보험 규정상 회사의 산재지정병원이 아니면 입원할 수 없었기 때문이다.

선원들은 소말리아에서와 마찬가지로 한국에 돌아와서도 가족들과 떨어져 지내야 했다. 당연히 증세가 호전되는 속도도 느리고 쉽게 안정을 취할 수도 없는 상황이었다. 그렇다고 쉽게 고향에 돌아가기로 결정을 내릴 수도 없었다. 그러기엔 자신들의 증세가 너무 심했기 때문이었다. 결국 선원들은 조금이라도 더 치료를 받으려는 간절한 심정으로 혼자 남아서 입원치료를 받는 힘든 결정을 할 수밖에 없었다.

당시 동원호 선원들의 진료는 엄양기 원장이 맡고 있었다. 선원들은 정기적으로 의사와 상담하는 과정에서, 자신들이 겪고 있는 PTSD에 대해 이해할 수 있게 되었다. 선원들은 그 전에는 고향에 돌아오고 나서도 왜 자기들이 힘든지를 이해하지 못했다고 했다. 그런데 정신과 전문의의 상담과 진료를 받으면서부터 '우리가 이런 고통을 받는 이유가 있구나'라고 비로소 이해하기 시작했다고 했다.

장기적인 생명의 위협을 받았기 때문에 선원들에게 PTSD(외상후 스트레스 증후군)이 나타났고요. 이 외상이라고 하면 신체적인 외상이 있고 정신적인 외상을 의미합니다. 그래서 굉장한 억압과 고통 두려움 이런 것에 대한 정신적인 외상이 한번 뇌에 각인이 되면 좀처럼 지워지지가 않죠. 그래서 그 상황에 대한 싫지만 반복적인 회상이 일어나게 됩니다. 생명을 위협하는 상황 그리고 신체적 손상을 받게 됐던 상황, 그런 것들이 악몽으로 반복되고, 또 플래시백이라 그래가지고 불빛이 번쩍번쩍하는 것처럼 그런 기억이 자꾸 떠오르게 되죠. 그런 유사한 상황이 반복되면 철근이라든지, 소말리아 해적 같은 까무잡잡한 피부나 마른 모자를 눌러쓴 그런 사람들을 보게 되면 깜짝 놀라서 도망을 가게 됩니다. 회피 반응하고도 연관이 되는 거죠. 또 큰 배를 본다든지 그때 상황이 연상되는 어떤 장면들을 보게 되면 그걸 무조건 회피하고자 도망을 가려고하는 그런 상황들이 발생합니다. 또 그로 인한 정신적인 충격과 고통 때문에 불안하죠. 그리고 우울증, 불면증, 알코올 중독, 자제가 잘 안 되는 그런 감정적인 불안정, 이런 것들이 그분들을 괴롭히게 되는 거죠.
엄양기 정신과 전문의와의 인터뷰에서

선원들은 자신들의 증상에 대해 많이 겁내고 있었고, 서서히 지쳐가고 있었다. 동원호 사건 자체가 뉴스와 사람들로부터 멀어질수록, (우리는 잘 몰랐지만) 그들은 계속 소말리아에서의 공포와 고통을 지속적으로 떠올리며 고통받고 있었던 것이다.

남은 질문, 납치된 것이 배가 아니었다면……

9월 26일, MBC 〈피디수첩〉에서 동원호 사건 후속편인 '피랍된 동원 628호를 좌초시켜라!'가 방송되었다. 방송을 마무리한 후 나는 다시 부산에 내려가서 선원들이 입원해 있는 병원으로 찾아갔다.

병원 앞에 가서 처음 본 것은, 항해사가 창문을 열고 담배를 피우고 있는 모습이었다. 그런데 그 병원 창문을 열고 담배 피우는 모습이 어디서 많이 본 듯했다. 항해사의 그 모습은, 동원호에 있을 때 갑판에 나와서 수평선을 바라보며 담배를 피우는 모습과 꼭 닮아 있었다. 나 역시 소말리아에서 목숨을 걸고 취재를 마친 후 살아 돌아왔고 선원들도 마찬가지였지만, 어떻게 배에서나 이곳에서나 똑같은 모습과 얼굴을 하고 담배를 피우고 있는지, 그게 정말로 안타까웠다.

병실에 들어가니, 갑판장, 조리사, 항해사 3명이 있었다. 통신장은 다른 병원으로 가서 치료를 받고 있었고, 나머지 사람들은 통원치료를 하기로 했다고 했다. 병실 안은 약봉지나 수건이 널려져 있어서 마치 배에 있는 선실과 별반 차이가 없어 보였다.

그날 밤 늦게까지 선원들과 얘기를 했다. 선원들 간에도 서로 의견 차이가 많이 나서, 돌아오고 난 뒤에도 서로 모일 기회가 없었다고 했다. 6개월 이상 치료를 받아야 한다는 진단이 주치의로부터 나왔는데, 정부나 회사로부터 받은 보상금은 거의 없다고도 했다.

그러나 돈보다 그들이 서운했던 것은, 해적에게 나포되고 낯선 땅 소말리아에서 그토록 고통을 겪다 구사일생으로 살아 돌아왔는데, 아무도 그들에게 관심을 기울이지 않는다는 점이었다.

선원들은 대체 자기들이 왜 그렇게 힘들어야 했는지, 도무지 이해하지 못하겠다고 했다. 그러나 워낙 배만 타던 사람들이다 보니, 어디 가서 따지고, 어떻게 그 억울함을 해결해야 하는지를 알지 못했다. 그래서 내게 하소연을 하는 정도의 일밖에 할 수 없었던 것이다.

동원호 선원들을 만나고 다시 서울로 돌아오기 전에, 항해사 김진국 씨는 나에게 편지 한 장을 건넸다. 그 편지에는 그동안 항해사로서 겪었던 일들이 짧게나마 씌어 있었다.

조국과 사랑하는 가족의 품으로 무사히 돌아온 것을 신과 그동안 마음 졸이며 관심과 많은 걱정을 해주신 모든 분들께 감사드리며, 한 치의 거짓도 없이 그동안 함께 사지에서 고생한 동료들의 진술과 항해사로서 동료선원들의 상처를 달래주고자 선원 대리인을 자청하여 억류되었을 당시의 상황과 조국의 품으로 돌아온 과정, 귀국 후 정부와 회사의 끝까지 무관심한 처사를 고발하고자 이 글을 쓴다.

본선은 동원수산 소속 동원 628호로서 2005년 11월 17일 부산을 출항하여 1개월의 항해와 3개월여의 작업 중 어장의 불황으로 인해 부득이 사고 당시의 해역 소말리아 정부의 조업허가증을 받아 조업을 하던 중 2006년 4월 4일 두 척의 소형 해적 보트에 의해 나포되었다.

나포되는 과정에서 미국 군함과 네덜란드 군함이 구조를 시도했지만 선원들을 총알받이로 앞세워 대응하는 해적들 앞에서 두 척의 군함들은 속수무책으로 물러났고, 해적들은 선장을 협박하여 본선을 자기들이 1차 목적지로 지명한 오비아로 가도록 지시했다.

나는 미국 군함과의 대치상황에서 우연히 행동대장격인 그렉이란 해적의 왼쪽 어깨에 관통된 총상을 보았다. 그 순간 '보통 해적이 아니다'라는 판단이 들었고 어떻게든 배를 탈출해야겠다는 결심을 더욱 굳히게 되었다. 나는 그날 저녁식사를 하면서 은밀히 선장에게 내가 본 것을 전하고, 뒤쪽에 군함과 헬기가 쫓아오니 지금이 탈출할 수 있는 절호의 기회라고 말했다. 선장도 나의 의견에 동의했다. 우리는 배를 버리고 탈출하기로 하고 탈출준비를 했다. 일단 선원들이 수영을 할 수 있는지를 확인한 후 탈출방법을 숙지시키는 한편, 탈출 후의 구조요청방법을 기관장과 상의했다. 모든 준비가 끝난 후 최종점검을 마치고 나는 선장에게 보고를 했다.

그런데 그때 마침 회사 직원이 전화를 걸어왔다. 선장이 우리가 탈출할 생각이라고 말하자 회사에서는 모두 잘 해결될 테니 위험한 행동은 하지 말라는 지시를 내렸다. 그래서 우리는 회사의 말만을 믿고 탈출계획을 취소하게 되었다.

그 뒤 해적들의 본거지인 하라데레로 끌려가는 동안 해적들의 치욕적인 약탈이 매일같이 행해졌다. 나와 기관장은 이대로 끌려가서는 안 된다는 의견일치를 보았다. 우리는 해적들을 제압하기 위한 칼과 창, 화염병을 준비하고 기회를 엿보았지만 그때마다 돌발 상황이 발생했다. 제일 큰 문제는 해적들은 우리의 동태를 살피고 있지만, 우리는 그들을 볼 수 없다는 것이었다. 그 때문에 우리의 탈출모의는 번번이 실패로 끝나고 말았다.

그 뒤 우리는 해적들의 반복되는 협박과 죽음의 공포 속에서 하루하루를 보내며 해적들에 대한 분노와 무책임한 회사와 무관심한 정부를 원망하게 되었다. 선박 안에는 여러 가지 통신시설이 설치되어 있지만 모든 통신시설이 해적들에게 장악당하고 우리들의 눈과 귀가 묶여 있는 상황에 육지에 있는 두목 집에 이중 인질 생활을 하고 있던 선장이 우리의 유일한 희망이었다. 선박에 있던 선원들은 먹이를 물고 돌아올 어미 새를 기다리는 새끼 새의 심정으로 선장의 입만 바라보고 있었다. 그러나 비관적인 얘기만 들리고 엉뚱한 소리만 하는 회사 측의 협상 내용에 실망과 분노를 느끼며 그럴 때마다 선원들의 가슴엔 지울 수 없는 상처만 커가고 있었다.

내가 더욱 분노하는 것은 재래시장에서 물건 값 흥정하듯이 우리를 취급한 회사의 처사이다. 게다가 세 달이 다 되어서도 협상은커녕 우리가 타고 있던 배까지 좌초시키려 했던 사실은 정말 참을 수 없다. 나는 그럼에도 불구하고 비밀을 끝까지 지키려 했으나, 풀려나는 과정에서 선장과 회사 간의 모종의 전화내용이 회사와 선장을 불신하는 계기가 되어 이제는 돌이킬 수 없는 관계가 되었다. 그들은 스스로 우리를 등 돌리게 만드는 원인을 제공했다.

나는 그동안 한 배를 책임지는 선장의 위치를 바라보며 열심히 노력했다. 그래서 의욕적으로 항해사 면허증도 따고 첫 항해를 나간 것이었다. 그런데 나포와 4개월간 이어진 악몽 같은 경험이 나의 의욕과 포부 모든 것을 앗아갔다.

나는 12년 동안 배를 타면서 나름대로 뱃사람에 대한 자부심이 있었다. 힘든 일이지만 다시 20대로 되돌아간다고 해도 배를 타겠다고 생각해왔다. 그런데 이번 일을 겪으면서 그것이 송두리째 무너졌다. 만약 소말리아에서 납치된 것이 배가 아니라 비행기였다면, 뱃사람이 아니라 다른 직종에 종사하는 사람들이었다면, 그렇게 오랫동안 아무 조치 없이 내버려두었을까. 사람들은 우리를 자신들과 상관없는 이방인처럼 보는 것 같았다. 우리가 뱃사람이기 때문에 무시당했다는 느낌이 들기도 했다.

그래서 다시 배를 타지 않겠다고 결심하기에 이른 것이다. 나로서는 쉽지 않은 결정이었다. 다시 새로운 인생을 준비하고 있지만 그때의 상처가 모두 아문 것은 아니다.

나포 당시 나는 국방의 의무를 마치고, 세금도 내고 있는 대한민국 국민 중 한 사람이었다. 그러나 소말리아 해적들에게 억류당했던 기간 동안 나와 동원호 선원들은 대한민국 국민이 아니었다. 국가와 회사 측은 우리 25명 선원들의 목숨을 가지고 돈을 흥정했고, 그 과정에서 우리들은 공포와 두려움에 떨며 117일을 버텨야 했다. 그리고 우리를 그렇게 버려두었던 사람들이 나중에 '일개 프리랜스' 운운하며 김영미 PD를 비난했다. 그들이 과연 그럴 자격이 있는 사람들인지, 나는 그것이 참으로 의심스럽다.

김영미 피디는 자기 일을 사랑했기 때문에 그 험한 길을 온 것이고, 저널리스트로서의 사명감을 가지고 우리를 찾아온 것이다. 그렇지 않고서야 왜 그 위험한 곳을 왔겠는가. 일개 프리랜스라며 비난하던 사람들은 그 당시에 어디에 있었던가! 그들은 우리에게 두바이 호텔과 나이로비 호텔에 앉아 온갖 외교채널을 동원해 협상을 하고 있다고 말했다. 그들은 우리를 위해 소말리아에 오지도 않았고, 오지도 않았을 사람들이다. 지금 우리 선원들은 뿔뿔이 흩어졌지만, 마음속 깊이 김영미 피디에 대해 고마워하고 있다. 말은 안 해도 속으론 다 같은 마음일 것이다.

지금도 나와 같은 증상을 겪으며 아파할 외국 선원들에겐 항상 미안함을 느끼고 있다. 모쪼록 조속한 쾌유를 빈다. 그리고 억류에서 석방까지 지속적인 관심과 근심어린 걱정으로 바라봐준 모든 분들께 감사드리며, 이제 다시는 제2, 제3의 잊힌 동원호가 생기지 않도록 정부의 각별한 관심을 바란다.

마지막으로 소말리아에서 우리를 안전지역까지 호위항해하며 걱정과 관심을 보여준 미 구축함 DDG95의 함장님과 전 장병 그리고 통역을 도와준 한국계 미군 병사에게 늦었지만 감사의 마음을 전하고 싶다.

항해사 김진국

이제 동원호 선원들은 우리 기억에서 서서히 잊히고 있다. 그러나 아직도 그들에게 소말리아에서 당한 공포의 기억은 계속되고 있다. 부디 그들이 그 상처를 잊고 새로운 생활을 시작하기를, 나는 누구보다도 간절히 바란다.

지금 소말리아는

1999년 4월, 소말리아에서는 '이슬람 법정연대'(ICU, 이하 이슬람연대)가 꾸려졌다. 이슬람 법정연대는 이슬람 율법(샤리아)을 토대로 만들어서 영어로는 샤리아 코트(Sharia Court)라고 불린다.

앞서 내가 하라데레로 갈 수 있게 도와 준 셰이크 하산 알 다위르는 이슬람 법정연대의 수장이다. 1995년, 일명 '블랙호크 다운' 사건으로 인해 미군이 철수한 후에, 소말리아는 계속 무정부 상태로 있다가, 2004년 유엔 중재로 케냐의 수도 나이로비에서 '소말리아 과도 연방정부'(TFG, 이하 소말리아 과도정부)가 구성되었다.

그러나 이 소말리아 과도정부는 소말리아 전체를 장악하지 못했고, 소말리아 국민들에게조차 정식 정부로 인정받지 못했다. 소말리아 국민들은 과도정부가 유엔의 중재로 세워진 정부이지만, 그 배후에 미국이 있다고 여겼던 것이다. 그래서 미국에 대한 반감 때문에 많은 국민이 소말리아 과도정부를 자신들의 정부로 인정하지 않았다.

소말리아에서는 2006년 초반부터 이슬람연대와 반테러연맹 사이에 충돌이 잦아지기 시작하더니, 그해 5월 결국 모가디슈 도심에서 교전이 벌어져 300명 이상이 목숨을 잃었다.

같은 해 6월 5일 이슬람 법정연대는 마침내 모가디슈를 장악했음을 선포했다. 그러나 모가디슈 전체를 장악한 것은 아니었고, 여전히 모가디슈 중심가와 근방에는 계속적인 전투가 벌어지고 있었다.

내가 모가디슈에 들어갔을 때가 바로 그 시점이었다.

동원호 취재를 하고나서 다시 모가디슈로 돌아왔을 때, 이슬람 법정연대는 유엔군이 철수한 뒤 10여 년 동안 폐쇄됐던 모가디슈 국제공항을 개방했다. 그래서 나는 한국으로 돌아올 때, 들어왔던 공항이 아닌 이 공항을 이용할 수 있었던 것이다.

이슬람 법정연대는 8월 15일에 해적들로 들끓던 모가디슈 북동부 500킬로미터 지점의 하라데레 지역을 장악했다.

내가 그 소식을 들은 것은 동원호 선원들과 부산에서 만난 다음날이었다. 밤새 동원호 선원들과 술자리를 가진 후에 조리사 이기만 씨 여자친구 집에서 하룻밤을 보낸 다음날 새벽에 D에게서 전화를 받았다.

전화를 받자마자 D의 첫마디는 "셰이크 하산이 약속을 지켰어"였다. 그는 "하라데레는 지금 불바다이고, 해적놈들은 거의 다 죽었어. 두목은 살아서 모가디슈로 압송됐고 나머지 해적들은 다 죽었어. 그리고 통역하던 압둘라는 그래도 한국 사람 편을 많이 들어주었다는 이유로 셰이크 하산이 살려줬어. 빨리 한국 선원들에게 이 소식을 전해서, 조금이나마 위안이 됐으면 좋겠다"라고 말했다. 나는 재빨리 항해사와 다른 선원들에게 전화해서 해적들이 모두 끝장났다고 알렸다. 선원들은 그 소식을 듣고 정말 많이 기뻐했다. 자신들을 괴롭혔던 해적들이 이 지구상에서 사라졌다는 사실 하나만으로도 많은 위로가 됐던 모양이었다.

그러고 나서 나는 셰이크 하산에게 전화를 걸었다. 소말리아 현지 전화 사정이 좋지 않아 몇 번이나 시도한 끝에 간신히 통화를 할 수 있었다. 셰이크 하산의 첫 마디는 "나는 너와 한 약속을 지켰다"였다. 그는 "이제 나쁜 소말리아인들은 다 제거되었고, 나는 소말리아 전체를 장악했다"라면서 돌아간 한국 사람들은 지금 어떻게 지내느냐고 물었다. 나는 선원들 모두 잘 돌아와 가족들을 만났고, 지금 나와 함께 있다고 말했다.

우연인지 몰라도 셰이크 하산이 해적 일당을 소탕한 날이 한국의 광복절이었다. 나는 그 사실을 셰이크 하산에게 전했다.

"당신이 하라데레에 간 날이 어떤 날인 줄 아느냐. 한국의 독립기념일(광복절)이다."

그 말을 들은 셰이크 하산은 자기는 그 사실을 몰랐지만, "어쨌든 너희 독립기념일에 좋은 선물을 해주어서 기쁘다"라고 말해주었다. 같은 달 25일엔 한때 아프리카 북동부에서 가장 바삐 움직이던 모가디슈 항구가 역시 10여 년 만에 문을 열었다.

이슬람 법정연대가 이렇게 소말리아 전체를 장악해서 잠시나마 소말리아에 평화가 온 듯했다. 그러나 그 평화는 오래가지 못했다. 이슬람 법정연대가 알 카에다와 연계되었다는 기사가 계속 나오면서, 2006년 12월 6일 유엔의 결의안 제1725호를 통해 "지역 평화유지군이 소말리아로 진입해 과도정부를 보호하고 평화와 안정을 회복하도록" 허가했다. 결의안이 나온 지 이틀 만인 12월 8일 이슬람연대는 에티오피아군의 지원을 받는 과도정부 쪽과 교전을 벌였다. 그리고 12월 21일 일부 지역에서 또다시 격렬한 전투가 벌어졌다.

지난 6월 모가디슈를 장악한 뒤 이슬람 법정연대의 제2인자인 셰이크 샤리크 셰이크 아메드는 사우디아라비아의 일간지 아샤라크 알 아우사트와의 인터뷰에서 "만약 미국이 모가디슈를 장악한 우리를 겨냥해 직접 무장 개입에 나선다면, 영원히 잊지 못할 가르침을 줄 준비가 돼 있다"라며, "우리는 미국에 1993년의 패배를 되풀이시켜줄 것"이라고 말했다.

이슬람 법정연대가 '성전'을 촉구한 가운데 12월 20일부터 26일까지 에티오피아군의 대규모 공세가 이어졌다. 결국 12월 28일 이슬람 법정연대는 모가디슈에서 물러났고, '승리'를 확신한 알리 모하메드 게디 과도정부 총리는 계엄령을 선포했다. 셰이크 하산은 다시 모가디슈를 떠나 수풀로 돌아갈 수밖에 없었다.

그 뒤 나는 셰이크 하산과 직접 연락을 하지 못했고, 현재 모가디슈로 연결되는 통신 또한 모두 두절된 상태이다. 자세한 소식은 알 수 없지만 나는 셰이크 하산과 이슬람 법정연대가 아마도 계속 전투를 벌이면서 다시 한번 모가디슈로 진입할 계획을 세우는 중이 아닐까 짐작한다.

그 뒤 선원들은

기관사와 갑판장 위신환, 조리사 이기만은 지난 1월에 다시 배를 타고 남태평양으로 떠났다. 그들 모두 억류기간의 공포와 불면증으로 계속적인 방황을 하다가 생계를 위해서 어쩔 수 없이 치료도 못 마친 채 배를 타야 했다. 선장 최성식 씨도 피지로 떠났다. 네 사람 모두 귀국 당시 다시 조업을 나가게 해주겠다고 약속했던 동원수산이 아니라, 각자 다른 회사로 뿔뿔이 흩어져야 했다.

나는 선원들이 보상도 제대로 받지 못하고, 치료도 제대로 받지 못한 상태에서 배를 타러 나갔다는 소식을 들었을 때 정말 가슴이 아팠다. 약도 제대로 챙겨가지 못했을 텐데, 소말리아에서 겪었던 공포와 아픈 기억들을 잊고서 조업을 제대로 할 수 있을지 지금도 걱정이 된다.

항해사 김진국 씨는 다시는 배를 타지 않겠다고 결심하고, 결혼 준비를 하면서 일자리를 찾고 있다. 12년간 젊음을 배에서 보낸 그에게 마땅한 일자리는 없는 모양이다.

통신장 또한 고향에 머무르고 있는 것으로 알고 있는데, 그 역시 아직 뚜렷한 계획을 세우지 못했다고 한다.

피납 일기를 썼던 조선족 선원 김홍길 씨는 올해 1월에 아프리카 콩고로 일을 하러 떠났다. 내게 다시는 바다에서 일하지 않겠다고 했는데, 간 곳이 콩고라고 홍길 씨의 동생은 전해주었다. 소말리아와 똑같은 아프리카인데, 먹고살 길이 없어서 선택할 수밖에 없는 길이었겠지만, 홍길 씨에게는 소말리아와 마찬가지로 공포의 땅으로 기억되지는 않을지 우려된다.

너무 부끄러움이 많아서 취재 당시 제대로 찍지도 못했던 막내 실기사 이동현 씨는 다시 배를 타지 못하고 현재 고향 제주도에 머무르고 있다. 고향에 내려와 해양경찰 시험을 준비했으나, 응시기준 중의 하나인 조업 기간이 3개월 모자라 그동안 준비했던 시험을 포기해야 하는 안타까운 상황에 처해 있다고 한다.

몸바사에서 고향에 가지 못하고 다시 배를 탔던 인도네시아 선원 전원은, 무슨 일인지 한꺼번에 모두 귀국했다고 한다. 그들 또한 억류생활의 충격 때문에 더이상 조업을 하지 못했다고 한다.

인도네시아 선원들과 함께 다시 배를 탔던 베트남 선원들 또한 심한 PTSD 증세를 보여 얼마 뒤 모두 귀국했다고 한다. 지금은 배를 타지 않고 다른 일을 하고 있다는 소식이다.

소말리아 해적에게 나포되었다가 123일 만에 풀려나 자유의 몸이 된 동원 628호 선원들이 케냐 몸바사 항에 도착, 하선을 기다리고 있다.

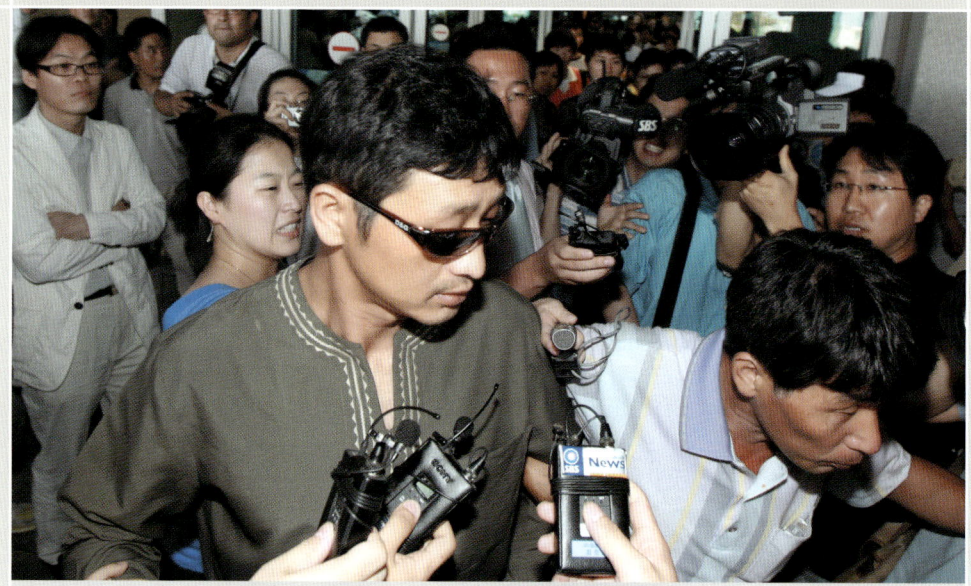

2006년 8월 9일 오후 인천공항에 도착한 동원호 항해사 김진국 씨. 나는 선원들이 살아 돌아온 모습을 직접 내 눈으로 확인하고 싶어서 귀국 날짜에 맞추어 인천공항에 갔다. 기관사 김두익 씨와 제일 먼저 인사를 나누고 곧 통신장, 항해사와도 해후의 기쁨을 나누었다.(위)

동원호 선원들이 풀려난 후 이슬람 법정연대는 하라데레에 진격하여 동원호를 나포했던 해적들을 몰살시켰다. 그리고 그후로도 지속적으로 소말리아 내의 해적들에 대한 소탕작전을 벌이고 있다. 사진은 2006년 11월 이슬람 법정연대 소속 군인들이 선박을 나포한 해적들을 잡아서 모가디슈로 압송하는 모습이다.(아래)

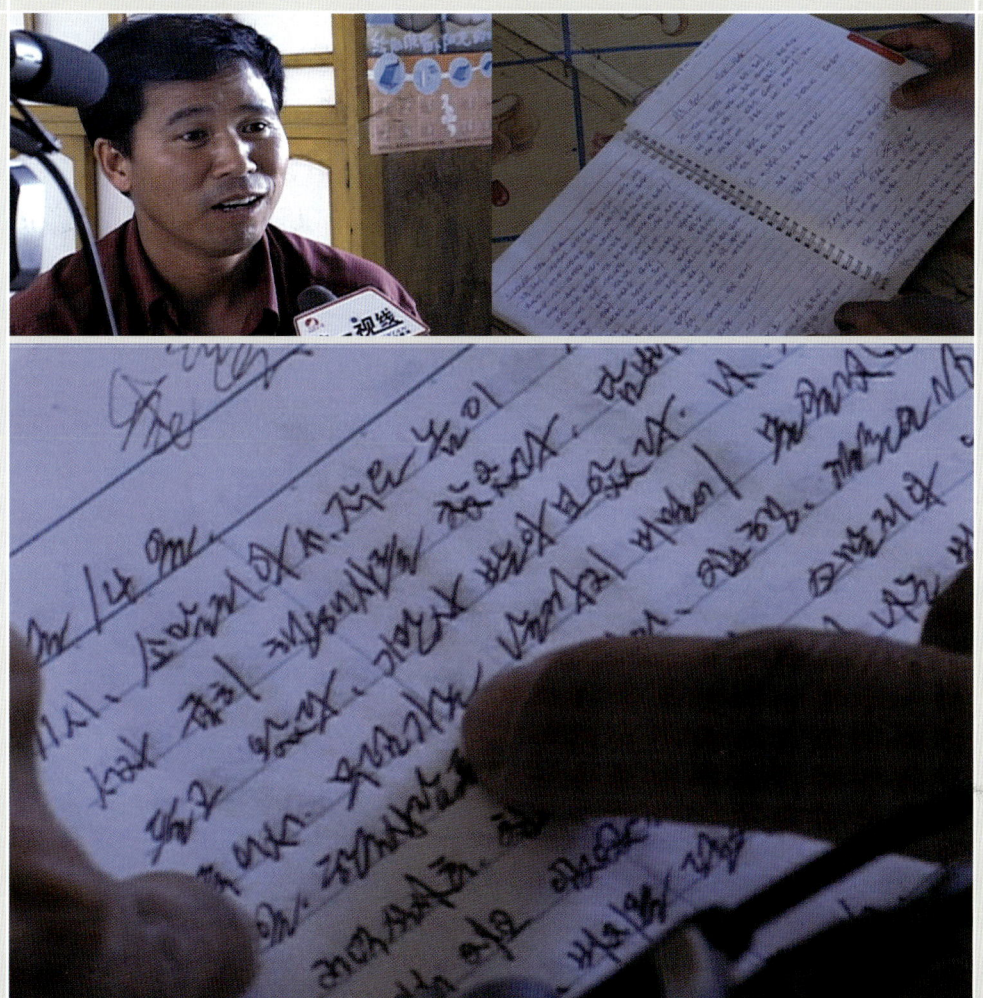

중국 언론과 인터뷰 중인 조선족 선원 김홍길 씨. 그는 인터뷰 전에 나에게 그날 공개하기로 한 노트 두 권 분량의 일기를 보여주었다. 2006년 6월 14일 자 일기에는 선장이 항해사에게 보낸 쪽지를 몰래 엿보았다는 얘기와 함께 '죽어서 무덤에 가는 날까지 비밀에 부칠 것. 앵커(닻) 자르고 배를 침몰시킬 것'이라는 쪽지 내용이 적혀 있었다.

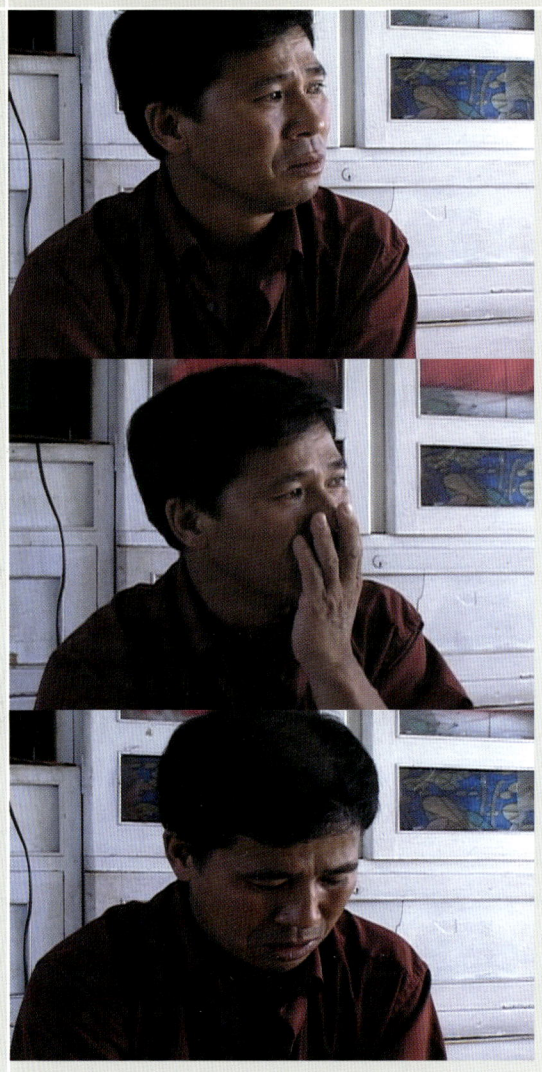

중국 언론과의 인터뷰에서 동원호의 선장이 배를 좌초시키려고 했다는 사실을 폭로하면서 울먹이는 김홍길 씨. 그는 당시 받았던 충격이 되살아나는지 무척이나 괴로워했다.

조선족 선원
김홍길의 일기

●일러두기
1. 이 일기는 동원 628호에 승선했던 조선족 선원인 김홍길 씨가 소말리아 해적에게 나포된 2006년 4월 4일부터 자유의 몸으로 풀려난 2006년 8월 6일까지 선상에서 일어났던 일들을 기록한 것이다. 그는 노트 두 권 분량의 일기를 소중히 간직하고 있다가 나중에 중국으로 취재 온 김영미 피디에게 건네주었다. 김영미 피디는 김홍길 씨의 일기를 보고 동원 628호 나포사건과 25명 선원들의 비극을 책으로 남겨야겠다는 결심을 하게 되었다.
2. 김홍길 씨는 해적들의 눈을 피해 몰래 일기를 쓰느라 간단히 요점만 적어놓고 나중에 다시 내용을 풀어쓰곤 했다. 그래서 같은 날짜에 일기가 여러 개인 경우도 있다. 독자에게 당시의 상황을 있는 그대로 전하기 위해 가능한 한 일기는 원문 그대로를 실었음을 밝힌다.

2006년 4월 4일. 인질 생활 117일의 시작

우리 양승조 선원들은 작업을 마치고 취침 중이었다. 9시 20분경 당직을 서던 항해보조원이 탑 브리지에서 쌍안경으로 멀리 스피드보트 두 척을 발견했다. 보트는 배 오른쪽 앞에서 쏜살같이 달려오고 있었다. 얼마 후 항해보조원은 재차 탑 브리지에서 쌍안경으로 확인했다. 역시나 스피드보트였다. 해적이다. 선장에게 보고를 하자 선장이 의자에서 일어났다. 10시경 갑판장이 침실로 뛰어들어 급히 선원들을 기상시켰다. 이미 해적들은 50미터 거리까지 붙어 마구 총질하며 고함지르고 있었다. 보트 두 대에 8명이 타고 있었다. 총탄은 쉴 새 없이 쏟아졌고, 동원호는 회피 기동을 하다 약 20분 후 멈췄다. 해적들은 선박에 올라 배를 장악했다. 선원 전부를 브리지에 모이게 했다. 해적들은 총구를 선원들에게 겨냥하고 있었다. 기관총과 박격포도 보였다. 해적들은 통신실에서 보스에게 납치 성공 사실을 알리며 통쾌하게 웃고 노래를 불렀다. 40분 뒤 선박은 소말리아 해안으로 향했다. 항해 도중 12시 30분경 미국 군함 두 척이 나타났다. 헬기와 전투기도 등장했다. 해적들은 선원들을 전부 갑판에 모이게 하고 인질로 삼았다. 선장님과 기관장님이 앞에 서고 한 놈이 뒤통수에 총을 겨냥했다. 선원들은 뒤에 일렬로 섰다. 해적들은 밖에서 보이지 않는 곳에 숨어 기관총으로 선원들을 겨냥했다. 2시경 미국 군함과 일정한 거리를 두고 계속 소말리아로 향했다. 군함 한 척은 선박과 나란히 따라왔고 또 다른 한 척은 배 뒤쪽에서 따라오고 있었다. 한참 후 군함이 경고 포탄을 쐈다. 위기일발이었다. 해적들은 복면으로 얼굴을 가린 채 결전의 준비를 하고 있었다. 정말로 아슬아슬한 순간이었다. 선원 모두가 긴장상태였다. 시간이 지나자 군함은 선박과 일정한 거리를 두고 해적들 역시 어느 정도 안착되었다. 조금 지나자 뒤따라오던 군함에서 발포되었다. 또다시 해적들은 어찌할 바를 몰랐다. 한참 지나 군함은 돌아가고 우리 선박은 계속 소말리아로 향했다. 6시경, 선박은 소말리아 놈들의 목적지에 도착했다. 그리고 결국 군함은 추격을 포기하고 되돌아갔다. 해적들은 뱃머리를 돌리는 군함을 보며 승리자인 양 기뻐 날뛰었다. 선박은 목적지(하라데레 인근 해변)에 도달한 후 닻을 내렸다. 우리 동원호 선원들의 인질 비극은 이렇게 시작되었다. 도대체 누구를 원망하고, 누구를 처벌하여야 하는지 나의 인생에서 영원히 잊을 수 없는 인질 비극 4개월, 그 누구에게 보상받아야 하는지…… 상처받은 나의 마음과 정신적, 심리적 충격. 누우나 앉으나 지나온 비극의 4개월이 영원히 마음 속 깊이 못박혀 있을 것이다.

2006년 4월 19일. 여기에서 끝나는 것은 아닌지

하루하루를 긴장 속에서 보내고 있다. 이러다 여기서 인생을 끝내게 되는 것은 아닌지, 언제쯤이면 소식이 있을지 날이 갈수록 불안해진다. 해적들은 선박의 모든 것을 다 망쳐놓았다. 툭하면 총을 들이대니 너무나도 위험하다. 언제 어느 순간에 어떻게 될지, 정말로 가족 생각이 간절하다. 나에게는 귀여운 딸자식이 둘이 있다. 어떻게 해서라도 성한 몸으로 돌아가 그들의 뒷바라지를 해주어야 한다. 나에게는 막대한 임무가 지워져 있다. 자식들을 끝까지 책임져주어야 한다. 보고 싶은 딸들의 얼굴, 지금쯤 무엇을 하고 있을지. 보고 싶다. 미치도록 보고 싶고 안아주고 싶은 나의 딸들. 귀국하면 언제든 곁에서 같이 하련다. 나머지 인생 너희들과 같이 가족과 함께. 너무나 아름다운 순간들. 그날은 기어이 오고야 말 것이다. 나의 사랑하는 딸들아. 우리 상봉의 날까지 손꼽아 기다려다오. 못난 아버지로부터. 소말리아 영해에서.

2006년 4월 21일

갑판장, 항해사, 2기사 선박에 왔음. 선장님, 통신장님, 기관사 소말리아로.

2006년 4월 24일

실항사가 당직을 서라기에 브리지로. 한참 후 (해적) 한 놈이 총을 들이대면서 내려가라고 고함을 지름. 침실로 가니 두 놈이 옷장 뒤져 옷가지며 챙겨 갔음. 11~12시 사이. (해적) 한 놈 침실에서 잠자고 있었다. 언제쯤이면 이 꼴 면하겠는지. 저녁식사 후 6시 30분. 침실에 가니 문이 안으로 걸려 있었다. 안에서 요란한 소리가 들었다. 한참 후 소말리아 세 놈이 자루에다 많은 물건 들고 나왔다. 침실에 들어가 보니 개판이었다. 가방, 옷가지, 사진 지저분하게 널려져 있었다. 중국 인민폐 600원, 남아공 돈 120랜드 모두 뒤져갔다. 정남 사진기도 가져갔다. 나는 소말리아 놈들 찾아가서 사진기를 너희들이 가져도 좋다. 필름만 달라고 했다. 결국엔 필름을 주어 찾았다. 천만다행. 필름은 중요하다. 테러 당시 찍은 것이기에. 무엇보다도 중요하다.

2006년 4월 25일

10시 30분 선장님, 기관사, 통신장님, 선박에 도착. 선원 세 명 방한복. 상어 꼬리 조리실로. 소말리아인 침실, 옷가지 등 모두 뒤져갔음. 선장님, 기관장님, 항해사님 세 분 모두 소말리아로. 아직까지 아무런 소식 없음.

2006년 4월 26일. 그놈들도 양심의 가책을 받나 보다

아침 7시 30분 식사 마친 후 침실에서 책을 보고 있었다. 소말리아 놈 한 놈이 들어오더니 다짜고짜 옷장을 뒤지는 것이었다. 나는 아무것도 없다고 했다. 그놈은 면도칼(을 달라고 했다). 이발하겠다는 것이었다. 없다고 하니 그놈은 도로 나갔다. 뒤따라 나가보니 여러 놈이 있었다. 그 중 한 놈 저번에 내 옷가지 가져간 놈하고. 나는 집에 갈 때 입을 옷이 없다며 저번에 가져간 웃옷 하나를 달라고 하니 나더러 기다리라고 했다. 한참을 기다리니 그놈은 브리지 옷 자루(선원들 옷을 빼앗아 모은 자루)에서 저(내)가 말하던 옷을 꺼내들고 맞느냐고 물었다. 맞다 하니 그놈은 웃으면서 나에게 옷을 건네주었다. 사진기 역시 되돌려달라고 하니 그놈은 필름은 저(네가) 가지고 기계는 자기가 가지겠다고 했다. 그놈은 그런대로 괜찮은 놈 같았다. 한 놈은 바지 하나 달라고 사정하기에 선박에서 나눠준 작업복 하나 주었더니 고맙다고 인사까지 하는 것이었다. 하지만 나에게는 이제 아무것도 없다. 집에 갈 때 입으려고 감추어둔 옷. 기관실 조수기 곁에 감추어두었다. 기관장님께서 그곳이 기본상 안전지대라기에. 통신장님께서 부르기에 갔더니 입을 옷 하나 던져주기에 고맙게 받아놓았다. 언제쯤이면 이 더러운 생활 면하겠는지. 오늘 이날까지 아무런 소식도 없다. 어쩌면 선원들 위로의 말 한마디도 없는지. 우리들의 당함은 어디 가서 보상받아야 하는지.

한국 정부는 응당히 우리 전체 선원들 책임져야 한다. 노무현 정치가 어쩌면 지나친 것 같기도 하다. 언제쯤이면 소식이 있을 런지. 너무나 안타깝다.

2006년 4월 27일
소말리아인 침실 소탕.

2006년 4월 28일
아침에 기상해보니 밑에 배 한 척이 있었다. 인디안 선박. 기관장님, 항해사, 갑판장 선박 돌아왔다. 통신장, 기관사, 소말리아로 갔음. 회사 측은 아무런 소식도 없음.

2006년 4월 28일
여느 때와 마찬가지로 4시 기상하여 조금 운동하고 샤워를 했다. 날이 밝아오니 저쪽 편에 배 한 척이 보였다. 해적에게 무슨 배냐고 물으니 자기들이 잡아온 배라고 한다. 인도 선박인데 선원 20명이 있단다. 해적은 아주 신바람이 나서 난리였다. 우리 선박은 언제쯤 가게 되냐고 물어보니 놈은 앞으로 4일이면 갈 수 있다고 한다. 한국 정부에서 돈을 보내온다는 것이다. 하지만 믿을 수가 없다. 너무나 많이 속아왔기에 믿음이 가지 않는다. 심지어 선장님까지 믿을 수 없다. 매일같이 내일, 모래, 앞으로 2일 하는 헛된 약속들…… 이제는 지쳤다. 다시는 속고 싶지도 않다. 묻고 싶지도 않다. 배를 돌리는 날이 가는 날이다. 모든 선원들 (해적에게 풀려난 뒤에) 귀국하겠다고 한다. 어떻게 되는가. 나중에 두고 볼 일이다. 나 역시 결론을 내리기에는 아직 이르다고 생각된다. 우선 애들과 통화한 후 결정하려고 한다. 언젠가는 가족의 품으로 돌아가게 되겠지. 기대하고, 기다려보자.

2006년 5월 1일

저녁 10시, 해적들이 전체 선원들을 갑판에 집합시켰다. 미군 헬기가 나타난 것이다. 자지도 못하고 모두 갑판에서 밤을 지새웠다. 아침 6시가 되서야 겨우 침실로 돌아갈 수 있었다.

2006년 5월 2일

아침 일찍 4시 기상하여 샤워. 식당에서 비디오. 10시가 넘도록 조리사 아침 준비 없었다. 10시 30분 기상하여 준비. 아침 밥상에는 발판 상어 올랐다. 베트남 선원들이 나에게 아침에 먹은 것이 뭐냐며, 상어 아니냐며 물어보았다. 나는 아니라고 아주 비싼 고기라고 했다. 아마도 부식이 모자란 모양이다. 배 한 척 없어졌다. 아마 돈을 주었나보다. 우리는 언제쯤이면 귀국하게 될지. 아직까지도 아무런 소식이 없다. 아마도 식량이 모자라는 것 같다. 오늘 두 끼 식사. 베트남 선원 집에 전화하겠다고 (인도네시아) 실항사하고 싸움.

2006년 5월 3일

아침 4시 30분 기상. 운동하고 샤워. 오늘 역시 아침은 없나 보다. 10시가 넘어서도 소식이 없다. 11시 40분 식사. 아침인지 점심인지. 기름배 보트 건너왔다. 별다른 소식 있을른지.

2006년 5월 3일

여느 때와 마찬가지. 역시 4시 기상. 운동하고 샤워. 식당에서 비디오 시청. 오늘 역시 아침은 없는 모양이다. 이렇게 이른 시간에도 4~5명이 비디오 시청하였다. 10시가 넘어서도 역시. 10시 40분 조리사 기상. 주방에서 무얼 하고 있었다. 아침인지 점심인지. 11시 30분. 상 차려놓았다. 식사 후 우리는 역시 비디오를 보았다. 한참 후 조리사 나더러 가방 챙겨가라는 것이었다. 소말리아 애들 들추어 갔다는 것이었다. 기관실에 가보니 완전 개판이 따로 없다. 옷가지 한 개 없이 전부 다 가져갔다. 신발이며 진짜 이제는 집에 갈 때 입고갈 옷도 없다. 이 자식들 해도 너무 한 것 같다. 계속 되는 이 개 같은 생활. 언제쯤이면 끝나겠는지. 정말로 미쳐버릴 것만 같다. 당해보지 않고는 모를 것이다. 하루하루가 너무나 지루하다. 언제 어느 때 또 집합할지. 편한 잠 이룰 수 없는 이 밤 너무나 지루하다. 이러다 인생을 여기서 조져버리는 것은 아닌지. 애들 생각 간절하다. 언제 어느 때면 상봉할 수 있을지. 너무 너무 보고 싶다. 애들 얼굴.

2006년 5월 4일

역시 아침식사 없음. 식량이 모자란다고. 운동 후 샤워. 비디오 시청. 보트는 건너갔다. 모두들 소식을 기다리고 있다. 언제쯤 석방 되겠는지.

2006년 5월 5일

아침 3시 기상. 비디오 시청. 7시 샤워 운동. 어쩐지 감감무소식. 도대체 어떻게 돌아가고 있는지.

5월 6일

아침 7시 30분 기상. 운동 후 샤워. 역시 아침식사 없음.

2006년 5월 7일

아침 8시 40분 기상. 운동 후 샤워.

귀국 하면 우선 먼저 할 일들
 1. 우선 먼저 설화, 애화, 선생님 및 친구들 한자리 (모시고) 음식 나눈다.
  소학교부터 중학, 고중, 대학 선생님들 먼저. 학생 및 친구, 부모님들 차례로. 음식은 내가 손수 차린다. 이 과정에 새로운 친구를 사귄다. 숙분이는 귀국 시 연락 취하면 북경에서 만나기로.
 2. 동생 가족 도와 무엇인가 해준다. 설화, 애화 상의한 후 결정. 애기 병원에 데려가 전면 검사.
 3. 나, 보험 여러 종류.
 4. 설화, 애화, 선물 목걸이로 한다. 숙분 같이.
 5. 되도록이면 빠른 시일 내로 고향 뜬다. 아무것하나 놀면 안 된다.
 6. 부모님 모시고 유람 떠난다. 동무, 한사람 데리고.
 7. 되도록이면 애들과 같이 자주 함께한다.
 8. 큰누나, 목걸이 함께 선물한다.
 9. 제수, 선물 한 가지.
 10. 부모님 용돈 저금통장으로 한다.
 모든 경제, 설화가 맡도록

2006년 5월 8일. 가는 데까지 가보자

아침 6시 30분 기상. 운동 후 샤워. 비디오 시청. 기관장님 얘기 이제 7일이면 간다. 어쩐지 다소나마 위안된다. 침실에 돌아와 보니, 개판이었다. 발칵 뒤집어 놓았다. 아직까지도 끝없이 뒤져가고 있다.

2006년 5월 9일

아침 6시 기상. 운동 후 샤워, 비디오 시청. 소말리아 조리사, 칼 들고 달려들었다.

2006년 5월 10일

아침 8시 기상. 운동 후 샤워, 비디오 시청. 1시 30분 통신장, 기관사 선박에 돌아왔다. 부식, 상당히 많이 소말리아에 가져갔다. 어쩐지 아직도 무소식인 것 같다. 통신장, 2기사 소말리아로.

2006년 5월 10일

5시 40분 저녁식사, 많은 말들이 오갔다. 식량이 모자라니 5월 20일부터 하루 한 끼라는 둥, 1인당 오징어 한 박스 나누어 준다든지. 물 모자라니, 모두 양치질 해수로 하자는 둥. 앞으로 한 달까지 참아보고 방법이 구해지지 아니하면, 배에다 신나 뿌리고 불 질러버린다는 둥. 결론은 들을만한 얘기 하나도 없었다. 도대체 628호는 어떻게 되겠는지. 하루하루 속아 지내노라면, 언젠가는 광명이 찾아올 것이다. 이럴 때, 침착성 있게 차분하게 지낸다. 설친다고 되는 것이 아니다. 굼벵이도 기는 방식이 있다. 각자마다 생각이 다른 만큼. 너무 지지고 볶을 필요가 없다. 인내성이 필요한 때다. 자식들 위해서라도 허무한 짓을 하지 않는다. 기다리다 보면 무엇인가 있을 것이다. 대한민국은 무엇을 하고 있는지…… 소말리아에서.

2006년 5월 10일

오늘은 무슨 희소식이라도 있을까 싶어서 식당으로 내려갔다. 여러 명이 앉아서 얘기를 나누고 있었다. 옆에 앉아 듣노라니 어쩐지 무언가 잘못 돌아가고 있는 듯한 느낌이 들었다. 아직도 회사 측에서 올바른 조처가 없다는 것이다. 언론에서도 아무런 반응이 없다. 이곳에 잡혀온 지도 40일째다. 어쩌면 이 기나긴 시간 아무런 조처도 없다는 말인가. 우리 모두가 이렇게 죽어간다 해도 한국 정부는 눈 하나 깜빡하지 않는다는 말인가. 매일 총부리 앞에서 하루하루를 보내는 우리의 절망에 그대들은 책임을 지지 않는다는 말인가. 우리 선원들 모두 먼 이국에서 외화를 벌어 돌려주었지 않은가. 다소나마 한국에 공헌한 사람들. 당신들은 가슴 아프지 않다는 말인가.

2006년 5월 10일

물이 모자라니 목욕과 양치질은 바닷물로 하자는 얘기가 나왔다. 한국에서는 무엇을 하고 있는지.

2006년 5월 11일

아침 6시 기상. 운동하고 샤워. 식당에서 비디오 시청. 점심식사 후, 오징어 한 박스 처리. 모두들 다음주까지 기다려보자고 한다. 혹시 무슨 소식이라도 올 것처럼. 무엇이 잘못 돌아가는 것 같다.

2006년 5월 12일

아침 6시 기상. 운동 후 샤워, 식당 청소 샴푸. 하루하루 속아 보자. 언제까지. 비디오 시청하는데 놈이 들어와 저하고 나가보자는 것. 탑 브리지 올라가니 (해적) 두 놈이 총지고, 저(나)더러 청소하라고.

2006년 5월 13일

우리는 여느 때와 마찬가지로 아침 없는 점심식사를 하려고 준비하고 있었다. 조리장은 꽁치를 굽고 나는 상을 치려고 하는데 한 놈이 못하게 상에 발을 얹어놓는가 하면 침도 상에 뱉는 것이었다. 너무나 억울해 보고만 있었다. 한참 후 놈은 나가고 나는 상을 차려놓았다. 좀 지나서 놈이 소말리아 조리사 데리고 들어서더니, 선원을 손가락 가리키더니 소말리아 조리사 놈이 우리 선원의 머리를 한 대 때리는 것이었다. 선원이 무어라 말하니, 이놈은 슬리퍼 빼서 들고 선원을 때리려고 하였다. 참으로 눈뜨고는 볼 수 없었다. 이런 생활 언제까지 하여야 하는지. 오늘 따라 놈들이 많이 우리 선박에 몰려들었다. 무슨 일이라도 있는지. 언제쯤이면 소식 있겠는지. 정말 미쳐버릴 것만 같다. 소말리아에서.

2006년 5월 13일

아침 6시 기상. 운동 후 샤워. 식당에서 비디오 시청. 소말리아 놈, 기관장님 찾아달라고.

2006년 5월 14일

아침 6시 30분 기상. 샤워. 비디오 시청. 기관장님하고 만약에 풀려나게 되면 보상 문제에 의논. 소말리아 동력 보트, 고기잡이배 한 척 선박에 왔음. 여러 놈. 나는 소말리아 어린이하고 비디오 시청. 소말리아 조리사 생선 굽는다고 가스 달라고 함. 비가 내렸다. 파도가 높아지고. 소말리아 놈한테 물어보니 내일 선장님께서 돌아온다고.

2006년 5월 15일

아침 6시 기상. 샤워. 비디오 감상. 기관장님, 밥 먹으라고 하였다. 나 싫으니 (혼자) 드시라고 하였다. 한참 후 침실 돌아와 책을 읽었다. 『제국의 전설』. 어쩐지 너무 어지러웠다. 눈알이 빙글빙글 도저히 참기 어려웠다. 침실에 누웠다. 지금 내가 미치는 훈련이라도 하고 있는 것은 아닌지. 오늘 너무나 힘들다. 어지럼증이 너무나 심하다. 혹시 앓아눕지나 않을지. 오후 역시 너무 힘들어 기관사보고 비타민 달라 하여 먹었다. 영양실조인지 아니면 잡병이라도 생기는 것인지. 미칠 것만 같다.

2006년 5월 16일

아침 일찍 기상하여 운동하고 샤워. 식당에서 비디오 시청. 〈남자가 사랑할 때〉를 한참 보는데 소말리아 한 놈이 들어오더니 다짜고짜 나 신은 신 벗기는 것이었다. 물어보니 무조건적으로 자기가 가지겠다는 것이었다. 너무도 억울했다. 한참 밀치고 다툰 끝에 결론은 주지 않았다. 매일과 같이 신고, 잠잘 때면 침대 밑에 감추고 자야 했다. 전번에는 자고 일어나 보니 옷을 다 들고 갔다. 좀 지나면 알몸이 될 가능성도 높다. 저녁식사 시 기관장님 하시는 말에 의하면 소말리아 놈, 50만 달러 요구. 회사 측에서는 40만 달러. 협상이 다 되가는가 보다. 갑판장, 소말리아에서 배 앞쪽의 창고 물건 다 가져가기로 했다고. 어쩐지 의문스럽다. 결론은 두고보자. 갑판장 말로는 앞으로 1개월 더 있어야 된다고 한다. 도대체 누구를 믿어야 하는지.

2006년 5월 17일

7시 20분 기상하여 샤워. 식당에서 비디오 시청. 소말리아 한 놈 식당에 왔다. 비디오 바꾸어주고 침실로 왔음. 우리 침실에서 정남, 태민과 잡담. 10시 30분까지.

2006년 5월 17일

날이 갈수록 말이 아니었다. 기관장, 항해사, 갑판장, 조리사, 나 5명이 식당에 앉아서 부식에 대한 얘기를 나누었다. 식량이 얼마 남지 않았으니 이제 밥은 한 공기 먹어야 된다고. 오늘까지. 우리는 이미 하루 두 끼씩 먹어왔다. 해는 길어가고 밥상에서도 눈치 보아야 하니, 하루 보내기란 말이 아니었다. 게다가 놈들은 수없이 침실을 뒤져 가니. 세상에 해도 너무한 것 같다. 너무나도 힘들다. 한 놈은 내가 신고 있는 신마저 내놓으라니. 참 미칠 지경이다. 잠잘 때 벗어놓은 옷가지까지 들고 가니. 도대체 사람을 살리려는지 아니면 죽이려는지. 아직까지도 소식 없으니, 정말로 미칠 것만 같다. 날이 갈수록 이상한 생각만 든다. 살아서 이곳을 떠나겠는지 아니면…… 해적 놈들은 오늘도 한국에서 돈을 보내지 않았다면서 돈 안 보내주면 모두다 죽여버린다는 것이었다. 죽이려면 하루 빨리 죽이든지. 사람을 이런 식으로 말려 죽이자는 것인지 너무너무 힘들다. 배는 고프고 현기증이 난다. 사람이 살다보니, 이런 꼴도 당하는구나. 대한민국은 무엇을 하고 있는지. 당신들은 책임이 없단 말인가. 대한민국은 응당히 책임져야 한다. 우리 전체 선원들, 628호 전체를 책임져야 한다. 노무현 정책이 말이 아니다. 소말리아에서.

2006년 5월 18일

아침 6시 기상. 운동, 샤워, 비디오 시청. 기관장, 기관사, 기관장 밥 먹으라고. 나 거절하고 침실로. 바느질하였다. 점심 후 라면. 이동.

2006년 5월 21일

점심식사 후 식당에서 비디오 시청. 모두들 앉아 얘기나누었다. 내일 선장님 선박에 돌아온다고. 만약의 경우, 선박 출항하여서도 작업 가능.

2006년 5월 22일(음력 4월 25일)

오늘은 나의 생애에 마흔셋째 생일이다. 세상에 인질로 잡혀서 생일을 보내야 되다니. 너무나도 섭섭하다. 무엇이라 말할 수도 없다. 어찌 보면 아주 뜻 깊은 생일이라고도 생각된다. 이번이 마지막 선박생활이라 생각하고. 좋게, 좋은 기분으로 하루를 보내자. 언제쯤이면 이곳을 떠나겠는지. 너무나도 지겹고 아슬아슬하다. 언제면 가족의 밑으로. 소말리아에서.

2006년 5월 22일

나는 저녁밥을 먹고 침실로 돌아와서 『제국의 전설』을 읽었다. 한참 읽고 있는데 소말리아 두 놈이 침실로 들어왔다. 우리 침실에서 자겠다는 것이었다. 내가 책을 보고 있으니, 이놈은 남하고 얘기 나누었다. 그놈은 나의 가족사진을 보더니 아주 멋지다는 것이다. 전화번호를 가르쳐 달라기에 나는 적어주었다. 내일 자기가 집에다 전화하겠다는 것이었다. 그놈의 말로는 중국 선원 3명이 먼저 귀국한다는 것이었다. 두고 보아야 할 일. 소말리아.

2006년 5월 22일

11시 20분. 소말리아에서 전화. 부식 및 약품. 책. 아직도 미결. 소말리아에서 내전. 서로가 대치하고 있음. 어찌보면 아주 불리하다. 싸움이 시작되면 우리에게 피해가 크다. 세월의 흐름은 빠르기도 하구나. 어언 고향을 떠난 지도 33개월이 지났구나. 그동안 가족 모두 건강히 보내고 있는지, 도저히 알 바가 없구나. 현재 이곳에 끌려온 지도 50일이 되는구나. 정말로 미쳐버릴 것만 같다. 오늘날까지 회사, 대한민국은 무엇을 하고 있는지. 매일과 같이 총부리 앞에서 생활하기란 겪어보지 못한 사람은 모를 것이다. 오늘 역시 점심 후, 한참 배 앞쪽에서 거닐고 있는데 소말리아 한 놈이 총을 내리꽂으면서 빨리 들어가라는 것이다. 배 분위기 역시 말이 아니다. 매일과 같이 두 끼씩 먹는다는 것 역시 힘들다. 해는 깊어가고, 또 모두가 젊은 놈이고, 눈이 뒤집힐 정도다. 점심 전, 소말리아 선장님께서 식량과 약품, 책까지 가져간다. 어찌보면, 아직도 미결인 것 같다. 저녁식사 시, 조리사가 어느 놈이 빵을 훔쳐 먹는다고 모두들 앞에서 고함질러댄다. 결론은 태민이, 정남이, 중국. 어쩐지 기분이 안 좋다. 배고픔은 모두가 똑같은데 너들이 무엇 때문에 훔쳐 먹는지. 중국 선원 얼굴 뜨겁다. 언제쯤이면 이 개같이 보내는 인생살이 면하게 되겠는지. 오늘은 43세 생일이다. 살다보니 이런 식으로도 생일 보내게 되는구나. 고향에선 알고 있는지. 나의 사랑하는 딸들이 이 아버지를 기억하고 있는지. 언제쯤이면 가족의 곁으로 가게 되겠는지. 그리운 조국, 가족의 품으로 가고파. 대한민국은 무엇을 하고 있는지. 소말리아에서.

2006년 5월 23일

아침 6시 기상 샤워. 비디오 시청. 11시 40분 식사. 저녁식사 시 조리사, 내일부터 밥 먹어라 말하기 전에는 식당에 내려오지 말라고 하였다.

2006년 5월 24일

아침 8시 30분 기상. 항해사. 기관장님. 식당 비디오. 항해사 나더러 갑판장 태민이 기상(시키라고). 전체 선원들 기상하여 배 앞쪽 정리, 청소. 11시에 선장님, 통신장, 2기사 선박에 왔다. 무슨 소식이라도 있으런지. 오후. 선장(통신장), 갑판장, 기관사 소말리아에 갔다. 저녁식사 시 삼겹살 구워먹었다.

2006년 5월 25일

아침 6시 20분 기상. 샤워. 비디오 시청. 통신장님, 나 커피 마시면서 좋은 소식 있는가고 물었더니 없다고 하셨다. 선장님 소말리아에 건너갔으나.

2006년 5월 28일

선장이 하라데레 마을로 다시 건너갔다. 들리는 말에 의하면 회사 직원이 소말리아로 온다고 한다. 기관사, 기관장님과 선박에 대한 얘기를 나누었다. 나는 갑판장에 대한 불만을 토로했다. 작업할 때 선원들을 화장실을 가지 못하게 한다. 10년 넘게 선원 일을 해오면서 이런 식으로 선원들을 일 시켜 먹는 것은 처음 본다. 인간이라면 도저히 이렇게 할 수가 없는 것이다.

2006년 5월 29일

해적이 말하기를 이틀이면 나간다고 한다. 돈을 50만 달러 지불했다는 것이다. 믿어야 하는지 말아야 하는지. 순간적이나마 기분은 좋았다.

2006년 5월 30일

점심식사 전 (선박 위성전화로) 중국 대사관에서 전화가 와 내가 받았다. 내일 다시 통화하기로 했다.

2006년 6월 4일

저녁식사 후 침실로 돌아오니 해적들이 침대 밑은 다 뒤집어놓았다. 이불, 베게, 매트리스까지 가져가고 아무것도 없었다. 이제는 방한복만 덮고 자야 한다.

2006년 6월 5일

이 세상에 하나님 아버지께서 살아계신다면 이 죄인을 하루빨리 가족의 품으로 돌려보내주십시오. 2006년 4월 4일 동원호 628호 소말리아 해적 소탕. 김홍길 올림.

6시40분 항해사가 나더러 좀 만나자고 했다. 탈출하자는 것이다. 나는 흔쾌히 대답했다. 하루빨리 자식들을 보고 싶다. 위험은 있겠지만 각오하고 있다. 작전은 이렇다.

1)다이(베트남 선원)와 실항사가 브리지에서 화학품, 염산, 수산, 엔진용 펌프를 이용해 해적 얼굴에 뿌린다.

2)동시에 항해사, 나, 기타 선원들이 뛰어올라 총을 잡는다.

3)기관장과 통신장이 브리지를 책임진다.

4)나머지 선원은 통로를 봉쇄한다.

2006년 6월 5일 밤

유서

인적사항 : 김홍길

장녀 : 김설화

차녀 : 김애화

유언 : 본인 김홍길 해적들과의 싸움에서 희생되었을 때, 모든 금액 문제를 장녀인 김설화, 차녀인 김애화 앞으로 분배하여 주시기를 관계 부문에 부탁드립니다.

주소 : 지린성 둔화시 OO향 OO촌

김홍길 2006년 6월 5일 밤

2006년 6월 6일

항해사님은 아침식사 후 나를 불러 해적 족치는 전술에 대해 얘기했다. 문제는 작전을 잘 짜야 한다는 것이다. 만에 하나 실수하면 후과는 상상조차 못할 것이다. 잘 되면 총 한 방 쏘지 않고 성공할 수 있다. 문제는 실항사. 호수를 잘 이용하여야 한다. 실패하면 모든 작전이 수포로 돌아간다. 항해사님 의견으로 보면 간단히 끝낼 수 있을 것 같기도 하다. 문제는 후과다. 회사 측에서 어떠한 반응을 보이겠는지, 또 피해자가 나면 어떻게 조치를 취할지. 하여튼 먼저 때려눕히고 보자. 어차피 두가지 길이니까. 내가 죽이지 않으면, 놈이 나를 죽인다. 힘내자.

2006년 6월 7일

긴급회의를 소집했다. 놈들과의 전쟁은 오늘 벌어질 것이다. 모두들 다 긴장상태다. 화약약품까지 준비되고 이제는 위에서 명령만 떨어지면 작전개시다. 사랑하는 자식 곁으로 하루 빨리 가기 위해서 이 길을 선택했다. 도대체 한국 정부는 오늘 이날까지 무엇을 하고 있는지. 맨주먹으로 놈들 총부리 앞에서 목숨을 걸어가며 싸워야만 한다는 말인가. 이번 일이 성공하기를 두 손 모아 하나님 아버지께 기도드린다.

2006년 6월 8일

새벽 3시, 잠을 이룰 수가 없다. 이런 일이 처음 닥치다보니, 그리고 내가 사람을 죽여야 한다니. 두렵기는 말로 표현할 수 없다. 새벽 4시경 기관실 당직 룸에 모여 작전 설명을 듣고 있었다. 이제 몇 분 남지 않았다. 원래 작전은 화학용품을 사용하여 해적 얼굴을 향해 쏘면서 공격하는 것이었는데, 현재는 그렇게 못하게 되었다며 작전이 바뀌었다. 포복 전진해 사람이 직접 총하고 맞선다는 것. 무기는 기관장이 만든 칼과 테이프, 플라스틱 반도. 작전은 먼저 통로를 맨발로 침입해 한 놈 먼저 죽인다. 브리지 세 명 죽인다. 다음 침실에서 자는 두 놈 제거한다. 선장실 침실 대장이란 놈만 생포한다. 그런데 나머지 해적들의 정확한 인원 수 파악이 안 된다. 항해사도 헷갈린다. 10명이랬다 13명이랬다. 이에 나는 내 견해를 말했다. 우리 작전이 너무 위험하다. 만에 하나 놈들이 눈치 채면 큰일이다. 순서를 바꿔 우선 먼저 총 든 해적부터 제거해야 한다. 브리지 안에 있는 놈들은 굳이 죽일 필요없이 양쪽 문만 지켜도 된다. 이에 항해사, 기관장, 태민 등이 "위험성은 똑같다"라며 반대했다. OOO는 나보고 "너 해적과 싸우기 싫어서지?"라고 말했다. 문제는 생명 안전이다. 선원 한두 명 생명 잃게 되면 끝장이다. 우리는 이 일을 해서 무엇 하는가. 작전은 늦어만졌다. 결국에는 개시 못했다.

2006년 6월 9일

나는 이틀간 잠을 제대로 자지 못한 탓에 몸이 몹시 피곤했다. 9시에 잠깐 의자에 누워 눈을 붙였는데 해적 조리사가 오더니 청소하라고 시켰다. 브리지에 올라가니 빗자루와 쓰레받기가 있었다. 빗자루를 들었더니 아주 묵직했다. 자루는 쇠로 되어 있었다. 어쩐지 이상한 느낌이 들었다. 갑자기 소말리아인 4명이 나를 향해 총을 겨누고 두 놈은 나를 바닥에 엎드리게 했다. 손목과 발목을 줄로 결박하고 죽인다고 말했다.

정말 죽이려고 작심한 듯 보였다. 한참이 지나서야 풀어줬다. 빗자루가 문제였다. 자루가 쇠로 만들어졌으니 흉기로 사용 가능하다는 것이다. 나는 구사일생으로 살아남았다. 그 쇠파이프 빗자루는 기관장이 습격을 위해 만들었다고 한다. 뭔가 문제가 있다. 무기를 만들었으면 관리를 잘 해야지 않겠는가.

2006년 6월 10일

쇠파이프 빗자루 사건 때문에 우리는 또 자유마저 빼앗기게 되었다. 9시 이후로 나다니는 것을 보면 총을 쏜다고 한다. 기관장이 어설픈 짓을 저지른 것이다.

2006년 6월 11일

새벽 2시 기상 당직. 새벽에는 추워서 도저히 잠을 잘 수 없다. 방한복마저 놈들이 다 가져갔다. 언제까지 시달려야만 하는지. 하루빨리 가족의 곁으로 가고 싶다. 사랑하는 딸들의 얼굴이 보고 싶다. 오전 11시 납치된 유조선이 우리 배 가까이 왔다. 파나마 선박이었다. 그쪽은 물이 없이 우리 선박에서 물을 주고, 우리는 그 배에서 기름을 받기로 했다. 유조선에는 필리핀 선원 19명이 있다고 한다. 걔들은 며칠 후 떠난단다. 유조선 석방 합의금이 50만 달러. 우리는 언제쯤 돌아갈 수 있을까?

2006년 6월 12일

어쩐지 오늘은 아이들 생각에 몹시 괴롭다. 언제쯤이면, 가족 곁으로 가서 애들을 상봉하겠는지. 대한민국은 오늘 이날까지 무엇을 하고 있는지. 우리 선박을 포기했는지. 매일같이 근심 속에서 산다. 한 가닥의 희망이라도, 광명을 찾아주었으면. 추워서 도저히 잠을 잘 수 없었다. 해적이 나의 침실 위, 건너편에서 자고 있으니 매우 조심해야만 했다. 이제는 덮을 것도 없고 베개도 없다. 반바지를 입고는 추위를 이겨낼 수가 없다. 대신 낮에 잠을 자야 했다. 놈들 역시 전과 다르다. 언제 어느 때, 또 놈들에게 묶일지 상상만 해도 아찔하다. 매일같이 손에 땀을 쥐고, 긴장 속에서 하루의 일과를 보내야만 한다. 어설픈 습격 작전을 준비하는 한국인 선원들은 "일이 실패해도 먼저 죽는 것은 한국인이다"라고 입버릇처럼 말한다. 하지만 총알은 눈이 없다. 국적을 가리지 않는다.

2006년 6월 13일

　새벽 4시 기상. 너무 추워서 잠잘 수가 없었다. 소말리아 놈들이 잔 침실을 청소했다. 놈들 냄새가 너무나 역겨웠다. 기관사와 있는데 한참 후 소말리아 조리사 작은 놈이 목에 거는 서류 보관 주머니 줄을 가지고 오더니, 휴대폰 줄이라면서 휴대폰을 내놓으라고 떼를 썼다. 휴대폰이 없다고 하니까 바로 손이 올라와 뺨을 때렸다. 그리고 나서 주방 식당에 들어가더니 나무 몽키를 들고 나와 나를 협박했다. 아침 8시 40분, 나는 침실에서 바지를 뜯어낸 후 이불 하나와 베개 하나를 만들었다. 해적이 한 놈 들어오더니, 나보고 뭘 만드느냐고 했다. 너희들이 담요 다 가져가서 이불 만든다고 하니, 놈은 통쾌하다는 듯 웃었다.

2006년 6월 14일

11시 육지에서 작은 놈이 건너왔다. 그놈은 식당에 들어서자마자 급히 항해사를 찾았다. 담뱃갑에 쓴 쪽지를 들고 왔다. (항해사가 자고 있어서) 기관사가 대신 받아보았다. 나는 기관사 뒤에서 어깨 너머로 엿보았다. '죽어서 무덤에 가는 날까지 비밀에 부칠 것. 앵커(닻) 자르고 배를 침몰시킬 것.' 너무나 당황스러운 일이다. 한국 선원들이 급히 회의를 소집했다.

2006년 6월 15일

너무 추워서 새벽 4시에 기상했다. 10시쯤 밖에 나가니 정남과 기관장이 있었다. 기관장은 다시 놈들을 죽이고 탈출할 계획을 세울 거라고 말했다. 나는 놈들을 죽이는 일이 그렇게 쉬운 일이냐며 만약의 경우 선원들이 죽기라도 하면 어떻게 할 생각이냐며 말렸다. 기관장은 재수 없는 말 한다며 저번에도 나 때문에 일을 망쳤다고 화를 냈다. 나는 그런 무책임한 일을 벌일 생각이면 나를 개입시키지 말라고 단단히 말해두었다.

2006년 6월 17일

11시 기관실에 있던 해적이 기관사 목에 칼을 대고 돈 2천 달러를 내놓으라며 안 주면 죽여버린다고 협박했다. 심지어 책 사이사이까지 뒤졌다.

2006년 6월 18일

유조선에 있던 필리핀 선원 1명이 술 마시고 해적에게 대들다 총에 맞아 죽었다고 한다. 인도네시아 선원들은 해적들과 싸우지 않겠다고 한다. 베트남 선원 다이가 해적에게 뭐라고 했다가 뺨을 얻어맞았다.

2006년 6월 20일

이곳에 끌려온 지도 80일이 되어간다. 대한민국은 아마도 동원 628호를 잊어버렸나보다. 베트남 선원 다이는 오늘도 뺨을 맞았다.

2006년 6월 21일

협상이 잘 되어가서 곧 풀려날 것 같다고. 지금까지 항해사, 기관장, 통신장 가운데 그 누구도 선원들에게 상황이 어떻게 돌아가고 있는지 말해주는 사람이 없었다. 단지 자기들끼리 머리 맞대고 얘기할 뿐. 해도 너무한 것 같다는 생각이 든다.

2006년 6월 21일

3시 20분 조리사는 비디오 보고 있는 우리더러 빨리 나가서 고기 구워먹으라는 것이었다. 저녁밥 없으니 알아서 먹으라고. 나와 정남이 배 앞쪽에 가니 한참 굽고 있었다. 통신장이 같이 하고 있었다. 한 개 굽고 있는데 기관사가 오더니 선장님에게서 전화가 왔다고 했다. 기관장이 받으러 갔다. 한참 후 기관장이 왔다. (한국 선원들이) 자기들끼리 뭐라고 하더니 식당으로 들어갔다. 나는 한 개 구워먹고 식당으로 와서 비디오를 봤다. 한참 보고 있는데 기관장, 기관사, 통신장, 항해사가 같이 모여 토론하고 헤어져나오는 것이었다. 항해사는 나오더니 조리사더러 부식 체크를 하라고 했다. 모자라는 부분 청구한다는 것이었다. 어쩌면 곧 풀려날 것 같다. 어쩐지 모두들 분주히 움직이는 것 같다. 항해사가 조리사더러 저녁 일찍 먹자고 했다. 우리는 여느 때와는 달리 저녁을 일찍 먹었다. 저녁 먹으라고 기관실 문을 두드리니 거기엔 기관장, 통신장, 갑판장, 기관사가 앉아서 얘기를 나누고 있었다. 짐작으로도 대강 알아차릴 것 같다. 어쩌면 요 근래에 풀려나갈 것 같기도 하다. 하루 빨리 가족의 곁으로 가고 싶다. 사랑하는 딸들이 너무 보고 싶다. 소말리아에서 동원 628호 김홍길.

2006년 6월 22일
 기관사와 얘기를 나누었다. 오늘 선장님에게서 전화가 오면 협상이 다 된 것이고 아니면 석방 날짜가 또 미루어진다는 것이다. 전화를 기다렸건만 어쩐지 소식이 없다.

2006년 7월 1일
 아침 4시 기상. 도인술 샤워. 식당 비디오 시청. 7시 아침식사. 식사 후 배 뒤쪽에서 얘기하면서 소말리아 놈 말하기를 조금 있으면 보트가 건너간다는 것. 식사 모두 끝난 후 나는 식당에서 비디오. 10시 정남 식당에 오더니 선장님께서 오셨다고 항해사 기상. 나가 보니 선장, 기관장, 얘기 나누고. 기관장 우리더러 들어가라고. 선장님 외판 어지럽다고 나는 호스 들고 외판 닦았다. 정남 같이. 한국 사람 식당에서 얘기 나눴다. 선원들에게는 일절 말 없음. 한참 후 선장, 통신장, 소말리아에 건너갔다. 소말리아 놈들 옷 몇 벌 가져다주었다. 나는 놈 양 잡는 것 거들어주었다. 오후 5시 작업 종료. 또 며칠 기다려야 하는지. 매일같이 속아 산다.

2006년 7월 2일

4시 40분 기상. 샤워. 식당에서 도인술.

2006년 7월 3일

아침 4시 기상. 샤워 후 식당에서 도인술. 기관사 같이. 한참 비디오 시청하고 있는데 항해사 나보고 집에 무엇 때문에 전화하려고 하는가고. 나는 아이들하고 통화 좀 하려고 한다고 하니, 말하기를 자기도 7개월 동안 전화 한번 하지 않았으니 나 역시 하려고 생각하지도 말라는 것. 나는 항해사보고 전화하겠다고 말한 적 없는데 무엇 때문에. 기관장이 무어라 얘기한 것 같다. 저번에 자기 입으로 자기 형이 서울에서 부산까지 내려왔다 갔다고 하고는. 좋다. 너희들은 몇 번씩 할 수 있고. (외국) 선원들은 자체부담도 좋으니 전화 한 통이라도 했으면. 자기들만 가족 있고 (외국) 선원들은 가족 없는가. 더러운 놈들. 믿을 놈 한 놈 없다. 가는 데까지 가보자. 언젠가는 그 누구하고 속말 털어놓을 때가 있을 것이다.

2006년 7월 4일

밤 12시. 소말리아 놈 2명 들어오더니 나더러 일어나라는 것. 자기들이 침실에서 잠자겠다는 것이다. 모두 4명. 나는 식당에 내려갔다. 항해사 비디오 시청. 한참 누워 있는데, 기관장 깨우는 것이었다. 야식 물만두 튀김이었다. 3시 샤워 후 도인술. 식당에서 비디오 시청. 기관사, 라면 끓였다. 기관사 먹지 않겠다고. 나더러 나는 라면 먹고 한참 비디오 시청. 선원들 하나둘 기상하였기에 나는 베트남 선원 침실에서 잠잤다. 9시 기상. 저녁 5시 40분. 식사 후 배 앞쪽, 기관사 같이. 소말리아 놈 배 한 척 나타났다고. 보트 끌고 기름배로 갔다. 트롤 선박 한 척. 말로는 소말리아 선박이라고 한다. 아무런 소식도 없다.

2006년 7월 5일

아침 4시 기상. 샤워 후 도인술. 식당에서 비디오 시청. 항해사 7시 아침식사. 조리사 말하기를 점심 없으니 많이 먹으라고. 선원들 불만. 조리사 식빵 구워 점심식사했다. 점심식사 후 나는 침실에서 방한바지 가지고 이불 만들었다. 너무 추웠다. 특히 새벽녘에.

2006년 7월 6일

4시 기상. 샤워 후 도인술. 식당에서 비디오. 기관사 비빔밥 준비. 인도네시아 3명 식사. 7시 식사. 나는 침실로 돌아와 책을 보다 한숨 잤다. 11시 40분 점심식사. 선박에선 기름배에다 물 건네주고 있었다.

2006년 7월 7일

아침 4시 10분 기상. 샤워 후 도인술. 배 앞쪽에서. 식당에서 비디오 시청. 기관사. 7시 10분 아침식사. 보트 소말리아에 갔다. 5시 30분 저녁식사. 오후 2시경 소말리아 놈 아리, 총 가지고 장난치다 오발사고를 냈다. 비디오 보던 소말리안 놈들 급히 탑 브리지. 아슬아슬하다. 언제 어느 때 총 사고가 날지.

2006년 7월 7일

여느 때와 마찬가지로 아침 겸 점심. 11시 40분 모두 비디오 시청했다. 놈들은 여느 때와 달리 분주히 돌아다니는 것 같았다. 하지만 별다른 소식은 없었다. 한 놈이 식당에 들어서더니 다짜고짜 웃옷 하나를 달라는 것이다. 없다고 했더니 죽이겠다며 공갈을 쳤다. 잠시 후 좀 직위 꽤나 있는 놈이 들어왔다. 언제쯤 우리가 가게 되는가 물으니 이놈은 15일에 간다고. 어쩐지 헛소리 같지는 않았다. 어찌보면 그날 갈 수도 있다고 생각된다. 벌써 달 반(한달의 반)이 지나간다. 하루 빨리 가족의 곁으로. 보고 싶은 딸들, 너무 보고 싶다. 그날은 오고야 말 것이다. 기대하고 기다려보자. 소말리아 영해에서 628호. 다시는 뱃놈이 되지 말자. 배 생활은 여기서 끝을 맺는다. 되도록이면 최선을 다하여 금전 절약을 한다. 불필요한 물건 사지 않는다. 지출 되도록 적게. 항시 절약을 앞에 둔다. 애들과 많이 상의하고 결정한다. 나뿐만 아니라 애들도 절약 정신. 인생 관념 새롭게 바꾸어. 새로운 출발. 새 삶을 살아간다. 이번 일로 나의 전체를 변신시키련다. 두번째 삶. 지나온 모든 것 버리고 새로운 것으로 나의 전신을 무장한다. 영원한 삶을 위하여 항상 기도한다. 후회 없는 삶을 다시 살아가련다. 소말리아.

2006년 7월 8일

4시 기상. 샤워 후 도인술. 배 앞쪽에서. 식당에서 비디오 시청. 오늘 놈들 교체. 7시 아침식사. 9시 놈들 교체. 11시 40분 점심식사. 소말리아 조리사 침실에 오더니 나보고 샴푸 달라고. 5시 30분 저녁 놈들 보트 선박으로 오고 있었다. 총질 선원들 뛰쳐나왔다. 보트는 기름배로 갔다. 하루 빨리 이곳을 벗어났으면.

2006년 7월 9일

아침 4시 기상. 침실 도인술. 샤워 비디오 시청. 7시 아침식사. 비디오 시청. 11시 40분 점심식사. 침실 담요. 바느질. 취침. 1시 30분 기상. 베트남 선원 목욕 샤워. 소말리아 놈 총질했다. 빨리 들어가라고. 2시 소말리아 대장 밥 가지러 식당. 나는 그 보고 전화 한통 하자고 했다. 놈은 소말리아 놈 없는 틈타서 오라는 것이었다.

오후 6시 45분. 나는 침실에서 바느질하고 있었다. 소말리아 한 놈이 내 딸 사진을 보더니 뒷면에 적힌 전화번호 보고는 가지고 나가는 것이었다. 나보고 전화했냐고 하면서. 나는 사진을 찾으러 놈들을 따라 나갔다. 선장 침실에 두 놈이 있었다. 사진을 보더니 애들인가고. 한참 지나 놈들은 자기들끼리 뭐라 하더니 나를 데리고 나갔다. 좋은 눈치는 아니었다. 두 놈이 나를 데리고 브리지 앞에 가더니 묶었다. 너무 어이가 없어 말이 나오지 않았다. 한참 후 안면이 있는 해적과 기관사 들어왔다. 어쩌다 이렇게 됐는지 물어봤다. 미칠 것만 같다. 언제까지 가야 하는지.

2006년 7월 10일

아침 4시 30분 기상. 도인술 샤워. 식당 비디오. 기관장, 항해사, 태민, 기관사. 7시 아침식사. 보트 소말리아 선장님 건너오신다고. 보트 10시 선장님은 오지 않고. 대량의 식량. 보트 또다시 건너갔다. 선장님, 통신장님 오셨다. 보트 또다시 건너갔다. 놈들은 탑 브리지에 방어용 비행기 떨어뜨리는 총 설치. 만반의 준비. 전에 없는 준비. 크게 싸울 것처럼 총을 여러 방 쏘았다. 선장님의 말에 의하면 9일 저녁 8시에 기름배 출항하기로 했는데 아직까지 묶여 있다. 혹시 놈들이 놓아주지 않은 것은 아닌지. 현재 우리 선박 언제 어느 때 나갈지 미결. 소식이 없다. 선장님은 닻을 내리러 왔다고 한다. 3시 나는 식당에 내려갔다. 선장님 들어오더니 소말리아 놈들 죽이자는 것이다. 항해사더러 수면제 준비. 기관사 내가 곁에 있으니 선장님 데리고 기관실로 갔다. 한참 후 기관사가 나왔다. 말에 의하면 작전 개시 무산. 내일이면 선장, 통신장, 기관사 소말리아 아닌 다른 곳으로 이동. 모두가 불안해하는 것 같다. 어찌하던지 오늘 놈들하고 한판 붙어볼 작정인 것 같다. 선장님 밥상에서 말하기를, 자기가 게다가 기름배 또한 선장님 선박에 있으니 놈들은 경계심이 한층 더한 것이다. 아주 위험한 것.

2006년 7월 11일

아침 5시 기상. 도인술하고 샤워. 식당에서 비디오. 7시 아침식사. 식사 후 침실 책. 8시 식당 비디오. 선장님이 나보고 이발할 줄 아냐고 물었다. 나는 모른다고 했다. 선장님, 기관실 침실 취침. 소말리아 조리사 선장님에게 전화(왔다고 함). 선장님 브리지. 소말리아 놈들이 선장님을 브리지 앞에 묶었다. 그리곤 우리더러 모두 나오라고 했다. 나가보니 선장님이 바닥에 엎드려 묶인 상태. 언제까지. 한참 뒤에 선장님이 오더니 어째서 놈들이 저렇게 날뛰는지 배에 무슨 일이라도 있었냐고 물었다. 처음 묶인 그는 이제야 알았을 것이다. 고통. 난 두 번이나 묶였었다. 3시 소말리아 놈들 두목이 식당에 비디오 보러 내려왔다. 선장님을 찾는 것이었다. 한참 후 기관실로 선장, 통신장 찾아오라고. 한참 후 기름배에 전화 가지러 갔다. 소말리아 압둘라 놈은 통신장에게 녹음기 고치지 못하면 죽인다고 총을 겨누며 협박했다. 전화 역시 고치지 못하면 묶어 죽인다고 했다. 언제까지.

2006년 7월 12일

아침 4시 기상. 침실에서 도인술. 소말리아 놈 침실에서 자고 있음. 4시 40분 샤워. 식당 5시 내려갔다. 한참 후 기관실에서 항해사, 나더러 선장님 깨우라고. 기관사 침실에서 자고 있었다. 소말리아 놈 내려오더니 선장 함께 올라갔다. 우리 선박은 움직였다. 기름배와 아주 멀리 멀리 나는 배 앞쪽에서 보트를 보고 있었다. 기름배는 눈에 띄지 않는 거리. 우리 선박은 닻을 내림. 하지만 말을 듣지 않았다. 선박은 멈추었다. 놈들은 아주 긴장상태. 선원 여러 명이 모여 있지 못하게 했다. 어제 저녁식사 후, 갑판장 침실에 통신장, 다이, 태민이 여러 명 모여 있었다는 이유로 때려 침실로 돌려보냈다. 어쩌면 이 정도까지 왔는지. 선장은 선원들 보고 팔자 편안하다고 한다. 도대체 누구 때문에 여기까지 왔는가. 이 지경에서도 민족 관념 너무나 따지는 것 같다. 한국 사람만 집에 전화했는지 물어보면서 선원들은 아예 염두에 두고 있지 않는 것 같다. 하루 빨리 떠났으면. 9시경 태민이 우리더러 갑판에 나가라는 것. 나가니 여자 한 명. 소말리아 놈들이 배에 올랐다. 여기자. 한국. 우리는 배 앞쪽에서 대기하고 기다렸다. 좀처럼 소식이 없었다. 한참 지나 선장 손짓으로 모두 들어가라는 것이었다. 나는 침실로 돌아왔다. 침실에는 소말리아 기자 한 명 자고 있었다. 나는 편지를 썼다. 애들에게 보내는 편지. 나는 편지를 가지고 밖으로 나갔다. 기자를 만났다. 선생님 편지를 보내주십시오. 기자는 그렇게 해주겠다고 했다. 곁에는 통신장이 있었다. 이상한 눈으로 나를 보고 있었지만. 소말리아 놈 하나 (편지) 보겠다는 것이다. 나는 애들에게 보내는 편지라고 했다. 나는 선생님께 인사를 하고 침실로 돌아왔다. 한참 후 식당에 내려갔다. 기자와 기관장이 얘기를 나누고, 주위엔 선원들, 기관사. 한참 후 소말리아 두목이 내려왔다. 이상한 눈으로 기관장을 쩨려보았다. 어찌보면 일이 참 풀리지 않는 모양이다. 하루가 새롭다. 2시 식당에 내려갔다. 기자 선생님이 정남이를 인터뷰하고 있었다. 내가 내려가니 나를 (인터뷰)하자는 것. 잠결에 깨어난 나는 어안이 벙벙하여 말할 수가 없었다. 한참 후 몇 마디의 얘기를 했다. 사진 역시 어쩐지 너무 긴장한 것. 아마 너무 흥분한 것 같았다. 말도 몇 마디 얼버무렸을 뿐. 기자 선생님과 약속까지. 손가락 걸고 꼭 도와준다는 것. 애들에게 편지와 필름 보냄. (선생님과 약속. 편지 전달해주면 선생님을 사천 유람.) 약속은 약속이다. 2006년 7월 12일 오후 2시경 628호.

2006년 7월 12일

아침 9시경 여기자 한 명이 해적과 함께 우리 배에 올랐다. 입성(입은 옷)은 해수로 흠뻑 젖어 있었다. 게다가 멀미까지 하는 것 같았다. 우리는 배 앞쪽에서 대기하고 있었다. 실항사, 소말리아 놈들 선박에다 선원들에게 준 옷 한 벌 가지고 올라왔다. 한참 지나 브리지에 기자의 모습이 보였다. 옷도 갈아입고. 손에는 무비 카메라를 들고 우리 선원들을 촬영하는 것을 보았다. 한참 후 선장님은 선원들에게 침실로 돌아가라고 했다. 나는 재빨리 침실로 들어가 아이들에게 보낼 편지를 썼다. 침실에는 소말리아 기자 한 명이 자고 있었다. 나는 편지를 다 쓴 후 소말리아 기자를 깨웠다. 비누 한 개, 샴푸 한 개 준비하고서 사진도 보여주면서. 애들에게 보내는 편지니까 소말리아 넘어가면 여기자 선생님에게 건네달라고 했다. 기자는 그렇게 해주겠다면서 도로 누워 자는 것이었다. 어쩐지 나는 불안했다. 여기자 선생님이 가면 나는 아이들에게 편지조차 보내지 못하는 것이었다. 나는 편지가 물에 젖지 않도록 수술용 장갑으로 싸고 테이프를 감았다. 문을 나서는 기자 선생님과 통신장님이 건너오는 것이었다. 나는 기자 선생님에게 인사를 올린 후 편지를 꺼내보였다. 선생님은 무엇인가 하고, 옆에 있는 소말리아 놈이 뜯어보라는 것이었다. 나는 뜯어서 속지를 꺼내보였다. 소말리아 놈들 한참 들여다보자 기자 선생님이 웃으면서 네가 보면 아느냐고 했다. 난 편지를 기자 선생님에게 건네주었다. 기자 선생님은 어째서 아직까지도 가족과 연락 한번 하지 못했냐고 물었다. 나는 한국인들은 전화를 사용할 수 있지만, (외국) 선원들은 사용할 수 없다고 그간의 상황을 설명했다. 통신장은 이상한 눈으로 쳐다보고 있었다. 나는 기자 선생님에게 간절하게 부탁했다. 기자 선생님은 편지를 전해주기로 흔쾌히 약속해주었다. 주소는 어떻게 하냐고 물어서 속지에 주소가 있으니 그대로 해주면 된다고 대답했다. 다소나마 한시름 놓았다. 한참 후 나는 식당에 내려갔다. 기자 선생님이 선장님과 얘기 나누고 있었다. 주위에 많은 선원들이 앉아 있었다. 한참 있으니 소말리아 두목이 내려 왔다. 이상한 눈으로 기관장을 째려보는 것이었다. 나는 자리를 떠 침실로 돌아왔다. 2시에 식당으로 내려가니 기자 선생님이 정남이와 인터뷰를 하고 있었다. 기자 선생님이 나를 인터뷰하겠다고 했다. 몇 마디 얘기를 했는데 너무 긴장해서, 아마 너무 흥분한 것 같다. 말로 몇 마디 얼버무렸을 뿐. 지난번에 딸 사진 찾으려다가 해적에게 묶였던 얘기를 했다. 문제는 사진이었다. 애들 사진 뒷면에 전화번호가 적힌 게 화근이었다. 놈은 사진을 보더니 가지고 자기네 두목한테 갔다. 나를 사진을 가지러 뒤따라갔다가 묶였다. 기자 선생님은 사진을 여러 번 촬영했다. 나는 간절히 부탁했다. 기자 선생님께서는 꼭 그렇게 해주시겠다면서 손가락 걸고 약속까지 하자는 것이었다. 나는 약속을 했다. 기자 선생님께서는 약속을 지키면 사천여행을 시켜달라고 했다. 나는 쾌히 대답했다. 어쩐지 늦도록 자는 기색이 보이지 않았다. 나는 소말리아 기자에게 언제 가느냐고, 오늘 가느냐고 물었다. 기자는 내일 간다고 했다. 나는 정말로 기뻤다. 저녁식사 끝내고 나는 침실로 돌아와 책을 보다 일찍 잠들었다. 나는 밤에 기자 선생님과 얘기를 나누어볼 욕심으로 당직 시간을 1시로 했다. 당직이 끝나고 나는 식당으로 내려갔다. 기자 선생님은 선장, 기관장과 얘기를 나누고 있었다. 나는 인사를 한 후 물마시고 올라왔다. 한참 잔 후 4시에 기상하여 샤워하고 침실. 6시 식당으로 내려가니 정남이 비디오 보고 있었다. 기관장은 의자에서 자고 있었다. 정남이에게 물으니 기자 선생님은 5시 40분이 되서 기관사 침실 휴식하고 있다는 것. 오늘은 떠난다고 한다. 기자 선생님 8시에 기상하여 라면 식사. 곁에는 베트남 선원 비디오 시청. 한참 후 선장님이 들어오더니 정남이더러 화장실, 목욕탕 청소

하라는 것. 나도 같이 나갔다. 한참 있으니 베트남 선원들 다 식당에서 올라오는 것이었다. 선장님께서 나가라고 쫓은 것이다.

2006년 7월 13일

새벽 1시 기상. 당직. 식당에 내려가니 여 기자 선생님은 잠자지 않고 기관장, 통신장 함께 얘기 나누고 있었다. 나는 인사를 건네고 올라왔다. 아침 샤워 4시. 하고 식당에 내려가니 정남 비디오 시청. 기관장 의자에 누워 자고 있었다. 여기자는 기관사 침실에서 자고 있었다. 7시 아침식사. 식사 후 침실 책. 기자는 8시에 기상한다고. 오늘 기자 선생님은 떠난다고 한다. 11시 40분 점심식사. 여기자 사시미 잡수시게 조리사 준비. 식사 마친 선생님은 무비 들고 촬영에. 브리지로 올라갔다. 나는 배 앞쪽에서 선원들 같이 얘기 나누고 있었다. 오후 소말리아 기자보고 물어보니 내일 기자 간다고. 나는 정말로 기뻤다. 나도 모르게 무엇 때문에 어째서 기쁜지. 6시 30분 저녁식사 삼겹살. 한국 사람들 먼저 식사하기에 우리는 배 앞쪽에서 한참 뒤에. 기관사, 갑판장 배 앞쪽으로 식사하자는 것이었다. 식당에 내려가니 선생님과 기관장, 고기를 굽고 있었다. 식사를 끝낸 기자 선생님은 우리 선원들 식사하는 것을 촬영하고 있었다. 촬영을 마친 선생님은 밖으로 나갔다. 나는 식사를 끝내고 올라왔다. 기자 선생님은 밖에서 촬영하고 있었다. 나는 인사를 건네고 선생님께 저번에 쓴 편지 급히 쓰느라 내용이 충분치 못하니 선생님께서 상세하게 써서 아이들에게 보내줄 수 없는지. 선생님은 쾌히 편안한 쪽으로 써서 보내주겠다고 했다. 정말로 고마웠다. 나는 선생님께 "수고하십시오" 인사 후 침실로 돌아왔다. 책을 보다 일찍 잠자리에 들었다. 12시 당직 기상하여 식당에 내려가니 선장, 통신장, 선생님 같이 얘기 나누고 있었다. 나는 선생님께 인사 건네고 물마시고 배 앞쪽에 당직 마치고 식당에 내려가니 선생님 보이지 않고 기관장 자고 있었다. 침실로 돌아와 한잠 자고 4시에 기상 샤워하고 식당에 내려가니 기관장, 기관사 의자에서 자고 있었다. 나는 도인술을 하고 5시에 비디오를 켰다. 기관장은 보지 않으면 안 되겠는가고. 나는 음량 없으니 괜찮으니까. 축구 이탈리아 대 한국. 한참 후 항해사 들어왔다. 모두 기상 비디오 시청. 6시가 되니 기관장은 기자 선생님을 기상. 한참 지나고 기척이 없으시니 내가 다시 노크하였다. 기자 선생님 문을 열고 나오면서 인사 건네고 밖으로 나가는 것이었다. 한참 후 선생님은 돌아와 침실로 들어가 무비 들고 나왔다. 이때 항해사, 선생님 보고 잠깐 만나자고 하면서 도로 침실로 데리고 들어갔다. 무슨 중요한 얘기인지. 10여분 지나 기자 선생님은 나왔다. 나는 선생님보고 얘기 좀 나눌 수 있겠는가고. 선생님은 지금 아침식사 과정 촬영하니 나중에 하자는 것. 몹시 바빠 보내는 것 같았다. 선생님은 주방, 소말리아 아침 준비 모든 것을 촬영했다. 아침 식사 7시 식사 후 선생님은 무비 들고 탑 브리지 놈들 설치해놓은 총을 촬영. 놈들은 공포탄을 쏘았다. 하지만 선생님은 촬영에 열중했다. 배 앞쪽 멀리서 보트 두 개 쏜살같이 달려오고 있었다. 놈을 총을 메고 각각 2명씩. 배 앞쪽에서 한 놈이 올라왔다. 놈들은 설쳐댔다. 빨리 소말리아로 떠나자는 것.

2006년 7월 13일. 그대가 오고간 길

경호원 12명 소말리아에서. 소말리아 기자 같이 동행. 선박에는 기자와 소말리아. 기자 선생님 끝까지 우리 선박 구출에 나선다. 한국 갔다가 다시 소말리아로. 현금 가지고 소말리아 중간 변경까지. 배가 떠나면서 선장님 통화. 선박 출발. 동시에 돈을 건네준다. 선박은 안전하지만 기자 선생님 안전에는 위험성이 따른다. 20일 후 과연 어떻게 될지. 기름배, 아직까지 풀려나지 못했다. 한 달 전부터 나간다고 하던 배가 어찌된 일인지. 돈 찾으러 간 놈이 돈 가지고 튀었다고 한다.

2006년 7월 14일. 〈방심은 실패〉

　오전 9시 소말리아 보트 2척 선박에 왔다. 소말리아 무장인 보트는 재촉하고 있었다. 선생님께서 나오시기에 나는 모자를 쓰고 가시라고. 선생님은 괜찮으시다. 오전 정각 9시. 여기자 선생님은 보트에 올랐다. 가빠 구명조끼 그의 지친 얼굴 모습, 정작 떠난다고 하니 너무 가슴이 아프다. 선생님은 보트에 올라 몸을 가누지 못했다. 하지만 촬영은 계속하는 것이었다. 보트가 움직이기에 나는 손을 흔들어주었다. 사실 나는 마음속으로 울고 있었다. 생명의 위험 무릅 쓰고 우리 선박 찾아주신 선생님 너무 선생님이 너무 고마웠다. 나는 떠나는 모습을 더 보려고 배 윈편으로 건너왔다. 보트가 멈추었다. 선생님은 계속 촬영하는 것이었다. 나는 오래도록 손을 흔들었다. 선생님께서도 손을 흔들고 계셨다. 나는 눈시울이 뜨거워졌다. 정말로 마음껏 울고 싶었다. 보트는 배 앞쪽을 에돌아 오른쪽으로 나는 또다시 오른쪽으로 왔다. 선생님의 지친 모습이 너무나 가슴 아프다. 나 어찌 도와줄 수 없는 것. 심장이 튀어나올 것만 같았다. 선생님, 당신은 정말로 위대한 분이십니다. 보트는 점점 멀어지고 나는 계속 손을 흔들어주었다. 선생님, 안전하게 몸 건강하게 가십시오. 우리를 하루빨리 구해주십시오. 진실로 사랑하는 연인을 떠나보낸들 이보다 더 가슴이 아플까. 선생님, 나는 언젠가 풀려나는 날로 선생님을 찾아뵙겠습니다. 나는 정말 울었다. 우리를 내버리고 간 선생님 마음도 아프겠지만 선생님을 떠나보내는 저의 마음 한없이 아프고 아프답니다. 선생님 언제쯤 우리를 구하러 오시겠습니다. 나의 인생 영원토록 잊을 수 없는 용감한 여기자 선생님 당신의 건강과 가족의 평화를 위하여 두 손 모아 하나님 아버지께 기도드립니다. 소말리아에서.

2006년 7월 15일

아침 4시 기상. 샤워. 식당 도인술. 어쩐지 전과는 다른 기분. 나는 오늘부터 20까지 세가며 살련다. 선생님 오기만을…… 7시 아침식사. 귀국하면 설화, 애화 기자 선생님께 문안드리도록. 상장, 대사관을 통해 전달. 너무너무 고마운 분이시다. 11시 40분 점심식사 후 배 앞쪽, 소말리아 놈들 말하기를 6시에 기름배 출항. 과연. 4시 25분 선박 주기 시동. 기름배 출항. 놈들은 유압유 3통 기름배에서 내렸다. 3명의 소말리아 놈 총 들고 우리 선박으로 올랐다. 기름배 떠나는 모습 손을 흔들면서 필리핀 사람들 기뻐 고함지른다. 우리는 언제쯤. 기자 선생님 떠난지 1일. 언제쯤 오시겠는지.

2006년 7월 15일

소말리아 반정부의 멸망. 우리 선박까지 풀려나게 되면 소말리아 정부에서 반정부 습격, 몰살시킨다는 것이다. 소말리아 기자 말에 의하면 우리의 원한 풀어주기 위해서 놈들이 죽어가는 현장 비디오에 담아서 우리에게 준다는 것이다. 오늘까지 101 하루. 이 많은 날 동안 얼마나 고통과 학대를 받아왔는지 당신은 모르실 것이다. 참으로 상상조차 하기 싫다. 꼭 그놈들 멸망하여 죽어가는 모습 보고 싶다. 기자 선생님께 부탁해야지.

2006년 7월 16일

4시 기상. 샤워 후 도인술. 식당 5시 비디오 시청. 통신장 들어오더니 나보고 너는 비디오만 보고 있는가고. 나는 당직 다서고 5시에 비디오 본다고. 통신장은 나보고 브리지 당직 세우겠다고. 나는 어이없어 말도 하지 않았다. 지금은 신경이 곤두설 대로 섰다. 아침 밥상 7시 통신장 밥상에서 갑판장 같이. 여기자 선생님은 이혼한 사람이라면서 얘기의 실마리를 꺼냈다. 오후 비디오 고장 수리. 통신장 소말리아 놈 교체. (소말리아 조리사 우유 가져다주었다.) 5시 30분 저녁식사. (또다시) 선생님은 언제 오시는지. 하루 빨리 돌아오셨으면. 기자 선생님 떠난 지 2일.

2006년 7월 17일

아침 3시 당직. 4시 샤워. 식당에서 도인술. 비디오 시청. 7시 20분 통신장이 〈가요무대〉를 보는데 따라부르니 못 부르게 했다. 현재 조건상 유리하다. 놈들 방심한 상태. 기회를 노려서 한번 해보자. 시시각각 기회를 노린다. 내가 나지막한 목소리로 따라부르는데 나는 이해가 되지 않았다. 아무리 제가 싫어하여도 나는 계속 따라불렀다. 통신장 코드 뽑았다. 나는 이에 열 받고 아예 맞서버리자고 하였다. 자신 혼자 나가면 되지 무엇 때문에 전체를 못 보게 하는지. 조리사 앉아 있다. 나를 째려보면서 욕하는 것. 나도 대들었다. 조리사가 나에게 밥그릇을 던졌다. 나도 그 밥그릇을 다시 조리사에게 던지려고 하는 찰나 항해사가 뛰어나와 말렸다. 이에 나는 밖으로 나오는데 통신장이 나를 불렀다. 나는 당신하고 할 말이 없다. 밖으로. 배 앞쪽. 한참 후 아침식사. 7시 30분 식사 후 침실. 소말리아 놈에 시달리고 한국 사람에게 시달리고 너무 너무 힘들다. 언젠가는 진실을 밝혀놓을 것이다. 9시 갑판장 부르기에 갑판장 침실로 갔다. 아침에 무엇 때문에 싸웠는가에 대해서. 점심식사. 11시 40분 통신장 밥상에서 (기름배, 50만 달러 가지고 도망간 놈에 대해서) 다시 또 50만 달러 보내서 기름배 출항했다는 것이다. 기자 선생님, 떠난 지 3일 된다. 언제쯤 오시는지. 기자 선생님.

2006년 7월 18일

아침 4시 30분 기상. 샤워 후 식당에서 도인술. 7시 20분 아침식사. 11시 40분 점심. 식사 후 비디오. 소말리아 5명 비디오 시청. 기관장 놈들 죽여버리자고. 기관사 못 그러겠다고. 기관장 인상 말이 아니다. 식당 들어온 놈들을 죽여버리고 총진 놈은 어떻게 하려고 그러는지 도저히 이해 안 된다. 기자 선생님, 하루 빨리 오십시오. 선생님 떠난 지 4일 된다. 언제쯤 오시겠는지요. 소말리아.

2006년 7월 19일

아침 4시 기상. 샤워. 식당에서 도인술. 기관장 인도네시아 애들 보고 소말리아 놈 죽이자는 것. 11시 40분 점심식사. 5시 30분 소식 없음. 항해사하고 배 앞쪽에서 얘기 나누었다. 선박 붙잡힌 일 때문에 언젠가는 한번 붙을 것만 같았다. 기자 선생님 떠난 지 5일. 선생님, 언제 오시나요. 이 몸 구하러. 소말리아. 꿈은 꼭 이루어진다. 오늘도 기관장 기관실에서 칼을 갈고 있었다. 그대만을 기다릴 수 없다. 5일. 기회가 되면 한번 붙는다. 항상 기회를 노린다. 한 명 있으면 곁에 보조인 한 명만 있으면 된다. 총만 손에 쥐면 된다. 놈들 현재 탑 브리지에서 이동. 창고 옆에서 잔다. 기회 만점. 손만 맞으면 한번 붙는다. 언제라도 좋으니까. 도저히 참고 견딜 수가 없다. 아침 기관사하고 상의 둘만의 비밀. 기회가 되면 기회 없으면 철수. 수시로 관찰한다. 칼 한 자루. 침실에서 도인술 하다 9시가 되어 당직 교대하러 나갔다. 정남이와 인도네시아 당직자 같이 배 앞쪽으로 갔다. 인도네시아 선원이 말하기를 선장님께서 전화를 하셨다는 것. 5일 후면 우리 선박 풀려난다고. 사실인지 과연. 나와 정남이 배 앞쪽에서 얘기 나누었다. 10시 25분 소말리아 놈 위에서 무얼 하고 있었다. 나와 정남이 침실로. 당직 교대. 기자 선생님 하루 빨리. 소말리아.

2006년 7월 20일

아침 4시 30분 기상. 샤워 후 식당에서 비디오. 도인술. 6시 30분 통신장 식당에 내려왔다. 조만간 나간다. 협상이 잘 안 되는 것 같다. 기자 선생님 취재해간 것 안기부에서 방송에 내지 못하게 했다는 것. 기관사가 통신장 보고 그래 좋은 소식은 없는가 하고 물었다. 나 곁에서 전체 선원 다 알고 있는데 여직 모르고 있었는가 하고. 5일 후면 나간다고 했다. 기관사, 통신장보고 왜 자기한테는 얘기 없었냐고. 모두들 기관장

염려. 항해사 역시 통신장보고 기관장하고는 얘기하지 말라고. 이 슬픈 수작 부릴 것 같아 근심. 군함 근처에 떠 있다는 것. 50마일 구역. 기관사 그놈들 어떻게 레이더 찍을 줄 아는가 하고. 통신장 얼버무려버렸다. 누구 가르쳐준 것은 아닌지. 오후 3시경 실항사가 기관장 찾았다. 전화. 선장님. 내용인즉 이틀 후면 나간다고(인도네시아 애들 말). 저녁식사 후 배 앞쪽. 기관사 말에 의하면 기자 선생님이 돈 가지고 오는 것도 아니고 기자는 이제 관계없다는 것. 방송으로도 나가지 못하고 언제 나갈지도 확실하게 모른다는 것. 그러면 선생님 언제쯤 풀려나게 되는 가요. 기자 선생님 떠난 지 6일이다. 언제쯤 오시나요. 소말리아. 협상이 잘 안 되는 것 같다. 기자 선생님이 취재한 것을 안기부에서 방송에 내지 못하게 했다는 것이다. 저녁식사 후 기관장 말에 의하면 이제 기자는 관계없다는 것. 방송도 못 나간다고 한다.

2006년 7월 21일

아침 4시 기상. 샤워 후 식당에서 도인술. 6시 40분 아침식사. 식사 후 비디오. 소말리아 두 놈 같이. 11시 40분 점심. 식사 후 침실 책. 한잠. 5시 30분 저녁식사. 아무런 변화 없음. 기자 선생님 떠난 지 벌써 7일. 언제쯤 오시나요. 손꼽아 그대 오기만을 기다립니다. 소말리아.

2006년 7월 22일

4시 기상. 샤워 후 도인술. 당직 후 식당 비디오. 항해사, 기관사. 7시 아침식사. 식사 후 비디오. 11시 40분 점심식사. 식사 후 침실 책. 취침. 2시 기상 배 앞쪽에 앉아 있는데 한 놈이 건너오더니 개줄. 개가 허공에 달려 있는 것. 위에서 (해적) 3명이 (개줄을) 당겼다. (해적들이) 개를 바다에 버렸다. 6시 저녁식사. 식사 후 배 앞쪽. 기관사 얘기. 침실. 기자 선생님 떠난 지 8일. 언제쯤 오시나요, 기자 선생님.

2006년 7월 23일

4시 기상. 샤워 후 도인술. 6시 30분 아침식사. 식사 후 비디오. 9시 소말리아 놈 교체. 5명 건너갔다. 탑 브리지. 총 쥔 해적 1명, 아리. 식당에 (해적) 2명 비디오. 선박 모두 5명 있었다. 나는 배 앞쪽에 나가서 정남이 보고 놈을 죽이자. 정남이 총 쏠 줄 모른다는 것. 나는 몇 번이고 올려다보았다. 아리 나보고 올라오라는 것. 기회는 아주 좋았다. 나는 다시 식당. 기관사 보고, 놈을 죽이자. 기관사 역시 동의. 올라와보니 보트가 건너왔다. 기관사 하고 상의. 내일 또 건너간다고 한다. 내일 기회를 놓치지 말고 꼭 해치운다. 오후 3시 기상. 배 앞쪽 항해사, 기관사 놈을 해치우기로 약속. 내일 기회 노린다. 한 놈 있을 때 좋기로는 보트 소말리아 간 후 아리 놈 혼자 있는 틈을 탄다. 수시로 기회를 노린다. 이번만은 내가 주장한 것이니 어떤 수를 써서라도 안전하게 정남이와 손 맞춘다. 기관사 엄호. 항해사 대기. 되도록이면 놈들 자는 시간 맞춰서 2~3명은 문제가 아니다. 일단 브리지 위 총 쥔 놈부터. 바로 죽여버린다. 부디 잘되기를 부디 부디. 기자 선생님 떠난 지 9일. 그날까지 기다려서 안 오면 후과는 상상조차 못한다.

2006년 7월 24일

5시 기상. 샤워 후 도인술. 7시 아침식사. 식사 후 배 앞쪽. 놈들 오늘

교체. 보트가 떠나면 작전 개시. 6명의 해적은 8시에 떠났다. 톱 브리지에 1명. 기관사에게 보고하려고. 준비. 기관사 항해사님께 회보. 항해사님 자기는 하지 않고 기관장 같이 하라고. 나와 정남이 배 앞쪽에 준비. 기관사, 기관장 배 앞쪽. 기관장 말인즉 선장님 때문이라고. 할 마음 없었나보다. 나는 하자고 했지만 좀처럼 할 생각들을 하지 않는다. 9시 10분 놈들 6명이 건너왔다. 10시 30분. 소말리아 한 놈. 나는 식당에 내려가서 기관사께 회보. 나는 하자고 했지만 다른 선원들이 좀처럼 할 생각들을 하지 않는다. 기관사 말인즉, 한국 선원은 하자는 사람이 없다고 한다. 어쩔 수 없이 포기했다. 나가는 날까지. 11시. 나는 월말 선원 보고. 장기 뜨자고 하니 (갑판장이) 장기를 주지 않는다는 것. 이에 나는 화가 났다. 갑판장 침실로 가니 갑판장이 자고 있었다. 한참 찾아보았지만 찾을 수가 없었다. 옷장 마지막 칸에 넣고 닫아놓은 것. 가지고 나오려는데 갑판장 자기 자는데 방해된다고. 점심식사 후 배 앞쪽. 갑판장 건너왔다. 또다시 한판 붙었다. 결과는 선박 나가서 다시 보자는 것. 회사 직원 오면 상세하게 얘기. 문제의 선박. 한국사람. 오후 2시. 배 앞쪽에 항해사 나보고 어째서 그렇게 불만이 많은 거냐고. 모두들 자신들 일에 대해서는 자책감을 느끼는가보다. 자신들이 선원들 잘 대해주면 선원들 불만을 가지겠는가. 도저히 이해가 가지 않는다. 기자 선생님 떠난 지 10일 앞으로 며칠 더 기다려야 하는지. 언제 어느 때 오시려는지. 소말리아.

2006년 7월 25일

4시 25분 기상. 도인술. 식당에서 비디오. 6시 40분 아침식사. 식사 후 비디오. 11시 40분 점심식사. 식사 후 배 앞쪽. 비디오 시청. 5명의 소말리아 놈 같이. 이들의 말에 의하면 이틀 후 나간다고, 내일 선장님 온다고 한다. 정말인지. 놈들 역시 기뻐한다. 한 놈이 대장 손가락 잡고. 식당에 피가 몹시 나는 것 같았다. 기관사 의료기 통 들고 부상자 치료. 치료 후 전화 한통만 하자고 하니 거절. 이틀 또 기다려보자. 기자 선생님은 언제쯤 오는지. 어쩐지 계속 기다리게 된다. 무엇 때문에. 선생님이 떠난 지 11일. 소말리아.

2006년 7월 26일

　4시 기상. 샤워 후 도인술. 놈들 3명이 침실에서 자고 있었다. 6시 40분 아침식사. 식사 후 배 앞쪽으로. 오늘 선장님 오신다고 한다. 비디오 시청. 11시 40분 점심식사. 식사 후 침실에서 책. 한숨 자고 2시 기상. 보트는 나가지 않았다. 내일 선장님 오신다고. 소말리아 놈들, 비디오. 5시 40분 저녁 내일로 미루어. 기자 선생님 떠난 지 12일 언제쯤 오시는지. 소말리아.

2006년 7월 27일

　아침 4시 기상. 샤워 후 도인술. 식당에서 비디오. 5~6시 당직. 6시 40분 아침식사. 식사 후 비디오. 10시 소말리아 보트. 풀잎(마약풀). 놈에 의하면 이틀 후 기자 선생님이 돈 가시고 오시면 출항. 현재 기름 50킬로그램 있다고 한다. 11시 40분 점심식사. 식사 후 침실. 언제쯤 풀려나겠는지. 2시에 배 앞쪽, 항해사 나하고 얘기를 나누었다. 참고 견디라는 것. 며칠 후면 좋은 소식이 있을 거라고. 또한 여러 사람과의 사이 안 좋은 면에 대해서도 배가 나갈 때까지 참고 견디어라. 좋은 쪽으로 얘기 나누었다. 참고 견뎌보자. 언제쯤 풀려나겠는지. 기자 선생님이 떠난 지도 13일이 된다. 언제쯤 오시는지.

2006년 7월 28일

8시 25분 기관사와 통신장 침실에서 얘기. 어제 저녁 8시 기관사가 침실로 왔다. 한참을 얘기하다 나갔다. 조금 후 또다시 통신장과 함께 왔다. 둘이서 얘기를 나누다가 8시 반이 되어 나갔다. 나가는 동시에 압둘라와 소말리아 놈들이 왔다. 브리지 끝에 끌려 올려갔다. 놈들은 나더러 빨리 나가자고 했다. 죽인다고 했다. 올라가 보니 통신장, 기관사, 소말리아 놈들 4명이 있었다. 내가 올라가니 놈들 대장이 나더러 가서 자라고 했다. 나는 급히 침실로 돌아왔다. 돌아와서도 도저히 잠들 수가 없었다. 아침 4시 당직. 샤워를 하고 도인술. 아침식사 6시 40분. 식사 후 배 앞쪽으로 나갔다. 감기가 낫질 않는다. 목이 몹시 아프다. 비디오를 시청하고 11시 40분 점심식사를 했다. 식사 후 배 앞쪽에서 얘기를 나누다 침실로 돌아와 약 먹고 누웠다. 1시에 일어나서 식당에서 비디오를 보고 한참을 배 앞쪽에서 장기를 두었다. 기관사가 오더니 나의 귀에 대고 내일이면 출항한다고 했다. 한참 지나 항해사도 같은 말을 했다. 내일 아니면 다음날. 너무도 속아왔다. 진짜 가는 날이 가는 날이다. 기자 선생님 돈 가지고 온다고 했다. 참으로 고마운 분이다. 우리의 생명을 구해주신 은인이다. 언제쯤 한번 만나고 싶다. 하루 빨리 가족 곁으로 돌아가고 싶다.

2006년 7월 29일

아침 4시 기상. 샤워를 하고 도인술. 식당에서 비디오. 해적 두목이 선박으로 건너왔다. 선장 말에 의하면 협상이 몇 분 전에 끝났다고 했다. 그러나 놈들이 놓아주지 않는다. 저번에 기자가 취재한 필름도 정부에서 압수했다고 한다. 기자가 몸에 지닌 돈도 모두 빼앗았다고 한다. 소말리아 기자가 두목에게 5만 달러를 내놓으라고 했다고 한다. 아직까지 언제 풀려나리라는 것을 확실히 모르는 상태다. 상어꼬리 놈보고 돌려달라고 하니 전에는 준다고 하더니 지금은 자기네 바다에서 잡은 것이니 못 준다고 했다. 기자 선생님은 지금 어디서 무엇을 하고 있는지…… 내가 너무 믿고 있는 것은 아닌지. 12시 15분 정남이 소말리아로 선장님이 가져갈 짐을 챙겨왔다. 소말리아에서 건너온 (해적) 4명과 두목은 돌아가고 다들 내일이면 풀려난다고 했다. 미국 군함에 있던 한국인이 도와줄 것이 있느냐고 물었다. 해적들은 아주 기분 좋은 모양이다. 선장님 말에 의하면 놈들이 어찌할지 모르니 저녁식사 후에 침실에서 나오지 말라고 했다. 놈들이 식당에 모여 마약풀을 씹고 있었다. 저녁식사 5시 40분. 식사 후 기관사가 나오더니 빨리 침실로 들어가서 쉬자고 했다. 놈들이 밤에는 나올지 모르니 피하자고. 잘못 서두르다가는 한 방 갈길지 모른다는 것이다. 어쩐지 놈들도 보트 끌어다 엔진을 달고 밤에 서두르는 것을 보니 도망갈 것 같기도 하다. 왜냐하면 내일 우리가 나가게 되면 미군의 공격을 받을 가능성이 있기 때문이다. 어쨌든 풀려난다고 생각하니 마음은 기쁘다. 너무나 시달린 것 같다. 정말로 내일 풀려나는지. 그분이 떠난 지 15일. 과연 내일은 소말리아에서 풀려날 수 있을지…….

2006년 7월 30일

어젯밤 11시 당직을 서고 돌아오니 담요 놈들이 통째 가져가고 없음. 감기에다 담요까지 없으니 도저히 잠을 잘 수가 없었다. 3시 30분 샤워하고 식당에서 도인술. 5시 30분 기관사가 냉면을 해먹자며 준비. 나는 샴푸로 밥상을 깨끗이 닦았다. 밤새도록 놈들이 먹고 마시고 한 덕에 밥상이 말이 아니었다. 냉면을 둘이서 아주 맛있게 먹었다. 너무 오래만이라 아주 반갑게 먹었다. 나는 아침을 먹지 않고 침실로 돌아와 책. 밤잠을 자지 못한 탓에 몹시 졸음. 한잠 자고 7시 30분에 기상. 8시 45분 놈들은 식량을 다시 소말리아로 운반했다. 오늘은 보내주려고 하는지…… 9시 30분 전체 선원이 갑판 청소. 소말리아 놈들 소 한 마리를 잡아서 다리 한 개와 내장을 자기들이 먹고 머리와 몸뚱이를 선박으로 가져왔다. 놈들은 낚시. 브리지엔 나엔(나이론 줄), 세밖시(아마추어 햄) 한 박스를 보트에 실었다. 선장님이 (말려보려고) 놈들의 대장을 데리고 나왔다. 하지만 소용이 없었다. 놈들 말에 의하면 3시에서 4시경에 배를 보내준다는 것이다. 놈들은 배에서 물건이란 물건은 다 실어 간 상태. 사람과 무기, 총만 남았다. 기관사 말에 의하면 지난번 기자 선생님이 취재해 간 것이 MBC에 방송되었다고 한다. 그래서 628호 풀려난다고. 과연 오늘은…… 3시 20분 해적들이 브리지에 설치했던 중기관총을 철수하고 갑판에 내렸다. 곧 놈들이 물러날 것 같다. 4시 20분 우리 선박이 풀려난다는 소식을 들었다. 5시 40분 저녁식사. 식사 후 옷을 빨고 있는데 기관사가 오더니 군함이 떴다고 한다. 나가보니 군함이 우리 배 가까이에서 따라오고 배 왼편에 또 한척의 불빛이 보였다. 선장님은 식당에서 나보고 "홍길아, 우리 살아서 나간다"라며 기뻐

했다. 정말로 불행 중의 다행. 나 역시도 믿어지지가 않는다. 여기서 끝난 줄로만 알았었는데, 이렇게 멀쩡한 몸으로 가족 곁으로 떠나게 되니…… 이 기쁨, 말로 표현할 수가 없다. 우리는 몸바사로 향하고 있다. 선장님께서 말씀하시기를 3일 정도 걸리는 거리라고 한다. 정말 기쁘다. 대한민국 정부와 국민들께 진심으로 감사드립니다. 우리는 오늘까지 117일, 소말리아에 잡혀 있었다. 이 기나긴 시간 하루같이 긴장 속에서, 총부리 앞에서 생활했으니 당해보지 않고는 모를 것이다. 정말로 미칠 것만 같았던 순간들. 몇 번이고 놈들을 죽이려고 시도했던 나날들. 정말로 하나님 아버지께 감사하고 감사합니다. 2006년 7월 30일 종료. 인질극 종료. 해방.

2006년 7월 31일

7월의 마지막 날. 지루한 인질 생활이 끝나고 새로운 하루를 맞이했다. 새벽 2시에 기상. 밤늦게까지 방한바지로 담요를 만들었다. 어쩐지 피곤하지를 않다. 가족과의 상봉을 생각하니 마음이 들뜬다. 이렇게 살아서 가게 되다니 그 기쁨을 어떻게 말로 표현할까. 나에게 있어서 두번째 인생과 같다. 꿈결에도 몇 번씩 몸부림치며 놀라 깨어난 적이 어찌 한두 번이랴. 그 아슬아슬한 순간들. 총탄이 머리위로 날아가고 놈들에게 결박당했던 일. 놈들과의 싸움 작전 어디 한두 번이던가. 자리에 누워 있다가도 놈들에 의해 끌려나갔던 일 어디 한두 번이었던가. 하루에도 수십 번씩 침실을 뒤지던 일, 벗어놓은 옷까지 들고 나갔던 놈들, 심지어 신고 있던 슬리퍼까지 빼앗아간 배은망덕한 놈들, 핸드폰 내놓으라고 해서 없다고 하니까 다짜고짜 뺨을 치던 놈들, 딸들 사진을 찾으려다가 결박당한 일, 브리지 앞에서 결박당한 일, 비디오 보고 있는 사람을 끌고 나가 청소하라고 빗자루 쥐어주고 머리에 총 겨누는 놈들. 어찌한 입으로 다 얘기할 수 있으랴. 기나긴 세월 피눈물로 쌓인 원한들. 무엇때문에 이렇게 당했어야만 했는지, 문제는 어느 누구에게 있는 것인지. 순간의 실수로, 아니면 20여명의 목숨을 가지고 장난친 것인지, 어째서 우리 선박만이 당했어야만 하는지. 한 사람의 불찰로 많은 선원들이 평생 잊을 수 없는 뼈아픈 정신적 상처를 입어야 하는지, 어찌 생명을 가지고 이렇게 소홀히 생각할 수 있단 말인가. 우리의 육체적, 정신적, 금전적인 피해는 그 누구에게서 보상받아야 하는가. 저녁 때 미군이 돌아간다고 전체 선원들에게 갑판 맥 한 마리 70킬로그램 이상 건네주었다. 선장님이 선원들을 불러서 귀국할 사람을 점검했다. 선장님에게 선원들이 아무런 보상도 없냐고 물었더니 보상은 무슨 보상이냐며 오히려 역정을 냈다. 아무런 보상도 없다니…….

2006년 8월 1일

새벽 3시 기상. 샤워 후 도인술. 식당에서 비디오를 보고 아침 7시 40분에 식사. 탑 브리지 청소. 아침식사 후 선수부터 청소. 10시 20분 미군 보트가 건너왔다. 그때 미군 말에 의하면 미군이 소말리아를 폭격한다는 것이다. 두목 둘의 집의 위치를 물어갔다. 미군 역시 소말리아를 폭격한다고 알려주었다. 점심에 미군이 준 빵과 콜라를 먹었다. 12시 점심식사 끝난 후 역시 청소. 저녁식사 6시 20분. 식사할 때 미군들이 김치를 요구해서 조리사가 준비해서주었다. 소말리아 폭격도 하루빨리 진행됐으면 좋겠다.

2006년 8월 2일

아침 4시 기상. 도인술. 5시에 기관실 옆 식당으로. 배 전체의 전깃불을 끈 상태였다. 문 역시 다 닫혀 있었다. 어쩐지 매우 불안했다. 식당에 가니 기관사가 혼자 손전지를 곁에 두고 앉아 있었다. 그리고는 나보고 불 켜지 않았냐고 물었다. 밤에 또 다른 해적선이 나타났다는 것이다. 2.5마일 거리. 미군 헬기까지 떴다고 한다. 한참 후 항해사가 내려왔다. 식당에서 포도 한 송이를 나에게 건네주었다. 항해사는 미군이 준 빵 네 덩이를 전자레인지에 넣고 케첩을 준비해서 기관실에 가지고 들어갔다. 나에게 먹겠냐고 해서 됐다고 했다. 전체 선원 갑판 다시. 8시 아침식사. 식사 후 갑판장님이 나에게 라디오, 안테나 정리, 창고 정리를 지시했다. 모든 정리를 완료하고 10시 30분 전체 선원이 브리지에 집합했다.

2006년 8월 3일

어제 저녁식사 후 나는 침실에서 도인술을 하고 있었다. 항해사님이 찾아오셨다. 통신장과 나의 문제. 나에게 속에 넣고 있지 말고 잊어버리라는 말씀이셨다. 많은 얘기를 나누었다. 통신장에게 나에게 사과하게 하겠다고 했다. 선장님 오해로 욕을 먹고 내려왔다는 것. 항해사님 태민에게 미안하다고 위로하였다. 태민이 침실에 누워 반응이 없었다. 자정에서 2시까지 탑 브리지 당직. 잠결에 나가니 너무 추웠다. 나는 반바지와 긴팔 하나를 입고 나갔다. 아침 6시 20분 기상, 샤워, 아침식사, 전체 갑판 다시. 갑판장은 나를 기관실 상간 정리(시켰다). 방한복, 방한신. 11시 40분 점심식사(눈다랑어 사시미). 식사 후 침실 한잠. 3시 기상 배 앞쪽. 5일 오전 10시쯤 몸바사 도착한다고. 5시 40분 저녁식사.

2006년 8월 4일

너무 추워 도저히 누워 있을 수가 없었다. 3시 기상. 도인술과 샤워. 식당에 내려가니 사람이 없었다. 혼자 비디오를 봤다. 4시 30분. 기관사가 나를 부르기에 와찌룸(기관통제실)에 나가니 소라 1개 먹으라는 것. 항해사님이 들어왔다. 기관사 귤 1개 항해사와 같이 나눠먹었다. 항해사님이 나에게 6시에 선원들을 깨워서 갑판 집합하라고 했다. 저번에 여기자가 와서 갑판장의 흰머리를 찍었는데 방송에 스트레스를 많이 받아서 그런 거라고 나갔다는 얘기를 하면서 우리들에게 알아서 잘 하라고 했다. 항해사님이 갑판장에게 농담으로 얘기한 것인데 기자님이 진심으로 듣고 방송했던 거다. 7시 20분 아침식사. 저녁식사 후 침실에서 책을 읽다 누워서 잠을 자고 있을 때 항해사님이 찾아오셨다. 내 전화번호와 집 주소를 물으셨다. 좋은 소식이 있으면 알려주기로 했다.

2006년 8월 5일

아침 4시 기상. 도인술 후 샤워. 식당에서 비디오. 나 말고도 항해사님과 기관사, 조리사가 있었다. 한참 후 기관사 귤 2개, 항해사 1개, 나 1개. 나는 기관사에게 내 전화번호를 넘겨주었다. 6시 15분 갑판 다시. 7시 아침식사. 점심 11시 40분, 미군이 건네준 빵과 치즈.

2006년 8월 6일

나는 다행히도 오늘 무사히 풀려나게 되었다. 곧 조국 친지들의 품으로 돌아가게 되었다. 대단히 감사하고 감사합니다. 정부와 중화민족께 진심으로 감사하고 감사합니다. 김홍길.

바다에서 길을 잃어버린 사람들
ⓒ 김영미 김홍길 2007

초판인쇄   2007년 3월 22일
초판 발행   2007년 3월 27일

지은이   김영미 김홍길
펴낸이   김정순
책임편집   이은정 이주엽
펴낸곳   (주)북하우스
출판등록   1997년 9월 23일 제406-2003-055호

주소   413-756 경기도 파주시 교하읍 문발리 파주출판도시 513-8
전자메일   editor@bookhouse.co.kr
홈페이지   www.bookhouse.co.kr
블로그   blog.naver.com/bookhouse1
전화번호   031-955-2555
팩스   031-955-3555

ISBN   978-89-5605-180-2 03330

이 도서의 국립중앙도서관 출판도서목록(CIP)은 e-CIP 홈페이지(http://www.nl.go.kr/cip.php)에서
이용하실 수 있습니다. (CIP제어번호 : CIP2007000924)